十和田湖・奥入瀬
盛岡・遠野・角館

MAP

おとな旅
プレミアム
PREMIUM

付録 街歩き地図

十和田湖・奥入瀬

盛岡・遠野・角館

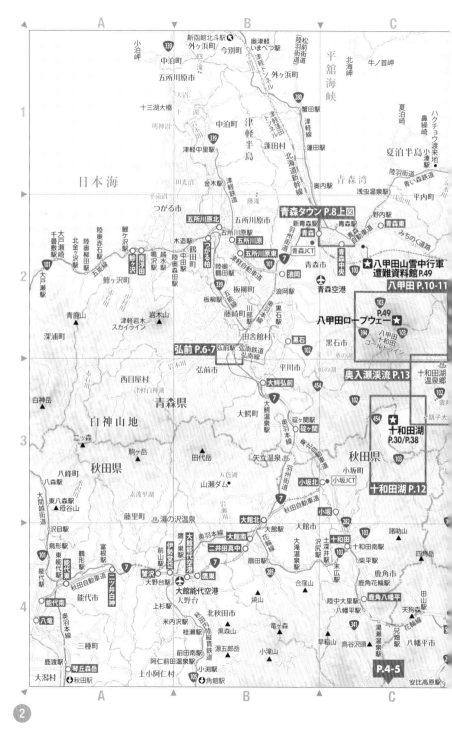

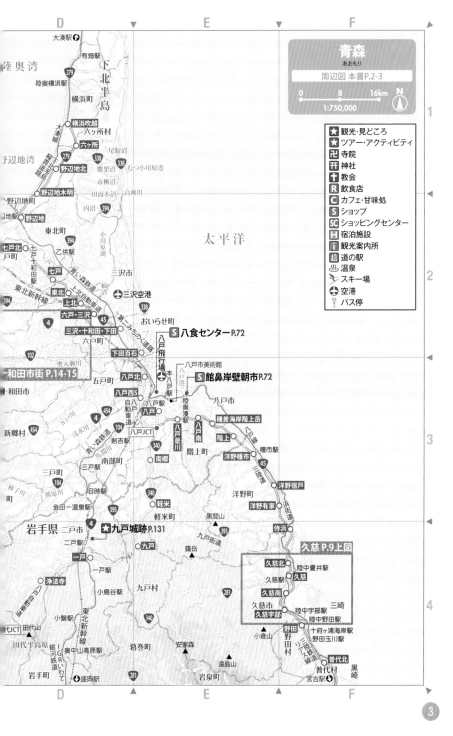

★ 観光・見どころ
★ ツアー・アクティビティ
卍 寺院
神社
十 教会
R 飲食店
カフェ・甘味処
S ショップ
SC ショッピングセンター
H 宿泊施設
i 観光案内所
道の駅
♨ 温泉
スキー場
空港
バス停

陸奥湾

大湊駅

下北半島

有畑駅

陸奥横浜駅

横浜町

279

横浜吹越

六ヶ所村

六ヶ所

尾駮沼

予辺地湾

野辺地北

鷹架沼

338

むつ小川原港

279

野辺地木明

市柳沼

田面木沼

高瀬川

394

内沼

野辺地町

地駅

野辺地

東北町

394

小川原湖

七戸北
戸町

七戸十和田

乙供駅

七戸

七戸

東北新幹線

東北

上北

上北

394

六戸・三沢

45

4

三沢市

三沢空港

338

おいらせ町

102

第一みちのく道路

三沢・十和田・下田

六戸町

下田百石

八食センター P.72

S

八戸飛行場

八戸市美術館

和田市街 P.14-15

八戸北

本八戸駅

館鼻岸壁朝市 P.72

S

和田市

五戸町

八戸S

八戸駅

八戸

八戸

八戸市

454

陸奥湊駅

八戸自動車道

八戸

454

浅水川

104

八戸JCT

八戸南

種差海岸階上岳

新郷村

剣吉駅

八戸是川

階上

八戸線

340

階上町

洋野種市

三戸町

三戸駅

南部町

南郷

種市駅

45

104

目時駅

340

洋野宿戸

洋野町

久慈

熊原川

金田一温泉駅

395

軽米

洋野有家

浜街道

岩手県

二戸市

4

九戸城跡 P.131

黒間山

395

侍浜

九戸街道

二戸駅

久慈 P.9上図

一戸

九戸

久慈北

陸中夏井駅

浄法寺

一戸駅

霧岳

久慈駅

久慈

田代山

小鳥谷駅

九戸村

340

久慈南

陸中宇部駅

JCT

田代山

東北新幹線

久慈宇部

陸中野田駅

三崎

田代平高原

銀河鉄道いわて

小繋駅

奥中山高原駅

小倉山

281

野田

十府ヶ浦海岸駅

野田玉川駅

葛巻町

安家森

三陸鉄道リアス線

野田村

岩手町

盛岡駅

281

岩泉町

遠島山

普代北

普代村

黒崎

宮古駅

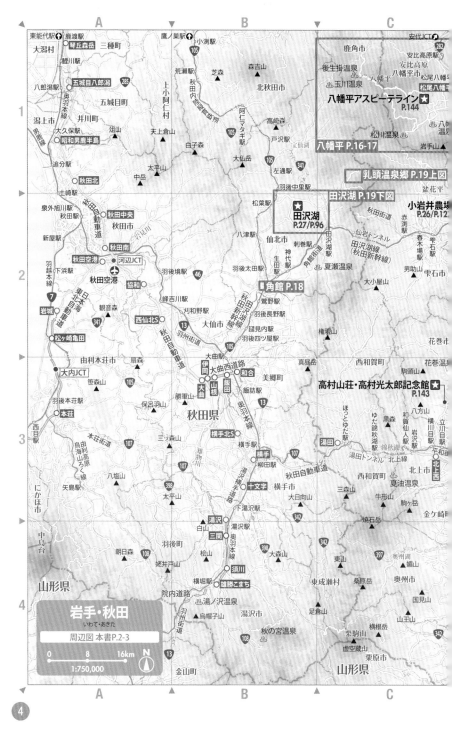

岩手・秋田
いわて・あきた

周辺図 本書P.2-3

0   8   16km
1:750,000   N

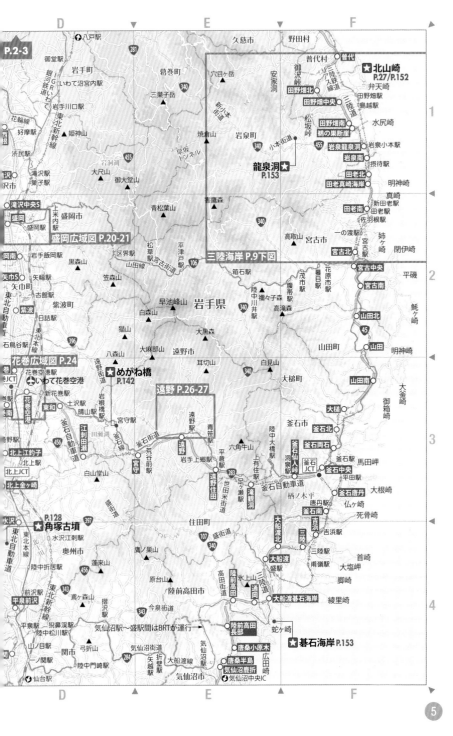

弘前
ひろさき

周辺図 P.2-3

0　200　400m
1:20,000
N

卍革秀寺
Ħ革彦稲荷神社
Ħ愛宕神社

駒越

岩木橋

弘前岳鯵ヶ沢線

樋の口

弘前西バイパス

茜橋
SCイオンタウン
西小⊗
茜町

平岡町
第二中⊗
駒越町
西大工町

Ħ保食神社
誓願寺
専求院　卍竜泉寺
袋町
春陽橋●

城西小卍城西小
紺屋町
亀の甲門前　石場家住
旧伊東家住宅

護国神社Ħ
一陽橋
四の丸
武徳殿
弘前物産館
弘前中央高

五十石町
鷹揚園

新町
弘前工高⊗

P.24/P.56 弘前公園 ★
（弘前城）

東内門●

南内門
杉の大橋●
●三の丸
弘前城植物

鷹匠町
弘前市立博物館●
藤田記念庭園●

P.56
弘前市立観光館 i

★旧弘前
市立
図書館
P.58

P.59 大正浪漫喫茶室 C

P.59 スターバックス コーヒー 弘前公園前店 C

弘前市役所
◎

弘前工高
総合運動場

城西

南城西

高徳院　宗徳寺
卍　卍　卍盛雲院
梅林寺卍卍京徳寺卍永泉寺　卍藤先寺

P.58 旧東奥義塾外人教師館 ★
P.59 サロン・ド・カフェ アンジュ C
P.60 レストラン ポルトブラン R

弘前大医学部附属病院⊕

長勝寺卍
隣松寺卍　卍清安寺　卍泉光院

在府町
弘前大⊗

P.59 旧第五十九銀行本店本館 ★
（青森銀行記念館）

樋口

西茂森

朝陽小⊗
新寺町稲荷神社Ħ
新寺町新割町
八坂神社Ħ

鏡ヶ丘記念館●

りんご公園入口

常盤坂

茂森新町

新寺街角
専徳寺卍
樹木町

天徳寺卍
卍本行寺

新寺町●
⊗弘前高

弘前市

弘高下駅

桔梗野小⊗
桔梗野

りんご公園

寒沢町

四中前
樹木1

桔梗野温泉
⊗第四中

西ヶ丘小
西ヶ丘

りんご公園

若葉1
樹木

若葉　清水　緑ヶ丘

自由ヶ丘
二子口前
弘前学院大⊗

青森タウン
あおもりたうん
周辺図 P.2-3
0　　　700m
1:65,000
N

函館、佐井、脇野沢
青森港

奥津軽いまべつ駅
三厩駅

R 長尾中華そば 西バイパス本店 P.69

北洋硝子
沖館中
あおもり北のまほろば歴史館
青森市森林博物館
青森タウン中心部 P.8下図
青森駅

津軽線
沖館小
青森港
石森橋

北海道新幹線
新城川
青森署
莨町小
青森市スポーツ会館

新青森駅
青森ベイブリッジ
ホテル青森
堤橋

青森西バイパス
篠田小
青森県庁
橋本小

浪岡駅
奥羽本線
千刈小
青森市役所

笹谷池
7
古川中
長島小
浦町小
東奥学園高

東北新幹線
沖館川
三内中
三内稲荷神社
青森中央大橋
甲田小
浦町小
浦町中

三内中
青森市
青い森鉄道

P.67
三内丸山遺跡
金沢小
つがる工芸店 S P.70

P.66
青森県立美術館
サンロード青森 SC
観光通り
浅虫温泉駅

7
青森県総合運動公園
青森南高
SC イトーヨーカドー
筒井駅

青森JCT
青森中央
青森東IC

青森自動車道
102

七戸十和田駅

青森タウン中心部
あおもりたうんちゅうしんぶ
周辺図 P.8上図
0　　　150m
1:15,000
N

シィライン旅客船ターミナル
シィライン
青森港

柳川(1)
青函連絡船 メモリアルシップ
八甲田丸

JR青森駅東口ビル ★ P.23
A-FACTORY S P.70
R みちのく料理 西むら アスパム店 P.68
S 青森県観光物産館アスパム P.70
青い海乗船口

青森駅
ねぶたの家 ワ・ラッセ P.71
青い海公園

篠田(1)
奥羽本線
ルートイン H
安方(1)
浜町通
八甲田通
青森署
木町(3)

チトセ H
アパ H
青森県立郷土館

アウガ SC
サンルート H
JALシティ青森
H アート

駅前公園
新町
安方(2)
柳町通
木町(2)

新町(1)
さくら野百貨店 SC
善知鳥神社
りんご茶屋 R H スマイル P.69

P.68
青森のっけ丼 青森魚菜センター内 R
古川
アードホテルカラー青森
県警本部
新町(2)
本町1

P.69
煮干し中華専門店 つじ製麺所 R
古川(1)
S THREE P.23
警察本部東
常光寺
正覚寺
新町2

古川
青森県庁
青い森公園

国道旭町通
7
八甲田通
県庁前
リッチモンド H
市役所前

旭町 古川(2)
旧線通
長島(2)
県庁通
廣田神社
国道柳町
市役所前

青い森鉄道
古川小
古川2
長島2
青森市役所

H ラ・プラス青い森

8

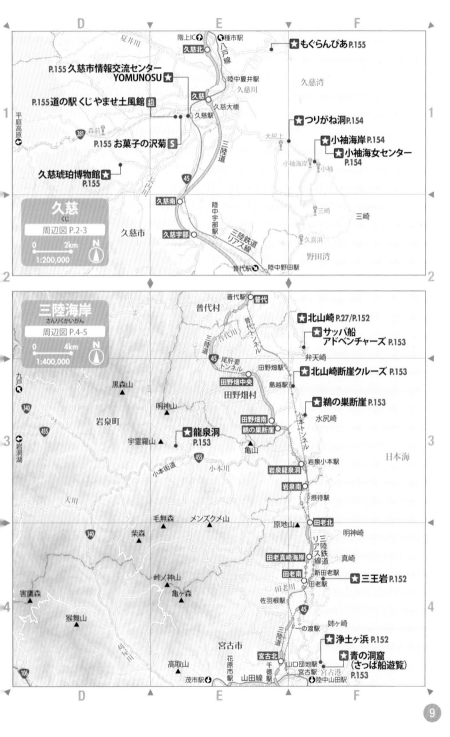

久慈
くじ
周辺図 P.2-3
0　　　2km
1:200,000

- ★ もぐらんぴあ P.155
- P.155 久慈市情報交流センター YOMUNOSU ★
- P.155 道の駅くじ やませ土風館
- P.155 お菓子の沢菊 S
- 久慈琥珀博物館 ★ P.155
- ★ つりがね洞 P.154
- ★ 小袖海岸 P.154
- ★ 小袖海女センター P.154

久慈北
久慈
久慈駅
久慈大橋
久慈南
久慈宇部

階上IC
種市駅
八戸線
陸中夏井駅
久慈湾
久慈川
大尻上
小袖海岸
小袖
三崎
久喜浜
野田湾
平庭高原
森前
久慈市
陸中宇部駅
陸中野田駅
普代駅

三陸海岸
さんりくかいがん
周辺図 P.4-5
0　　　4km
1:400,000

- ★ 北山崎 P.27/P.152
- ★ サッパ船 アドベンチャーズ P.153
- ★ 北山崎断崖クルーズ P.153
- ★ 鵜の巣断崖 P.153
- ★ 龍泉洞 P.153
- ★ 三王岩 P.152
- ★ 浄土ヶ浜 P.152
- ★ 青の洞窟 (さっぱ船遊覧) P.153

普代村
普代駅
普代
黒森山
明神山
岩泉町
宇霊羅山
田野畑中央
田野畑村
田野畑南
鵜の巣断崖
亀山
島越駅
小本トンネル
水尻崎
弁天崎
尾肝要トンネル
田野畑駅
岩泉龍泉洞
岩泉小本駅
岩泉南
摂待駅
日本海
九戸
毛無森
柴森
メンズクメ山
小本街道
小本川
大川
原地山
田老北
明神崎
三陸鉄道リアス線
田老真崎海岸
真崎
田老南
新田老駅
田老駅
害鷹森
峠ノ神山
亀ヶ森
猿舞山
佐羽根駅
一の渡駅
姉ヶ崎
宮古市
高取山
花原市駅
千徳駅
茂市駅
山田線
宮古北
山口団地駅
宮古駅
宮古港
陸中山田駅

岩泉湖
岩泉

9

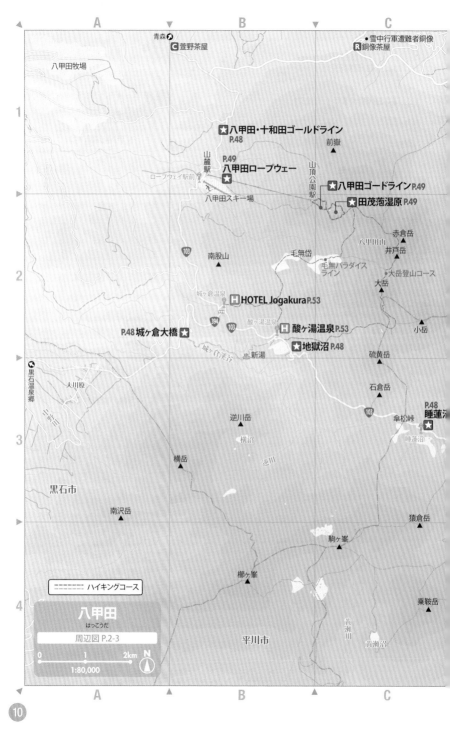

青森 🅒 🅒萱野茶屋

● 雪中行軍遭難者銅像
🅡銅像茶屋

八甲田牧場

★八甲田・十和田ゴールドライン
P.48

前嶽

山麓駅
P.49
八甲田ロープウェー
★

ロープウェイ駅前

山頂公園駅

★八甲田ゴードライン P.49

八甲田スキー場

★田茂萢湿原 P.49

赤倉岳
八甲田山
井戸岳

103

南股山

毛無岱

毛無パラダイスライン

●大岳登山コース

大岳

城ヶ倉温泉

🄷HOTEL Jogakura P.53

小岳

394 103

酸ヶ湯温泉

🄷酸ヶ湯温泉 P.53

P.48 城ヶ倉大橋 ★

城ヶ倉渓流

新湯

★地獄沼 P.48

硫黄岳

黒石温泉郷

大川原

石倉岳

103

傘松峠

**P.48
睡蓮沼**
★

逆川岳

横沼

逆川

睡蓮沼

横岳

黒石市

南沢岳

猿倉岳

駒ヶ峯

乗鞍岳

櫛ヶ峯

黄瀬川

===== ハイキングコース

黄瀬沼

八甲田
はっこうだ

周辺図 P.2-3

0 1 2km
1:80,000 N

平川市

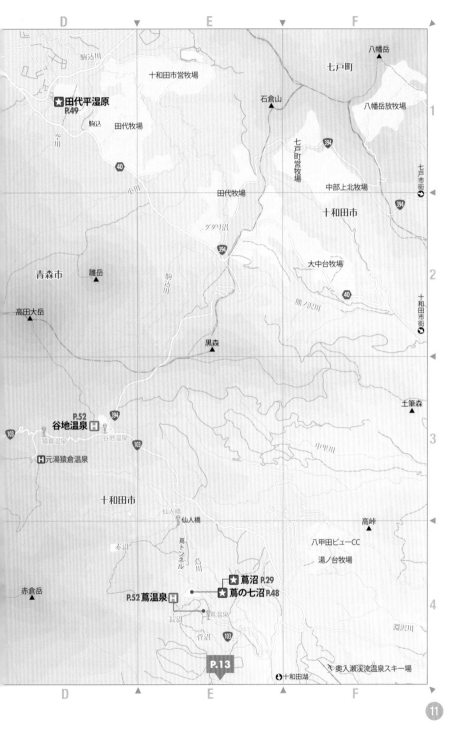

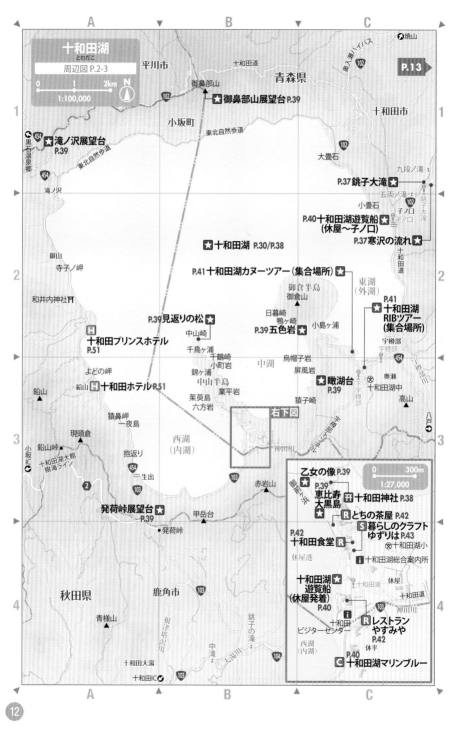

十和田湖
とわだこ

周辺図 P.2-3

0　1　2km
1:100,000
N

P.13

平川市

十和田道

青森県

奥入瀬バイパス

🅟焼山

御鼻部山

★御鼻部山展望台 P.39

十和田市

小坂町

★滝ノ沢展望台
P.39

黒石温泉郷

東北自然歩道

大畳石

九段ノ滝

P.37銚子大滝 ★

五両ノ滝

滝ノ沢

東北自然歩道

小畳石

子ノ口

P.40十和田湖遊覧船
(休屋～子ノ口)

銀山

寺子ノ岬

★十和田湖 P.30/P.38

P.37寒沢の流れ ★

和井内神社

P.41十和田湖カヌーツアー(集合場所) ★

御倉半島
御倉山

東湖
(外湖)

P.41
★十和田湖
RIBツアー
(集合場所)

日暮崎
鴨ヶ崎

小島ヶ浦

宇樽部

十和田プリンスホテル
P.51

★P.39見返りの松

中山崎
千鳥ヶ浦

P.39五色岩 ★

宇樽部

よどの岬

千鶴崎
錦ヶ浦

烏帽子岩

中湖

★瞰湖台
P.39

十和田湖中

高山

鉛山

十和田ホテル P.51

中山半島
業平岩

屏風岩

奥瀬

八戸

鉛山

猿鼻岬
一夜島

茅蜒島
六方岩

猿子崎

右下図

小坂IC

現頭倉

鉛山峠

十和田湖大館樹海ライン

西湖
(内湖)

神田川

発荷峠展望台 ★
P.39

抱返り

甲岳台

赤岩山

乙女の像 P.39

0　300m
1:27,000

P.39
恵比寿
大黒島

🛉十和田神社 P.38

秋田県

鹿角市

甲生出

青撬山

根津塔沢川

銚子の滝

中滝

西湖
(内湖)

十和田大湯

十和田IC

R とちの茶屋 P.42

P.42
十和田食堂 R

S 暮らしのクラフト
ゆずりは P.43

十和田小

i 十和田湖総合案内所

十和田湖
遊覧船
(休屋発着)
P.40

休屋

十和田道

神田川

休平

i 十和田
ビジターセンター

R レストラン
やすみや
P.42

C 十和田湖マリンブルー

P.40

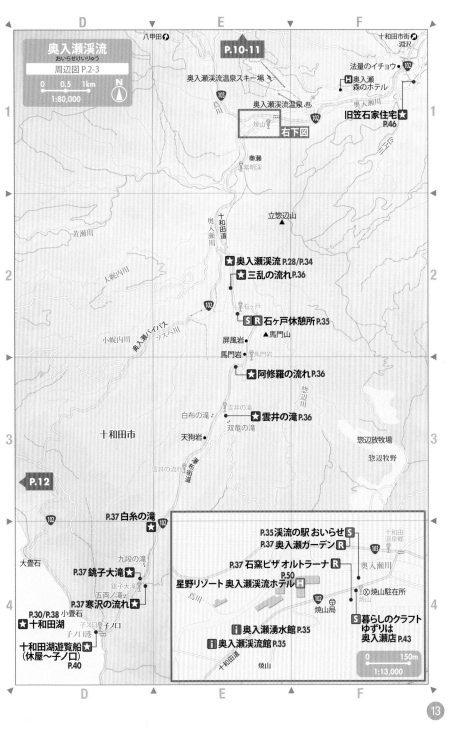

奥入瀬渓流
おいらせけいりゅう

周辺図 P.2-3

0　0.5　1km
1:80,000
N

八甲田

十和田市街
淵沢

法量のイチョウ

奥入瀬渓流温泉スキー場

H 奥入瀬
森のホテル

奥入瀬渓流温泉

右下図

★ 旧笠石家住宅 P.46

奥瀬
紫明渓

立惣辺山

十和田道

奥入瀬川

★ 奥入瀬渓流 P.28/P.34
★ 三乱の流れ P.36

石ヶ戸

S R 石ヶ戸休憩所 P.35

黄瀬川

大幌内川

▲ 馬門山

屏風岩

小幌内川　奥入瀬バイパス　リスベツ川

馬門岩　馬門岩

★ 阿修羅の流れ P.36

惣辺川

白布の滝

★ 雲井の滝 P.36

雲井の滝

双竜の滝

十和田市

天狗岩

惣辺放牧場

惣辺牧野

雲井の流れ

滝ノ布街道

P.12

P.37 白糸の滝
★

大畳石

九段の滝

P.37 銚子大滝 ★

銚子大滝

五両ノ滝

P.37 寒沢の流れ ★

P.30/P.38　小畳石
★ 十和田湖

子ノ口　子ノ口

十和田湖遊覧船 ★
（休屋～子ノ口）
P.40

右下図（1:13,000）

P.35 渓流の駅 おいらせ S
P.37 奥入瀬ガーデン R

P.37 石窯ピザ オルトラーナ R

P.50
星野リゾート 奥入瀬渓流ホテル H

十和田
温泉郷

奥入瀬川

蔦川

焼山局

焼山

⊗ 焼山駐在所

i 奥入瀬湧水館 P.35

i 奥入瀬渓流館 P.35

十和田道

焼山

S 暮らしのクラフト
ゆずりは
奥入瀬店 P.43

0　　150m
1:13,000

十和田市街
とわだしがい

周辺図 P.2-3

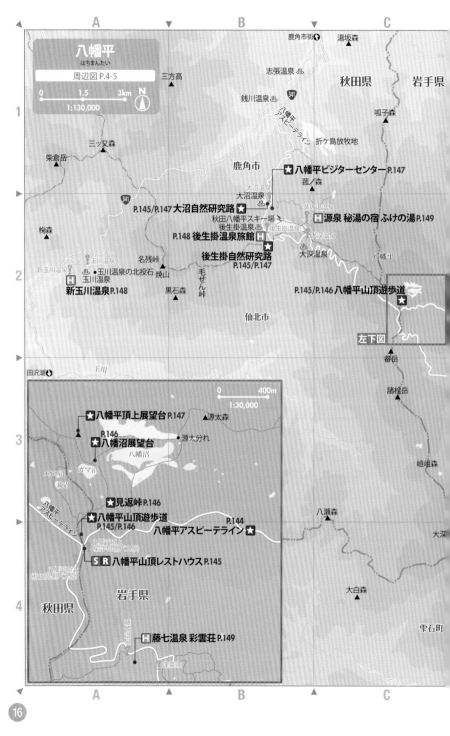

鹿角市街 **○**
湯坂森

志張温泉 ♨

秋田県 岩手県

銭川温泉 ♨

341

八幡平アスピーテライン

呱子森

三方高

三ツ又森

折ケ島放牧地

柴倉岳

鹿角市

★ 八幡平ビジターセンター P.147

菰ノ森

341

大沼温泉
大沼温泉 ♨

P.145/P.147 大沼自然研究路 ★

秋田八幡平スキー場

蒸の湯温泉

H 源泉 秘湯の宿 ふけの湯 P.149

椈森

後生掛温泉 ♨

P.148 後生掛温泉旅館 H

大深温泉 ♨

玉川温泉

名残峠

後生掛自然研究路
P.145/P.147

大深温泉

八幡平

新玉川温泉

● 玉川温泉の北投石

焼山

毛せん峠

H 玉川温泉
新玉川温泉 P.148

黒石森

P.145/P.146 八幡平山頂遊歩道

仙北市

★

田沢湖 **○**

玉川

左下図

畚岳

諸桧岳

0 400m
1:30,000

★ 八幡平頂上展望台 P.147

▲源太森

P.146
★ 八幡沼展望台

源太分れ

八幡沼

メ返沼
鏡沼

ガマ沼

峻岨森

★ 見返峠 P.146

八幡平アスピーテライン

★ 八幡平山頂遊歩道
P.145/P.146

P.144
八幡平アスピーテライン ★

八瀬森

大深

八幡平頂上
(岩手県側バス停)

S R 八幡平山頂レストハウス P.145

八幡平頂上
(秋田県側バス停)

岩手県

大白森

秋田県

大白森

雫石町

H 藤七温泉 彩雲荘 P.149

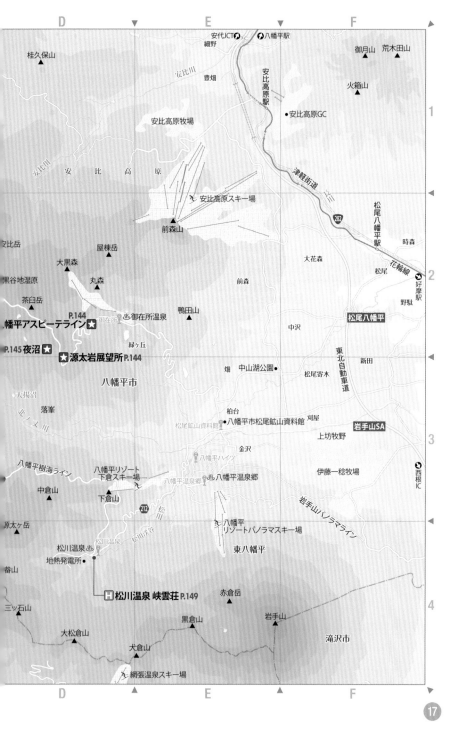

P.79 古城山城跡 ★

341

⊗ 角館高

鹿嶋神社 ⛩

武家屋敷入口

川原町

外ノ山 ▲

★ 平福記念美術館 P.82

角館町表町上丁

★ 武家屋敷「石黒家」P.77

C ハイカラ館 P.78

★ 角館 歴史村・青柳家 P.78

P.82
角館樺細工伝承館 ★

P.76
★ 角館人力社

伝承館入口

C
角館甘味茶房
くら吉
P.88

P.79
角館町
小人町
旧松本家

★ 大村美術館 P.82

S アート&クラフト 香月 P.91

★ 岩橋家 P.79

★ 武家屋敷通り P.25/P.79

S 角館さとくガーデン P.91

角館町東勝楽丁

P.87佐藤養助
稲庭うどん専門店
お食事処ふきや R

R お食事処 桜の里 P.87

P.86 角館地そば
そばきり長助 R

★ 河原田家 P.79

★ 小田野家 P.78

仙北市役所 角館庁舎 ◎

火除

S 後藤福進堂 P.90

P.85 旬菜料理 月の栞 R

角館町横町

S あきたプリン亭 P.89

横町橋

横町十文字

横町

卍 天寧寺

P.79
桧木内川堤

P.89
C 角館プチ・
フレーズ

P.79
S 食彩
町家館

R 料亭しょうじ P.85

角館町中町

⛩ 営業所

P.81 外町史料館「たてつ」★

中町

むら咲 R

丸山公園

P.81 角館桜皮細工第一センター S

角館町西勝楽丁

料亭 稲穂 R

R 食堂いなほ P.86

角館町竹原町

報身寺

角館局

卍 松庵寺

お食事処 源八

立町

P.81
あきた角館
西宮家 ★

P.84
料亭登喜和 R

P.87 土間人 R

和のみ 角館(武士蔵) H

町田上丁

西宮家前

新潮社記念文学館 P.80

S 熊谷なると餅店 P.90

R あたりや

C フルーツパーラー
さかい屋 P.88

仙北市観光情報センター
「角館駅前蔵」ⓘ

田沢湖駅

角館駅

P.81 進藤昆布店 S

伊保商店

唐土庵 角館駅前店 S
P.90

ⓘ

フォルクローロ角館 H

本明寺 卍
西覚寺 卍

学法寺 卍

卍 往生院

S 藤木伝四郎商店 P.91

角館町田町上丁

⊗

田沢湖線・秋田新幹線

R レストラン 樅の木亭

H 田町家敷屋敷ホテル

P.80 安藤醸造本店 S

田町下丁

高校角

角館町中菅沢

角館高 ⊗

● 裁判所

和田町

大曲駅 ➤

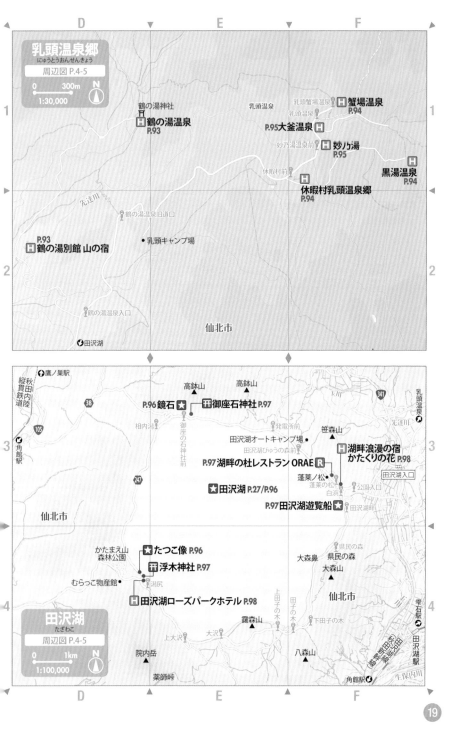

乳頭温泉郷
にゅうとうおんせんきょう

周辺図 P.4-5

0 — 300m
1:30,000

鶴の湯神社
鶴の湯温泉 P.93

乳頭温泉
乳頭蟹場温泉
蟹場温泉 P.94

P.95**大釜温泉** H

乳頭温泉
妙乃湯温泉前 **妙乃湯** P.95

黒湯温泉 P.94

H **休暇村乳頭温泉郷** P.94

先達川

鶴の湯温泉旧道口

P.93 **鶴の湯別館 山の宿**

乳頭キャンプ場

鶴の湯温泉入口

仙北市

田沢湖

鷹ノ巣駅

秋田内陸縦貫鉄道

38

105
角館駅

高鉢山
高鉢山

P.96**鏡石** ★ 御座石神社 P.97

相内潟

御座の石神社前

発電所前

田沢湖オートキャンプ場
田沢湖びゅうの森

247

笹森山

カ川 341

乳頭温泉郷

先達川

湖畔浪漫の宿 かたくりの花 P.98

田沢湖入口

P.97 **湖畔の杜レストラン ORAE** R

★**田沢湖** P.27/P.96

蓬莱ノ松
蓬莱の松
白浜

公園入口

P.97**田沢湖遊覧船** ★

田沢湖畔

仙北市

かたまえ山森林公園

★**たつこ像** P.96

★ **浮木神社** P.97

むらっこ物産館

潟尻

県民の森

大森鼻
大森山

上田子の木

下田子の木

田子の木

仙北市

雫石駅

H**田沢湖ローズパークホテル** P.98

田沢湖

周辺図 P.4-5

0 — 1km
1:100,000

院内岳

上大沢

大沢

薬師峠

霧森山

八森山

角館駅

JR秋田新幹線・田沢湖線

田沢湖駅

生保内川

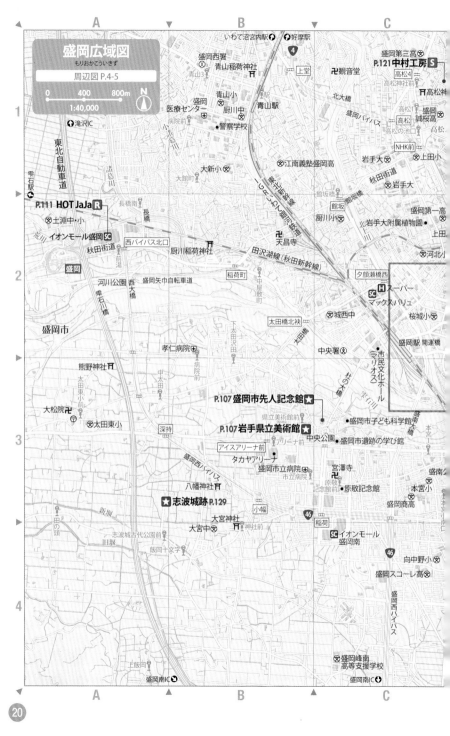

盛岡広域図
もりおかこういきず
周辺図 P.4-5

0　400　800m
1:40,000

N

いわて沼宮内駅　好摩駅
4
盛岡西署　　　　　　　　上堂
青山稲荷神社　　　　　観音堂
青山3　　　　　　　　　高松4
青山小　　青山駅　　　　北大橋
盛岡　厨川中　　　　　　盛岡バイパス
医療センター　　　　　　高松　盛岡誠桜高
病院前　　　　　　　　　高松の池口
警察学校　　　　　　　　NHK前
盛岡第三高　P.121中村工房 S
高松神
滝沢IC　　　　　　　　　岩手大　上田小
大新小　江南義塾盛岡高　秋田街道　岩手大
東北自動車道
雫石駅　　　　　　　　　館坂橋
大館町　　　　　　　　　盛岡第一高
P.111 HOT JaJa R　　　　厨川小　北岩手大附属植物園
土淵中・小　長橋南　　　天昌寺　　　　　上田
イオンモール盛岡 SC　厨川稲荷神社　河北小
秋田街道　西バイパス北口　田沢湖線(秋田新幹線)
盛岡　盛岡矢巾自転車道　稲荷町　夕顔瀬橋西
河川公園　西大橋　　　中屋敷町　スーパー H SC
雫石川橋　　　　　　　太田橋北대　マックスバリュ
盛岡市　　　　　　　　城西中　桜城小
孝仁病院　　　下太田沢田　大田橋　盛岡駅 開運橋
熊野神社　　　中太田　中央署　市民文化ホール
大松院　　　　病院前　　　　　（マリオス）
太田東小　深持　P.107盛岡市先人記念館　盛岡市子ども科学館
県立美術館前　　盛岡市遺跡の学び館
P.107岩手県立美術館
アイスアリーナ前　アリーナ前　中央公園
タカヤアリーナ　盛岡市立病院　宮澤寺　盛南
八幡神社　市立病院　原敬　原敬記念館　本宮小
記念館前
志波城跡 P.129　　小幡　盛岡商高
新坂　大宮神社　46
志波城古代公園前　大宮中　神社前　稲荷　イオンモール SC
旧坂　　　　大宮中　　　　　　　　盛岡南
飯岡十文字　　　　　　　　　　　46 向中野小
盛岡スコーレ高
盛岡西バイパス
盛岡峰南
高等支援学校
上飯岡　盛岡南IC　　　盛岡IC

20

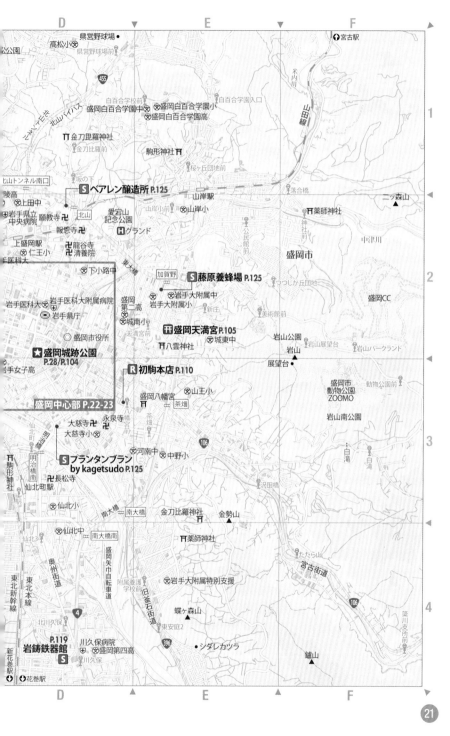

県営野球場•
高松小⊗
県営野球場前

北山バスパス
シャルノレ下さ

盛岡白百合学園中⊗ ⊗盛岡白百合学園小
⊗盛岡白百合学園高

白百合学校前
白百合学園入口

宮古駅 F
米内川
山田線

卍金刀比羅神社
金刀比羅前

駒形神社卍

桜ヶ丘団地前

1

七山トンネル南口

陵高

⊗上田中
岩手県立
中央病院

S ベアレン醸造所 P.125

願教寺卍 北山

愛宕山
記念公園

山岸駅
山岸小前 ⊗山岸小

落合橋

卍薬師神社

二ツ森山 ▲

上盛岡駅 報恩寺卍
⊗仁王小 卍龍谷寺
医科大 卍清養院

Hグランド

神社前

公民館前

中津川

盛岡市

⊗下小路中

加賀野 S 藤原養蜂場 P.125
⊗岩手大附属中

盛岡市 ◀

岩手医科大⊗
岩手医科大附属病院
◉岩手県庁

盛岡
第二高 ⊗岩手大附属小
⊗ ⊗新庄

つつじが丘団地

盛岡CC

○ 盛岡市役所

城南小
天満宮前

ⓣ盛岡天満宮 P.105
⊗城東中

美術館前

2

★盛岡城跡公園
P.28/P.104

卍八雲神社

岩山公園
岩山 ▲
岩山展望台

岩山パークラント

手女子高

R 初駒本店 P.110

展望台 •

盛岡中心部 P.22-23

盛岡八幡宮
卍

⊗山王小

茶畑

盛岡市
動物公園
ZOOMO

動物公園前

大慈寺卍 永泉寺卍
大慈寺小⊗

八幡宮前
茶畑

岩山南公園

3

仙北町 ⊗
明治橋南 卍長松寺
駒形神社 仙北町駅

S プランタンブラン
by kagetsudo P.125

⊗河南中 ⊗中野小

106

白滝
白滝

⊗仙北小

南大橋 南大橋

金刀比羅神社 金勢山 ▲

⊗仙北中 南大橋南

卍薬師神社

たたら山

宮古街道

東北新幹線
東北本線

奥州街道
盛岡矢巾自転車道
附属養護
学校前⊗

⊗岩手大附属特別支援
旧釜石街道

106

筑川支所前

4

4

北久保前

蝶ヶ森山 ▲
東安庭2

396

岩鋳鉄器館 P.119
S

川久保病院
⊗盛岡第四高

• シダレカツラ

新花巻駅 ⊕花巻駅

川久保

鑪山 ▲

岩手中
岩手高
本町(3)
医大本町キャンパス前
栄沢稲荷神社
材木町
本町通3
本町通3

S 福田パン 長田町本店 P.105

S ホームスパンハウス 盛岡店 P.121
永祥院
中央(3)
大和稲荷神社
P.116 機屋 C

P.103
啄木新婚の家

S モーリオ P.106
中央(2)
中央児童公園
中央通

S käsi-friendly P.123
啄木新婚の家口
中央通(1)
パシフィック

P.106 光原社
★ いーはとーぶアベニュー材木町 P.104
材木町南口

P.106 光原社 可否館 C
旭橋
材木町口

R フランス料理 モン・フレーブ P.113
商工中金前
中央通2
中央通

P.120 うるみ工芸 ショールーム
中央通2

H ホテルメトロポリタン盛岡 ニューウィング
桜城小
P.111 香醤 R

H メトロポリタン盛岡
旭橋
木伏緑地
H アート
大通3
ダイワロイネ

S KANEIRI STANDARD STORE P.122
P.105
啄木であい道
大通
H パールシティ
SC クロステラス盛岡
大通(1)

SC フェザン
R 盛楼閣 P.108
R ぴょんぴょん舎 盛岡駅前店 P.109
盛岡駅前
開運橋
開運橋東
大通局
MOSSビル SC
P.115 サルーテ

盛岡駅東口
盛岡駅
H シティ
開運橋
柳新道
R 大同苑 盛岡総本店 P.108
菜園通り
菜園(1)
交番前
東北厚生局

H 東横イン
ホテルロイヤル盛岡 H
菜園川徳前

H ルートイン
大沢川原(3)
カワトク SC

不来方橋
北上川
S かわとく壱番館 P.105
岩手女子高

北上川公園 北上川グラウンド
下橋中

馬場町
杉土手緑地

盛南大橋
東北新幹線
東北本線
新花巻駅
花巻駅

卍光照寺　東顕寺卍　丹三ツ石神社

仁王小前

赤山稲荷神社丹　　　♀大泉寺口　　下小路中⊗

通(2)　　　　　　　　　卍大泉寺

本町局
⊕内丸病院

本町通1

本町通2　　　本町通り　　本町通(1)　　　　　　　　富士見橋　　加賀野(1)

本町通　　本町通

央局　　　　本町1

P.113 レストラン R
PIONEER FARM

央通1

本町通1　　♀上の橋

岩手医科大⊗　　　　　　　　　　　C P.117 一茶寮　　⊕加賀野局
岩手医大前　⊕岩手医科大　　　　上ノ橋町　R おやさい食堂
附属病院　　　　上ノ橋　　　　カラコマ P.115
医大内丸　　　　　　　　　　上の橋町
メディカルセンター前　　　R シャトン P.114　　R 肉の米内 P.109
♀岩手　●地方裁判所　　　　　　　　P.116
中央通り1　◎岩手県庁　S らら・いわて盛岡店　C クラムボン
裁判所前　●石割桜　　　P.124
紺屋町　　　　　　　若園町
食道園 P.109　●合同庁舎　　●県民会館　S shop+space ひめくり P.123
⊗県庁・市役所前　　★ 深沢紅子 野の花美術館 P.107 若園町
エスポワールいわて　　●公会堂　　S 黄精飴本舗 長澤屋
通商店街 H　⊗岩手県警察本部　　県民会館前
内丸　　　県庁前　★ P.104 紺屋町番屋
ロル大通店　　　　　　　　　S 関口屋菓子舗 P.124
25　内丸局⊕　R 白龍 本店　白沢せんべい店 S
●産業会館　　P.111
内丸局　　⊗　　S ござ九 森九商店 P.105
盛岡東署　　　神明町
R 銀河離宮 P.112　丹桜山神社　◎盛岡市役所　S 釜定 P.119 盛岡市保健所●
S Holz Furniture and interior P.123　　　　　　神明町
盛岡城跡公園　　　　　　C ふかくさ P.117

★ もりおか歴史文化館　　　C 紅茶の店 しゅん P.117
P.132　　　　　　　　　　R 東家本店 P.110
岩手公園下　　　岩手銀行赤レンガ館★　　　　盛岡バスセンター
P.28/P.104　P.104　　●ぷらざおでって
★ 盛岡城跡公園　　　●ブライトイン H　サンセール H
R 和かな 盛岡本店 P.112　もりおか啄木・★　monaka SC
賢治青春館　　　中ノ橋通(1)　バスセンター前　中ノ橋通(2)
P.103　　　　R 直利庵 P.110
⊗杜陵小
栃内病院　　S 鈴木盛久工房 P.118　106
下の橋　　　　　　　　　宮古街道
下の橋　⊕ホットライン
看町局　　南大通(1)
下ノ橋町　　　　　　　南大通1
⊕遠山病院
★ 南昌荘 P.107　清水町　　　　　●盛岡劇場
卍久昌寺

D　　　E　　　F

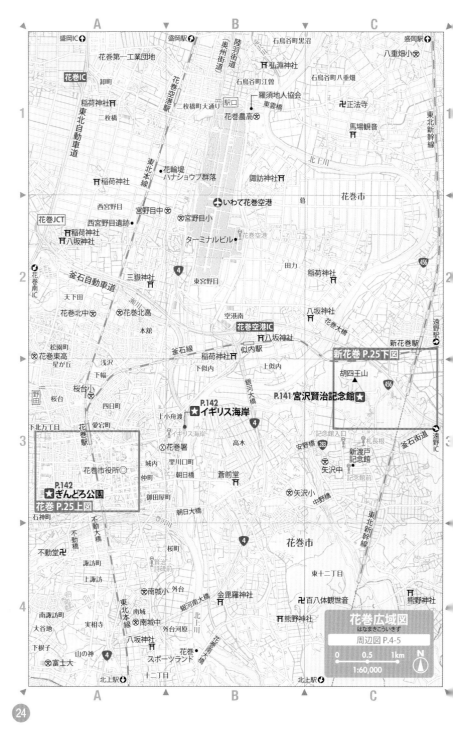

花巻広域図
はなまきこういきず
周辺図 P.4-5
0 0.5 1km
1:60,000
N

24

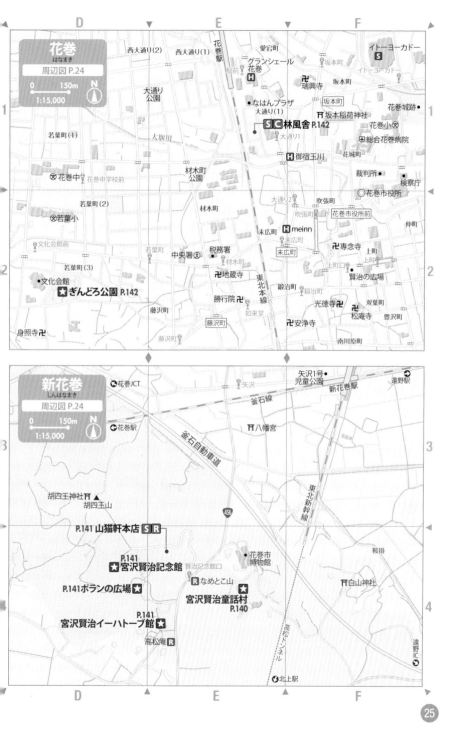

花巻
はなまき

周辺図 P.24

0　　150m
1:15,000

N

西大通り(2)　西大通り(1)
花巻駅

大通り公園

大通り(1)

若葉町(1)

大坂川

材木町公園

⊗花巻中　花巻中学校前

若葉町(2)

⊗若葉小

文化会館前

若葉町(3)

文化会館
★ぎんどろ公園 P.142

材木町

材木町

若葉町

中央署
税務署
材木町

卍地蔵寺

藤沢町

勝行院卍
如来堂
藤沢町

藤沢町

身照寺卍

愛宕町

グランシェール花巻
H

なはんプラザ
大通り(1)

S C 林風舎 P.142

大通り(1)

御宿玉川 H

大通り2

東北本線

末広町

H meinn

末広町

花巻駅

卍瑞興寺

坂本町

坂本町

坂本稲荷神社

花巻小⊗

総合花巻病院

花城町

裁判所

花巻市役所前

吹張町

吹張町

鍛治町

鍛治町

光徳寺卍

安浄寺卍

イトーヨーカドー
S

イトーヨーカド

花巻城跡

花巻小⊗

◎花巻市役所

仲町

専念寺卍

上町
上町口
上町
賢治の広場

松庵寺卍
双葉町

豊沢町

南川原町

新花巻
しんはなまき

周辺図 P.24

0　　150m
1:15,000

N

花巻JCT
矢沢

花巻駅

矢沢1号児童公園
新花巻駅

遠野駅

釜石線

釜石自動車道

八幡宮

胡四王神社
胡四王山

456

P.141 山猫軒本店 S R

P.141
★宮沢賢治記念館

賢治記念館口

P.141ポランの広場★

花巻市博物館

R なめとこ山

★
宮沢賢治童話村
P.140

P.141
宮沢賢治イーハトーブ館★

高松庵 R

東北新幹線

鞍掛

白山神社

高松トンネル

北上駅

遠野IC

遠野駅周辺
とおのえきしゅうへん
0 250m
1:22,000
N

R じんぎすかん あんべ
P.137

児童公園

早瀬町(3)
早瀬町(2)
早瀬町(1)

猿ヶ石川

遠野牧場

附馬牛町下附馬牛

早瀬川

大工町
釜石線
萬福寺卍
大慈寺卍
善明寺卍 りんどう
瑞応院卍 みちのく荘
柳玄寺卍 城下町資料館
常福地卍

材木町
とおの H
駅前
遠野駅
遠野駅前

上組町
早瀬川
緑地

H 旅の蔵
遠野 P.137

SC 遠野ショッピングセンター
とぴあ
遠野市役所
とぴあ庁舎 ◎
遠野小入口

東上組町

東穀町

天ヶ森 ▲

★ とおの物語の館
P.135

六日町
旧村兵商家
六日町
多賀神社 卍
南部神社 卅

新町
新町
智恩寺卍
市民センター
鍋倉公園

中央通り
日市

H 海老藤
H 平澤屋

東穀町

H あえりあ遠野
P.138
★ 遠野市立博物館

⊗ 遠野署
⊗ 遠野小

⊗ 遠野高

遠野市

綾織町みさ崎

高清水牧場

八幡宮神

山谷川牧場
大垒水 ▲

砂子沢川

高清水山 ▲

松崎町光興寺

横田城跡

卅 石上神社

綾織町上綾織

砂小沢

鏑木山 ▲

村兵稲荷神社 卅

太郎カッパ淵 ●

清心尼公碑
諏訪神社 卅

★ 続石 P.136

396

卍 長松寺

遠野バイパス

遠野駅周辺 左上図

遠野市役
とぴあ庁

卅 愛宕神社
綾織小 ⊗

遠野街道 綾織駅
釜石線

砂場
283 猿ヶ石川

遠野風の丘

P.135 とおの物語の館 ★

下組町

岩手二日町駅

愛宕神社 卅

鍋倉城跡 ●

花巻駅 ◐
283

清養園

釜石自動車道
綾織新田遺跡

卅
駒形神社

二郷山トンネル

綾織町下綾織

綾織町新里

P.136 五百羅漢 ★

P.136 卯子酉様 卅

★ 遠野市立
博物館
P.138

桧沢山 ▲

遠野町

遠野町

東和 IC ◐

二郷山 ▲

とりはずして使える

MAP

付録 街歩き地図

十和田湖・奥入瀬

盛岡・遠野・角館

JN026846

TAC出版
TAC PUBLISHING Group

切り取り線

あなただけの
プレミアムな
おとな旅へ！
ようこそ！

SIGHTSEEING

奥入瀬渓流
の源となる湖。
遊覧船に乗って
絶景を満喫

十和田湖 → P.38

TOWADAKO OIRASE
MORIOKA TONO KAKUNODATE

十和田湖・奥入瀬 盛岡・遠野・角館への旅

森と湖の吐息が聞こえる
清流の囁きが心に沁みた

車を降りて歩きたい。渓流沿いや
湖畔の遊歩道には草木と水の匂
いがする。奥入瀬・十和田・八甲田・
三陸…自然のスケールは圧倒的
だ。遠野などの美しい里山もあり、
天然の名湯もある。点在する街、
角館や弘前や盛岡などの古い街
筋では、往古の旅人の話し声が聞
こえてくるようだ。西行や芭蕉が
歩き、イザベラ・バードが旅をした。
啄木がいた、賢治がいた、光太郎
が住んだ。いうまでもなく、古くは
蝦夷の地。アテルイの地は、その
後の歴史を刻んで懐は広く深い。

みちのくに残る
美しい日本の原風景

SIGHTSEEING

黒板塀が続く
秋田県角館の
名所。数棟は
見学できる

武家屋敷通り ➡ P.77

静まる港町が
熱く燃える
東北を代表する
夏祭り

SIGHTSEEING

青森ねぶた祭 ➡ P.71

四季折々の美しい景色
食卓を彩る旬の恵み

桜の花びらがお濠を埋める
「花いかだ」は弘前公園の名物

SIGHTSEEING

風光明媚な
ドライブロード。
秋の紅葉は特に
素晴らしい

〈八幡平アスピーテライン〉 → P.144

「わんこそば」など、盛岡には
魅力ある郷土料理ばかり

飾らない、素朴な
東北の魅力を見つける

土地に根ざした
ものづくりの世界

GOURMET

HOTELS

奥入瀬渓流を
目の前に望む、
「渓流露天風呂」
で癒やしを

前沢牛や
いわて短角牛。
上質な和牛を
鉄板料理で

和かな 盛岡本店 ▶ P.112

寂れた風情が旅情を誘う
みちのくの秘湯

▶星野リゾート 奥入瀬渓流ホテル
➡ P.50

7

十和田湖・奥入瀬
盛岡・遠野・角館

CONTENTS

十和田湖・奥入瀬

角館

盛岡・遠野

エリアと観光のポイント

十和田湖・奥入瀬
盛岡・遠野・角館はこんなところです

大自然に抱かれ、個性豊かな文化を育んできた東北の地。
渓流や湖、温泉など、エリアによって異なる魅力を楽しみたい。

清らかな渓流と神秘的な湖

十和田湖・奥入瀬 ➡P.31

とわだこ・おいらせ

十和田八幡平国立公園に属する奥入瀬渓流は「瀑布街道」とも呼ばれ、約14kmの遊歩道沿いにいくつもの滝や景勝地が現れる。その水源である十和田湖は、日本第3位の深さを持つカルデラ湖で、展望台から見る雄大な湖の大パノラマはいつの季節も素晴らしい。

↑十和田湖のシンボル、高村光太郎作の『乙女の像』

↑新緑の奥入瀬渓流

観光のポイント 奥入瀬渓流はすべて歩くと4〜5時間。ポイントを絞って「バス＋徒歩」でまわるのもおすすめ

「みちのくの小京都」で知られる

角館 ➡P.73

かくのだて

角館は国の重要伝統的建造物群保存地区に指定され、現在も江戸時代の武家屋敷や、明治期のモダンな建物などが見学できる。桜の名所でもあり、武家屋敷通りや桧木内川堤の桜を見ようと毎年多くの人が訪れる。

↑商人町であった外町にある安藤醸造本店
↑武家屋敷通りに咲くしだれ桜

観光のポイント 武家屋敷のある内町と商人町であった外町（とまち）。2つのエリアで異なる趣を味わいたい

石川啄木と宮沢賢治が歩いた街

盛岡・遠野 ➡P.99

もりおか・とおの

岩手山を望む盛岡は、石川啄木と宮沢賢治が青春時代を過ごした街。現在は盛岡冷麺やわんこそばなどの名物グルメや、南部鉄器などの伝統工芸品でも知られ、楽しみ方は幅広い。民話の里・遠野も訪れたい。

↑遠野には茅葺きの古民家を活用した名所も
↑北上川と岩手山が街を見守る

観光のポイント 2大文人のゆかりの地を訪れ、文学の世界に浸りたい。グルメやショッピングスポットも満載

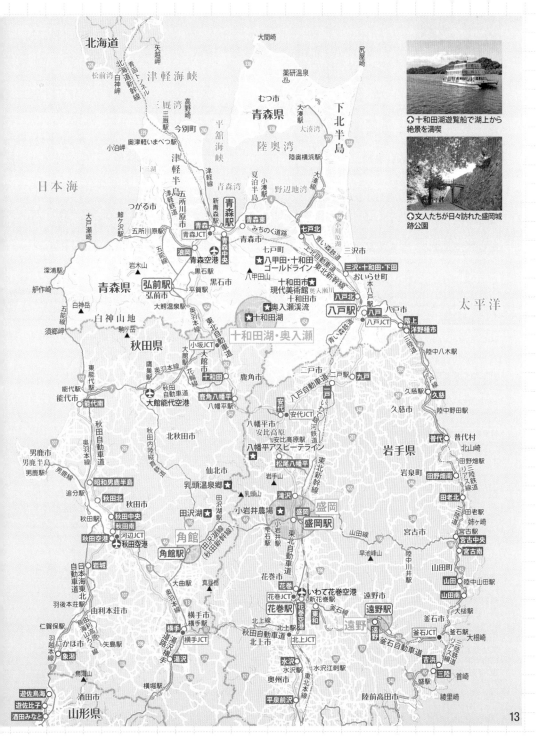

北海道

矢越岬
北海道新幹線
青函トンネル
松前湾 白神岬
津軽海峡
三厩三厩駅
高野崎
奥津軽いまべつ駅
今別町
大間崎
薬研温泉
むつ市
大湊駅
大湊湾
尻屋崎
下北半島

小泊岬
小泊町
津軽半島
平舘海峡
平舘海峡
陸奥湾
むつ市

十三湖
つがる市
津軽半島
五所川原市
五所川原駅
五能線
青森湾
夏泊半島
小湊半島
小湊湾
野辺地湾
野辺地町
小川原湖
小川原湖

日本海

大戸瀬
鰺ヶ沢駅
新青森駅
青森JCT
青森空港
浪岡
黒石駅
黒石市
七戸町
みちのく道路
七戸北
青い森鉄道
三沢市
おいらせ町
八戸北
本八戸駅
八戸市
八戸駅
八戸JCT
階上
洋野種市
陸中八木駅

深浦駅
白神岳
青森県
弘前駅
弘前市
大鰐温泉駅
平賀町
八甲田山
八甲田・十和田ゴールドライン
十和田市現代美術館
十和田市
奥入瀬渓流
十和田湖
太平洋

舮作崎
五能線
白神山地
駒ヶ岳
秋田県
小坂JCT
大館駅
十和田
鹿角市
二戸市
二戸駅
九戸

須郷岬
男鹿半島
東能代駅
鷹巣駅
奥羽本線
花輪線
鹿角八幡平
八幡平
安比高原駅
安代JCT
一戸
いわて銀河鉄道
久慈駅
陸中野田駅
久慈市
普代
普代村
北山崎

能代市
能代南
秋田自動車道
大館能代空港
八幡平アスピーテライン
松尾八幡平
松川温泉
滝沢
岩手県
岩泉町
田野畑駅
田野畑南
リアス線
三陸鉄道
田老北

男鹿市
男鹿半島
男鹿駅
男鹿線
昭和男鹿半島
秋田内陸縦貫鉄道
仙北市
乳頭温泉郷
乳頭山
雫石駅
小岩井農場
盛岡
盛岡駅
宮古市
田老駅
姉ヶ崎
宮古駅
宮古中央
宮古南
田老

追分駅
秋田北
秋田市
秋田駅
秋田中央
秋田南
秋田空港
河辺JCT
田沢湖
田沢湖
角館
角館駅
田沢湖線（秋田新幹線）
東北新幹線
山田線
山田町
陸中川井駅
陸中山田駅
山田
山田南

岩城
日本海東北自動車道
由利本荘市
大曲駅
真昼岳
奥羽本線
花巻
花巻JCT
新花巻駅
いわて花巻空港
遠野市
遠野駅
遠野
釜石JCT
釜石駅
大槌町
釜石市

仁賀保駅
にかほ市
象潟
鳥海山
横手市
横手
横手駅
湯沢
水沢
北上市
北上JCT
釜石自動車道
吉沢
三陸
綾里崎

羽越本線
遊佐鳥海
遊佐比子
酒田市
酒田みなと
山形県
矢島駅
横堀駅
秋田自動車道
北上本線
水沢駅
水沢江刺駅
奥州市
平泉前沢
東北本線
陸前高田市
首崎

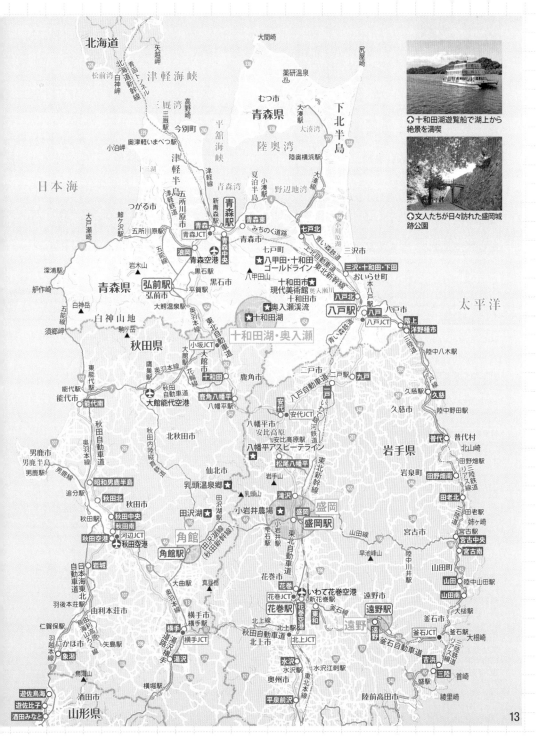
⤴十和田湖遊覧船で湖上から
絶景を満喫

⤴文人たちが日々訪れた盛岡城
跡公園

旅のきほん
2

各都市間を結ぶ鉄道やバス、
道路の関係性をチェック

エリア間を
移動する

新幹線が通っている青森、盛岡、八戸などの
都市間の移動はスムーズ。そのほか、主要な
観光地へは路線バスや観光バスがつないで
いる。ローカルな鉄道は便数が少ないことも
ある。自由度の高いレンタカーがおすすめ。

青森 ➡ 八戸
鉄道利用 ●約1時間
青森駅➡奥羽本線約5分➡新
青森駅➡新幹線はやぶさ約30
分➡八戸駅

車利用 ●約1時間35分／84km
青森市街➡国道4号、みちのく
有料道路、第二みちのく有料
道路経由➡八戸市街

青森 ➡ 弘前
鉄道利用 ●約35～45分
青森駅➡特急つがる約
35分、奥羽本線約45分
➡弘前駅

**車利用 ●約1時間5
分／41km**
青森市街➡国道7号、県
道260号経由➡弘前市街

弘前 ➡ 角館
鉄道利用 ●約3時間15分
弘前駅➡特急つがる約55分、奥羽本線約
1時間➡鷹ノ巣駅➡秋田内陸縦貫鉄道急
行もりよし➡角館駅

車利用 ●約3時間／150km
大鰐弘前IC➡東北自動車道➡鹿角八幡
平IC➡国道341・46号など経由➡角館市街

角館 ➡ 田沢湖
鉄道利用 ●約15分
角館駅➡秋田新幹線こまち➡田沢湖駅

車利用 ●約30分／21km
角館市街➡国道105号、県道60号経由➡
田沢湖(たつこ像)

田沢湖 ➡ 乳頭温泉郷
羽後交通バス利用 ●約45分
田沢湖駅前➡乳頭線➡乳頭温泉郷

車利用 ●約25分／18km
田沢湖駅➡国道341号、県道127・194号経由➡休暇村前

田沢湖 ➡ 八幡平
羽後交通バス利用 ●約2時間15分(運休中)
田沢湖駅前➡八幡平線(冬季運休)➡八幡平頂上

車利用 ●約1時間35分／86km
田沢湖駅➡国道341号、八幡平アスピーテライン(県道
23号)経由➡八幡平

青森 ➡ 十和田湖・奥入瀬
JRバス東北利用●約2時間23分
青森駅➡みずうみ号（冬季は青森駅～八甲田ロープウェー駅前➡酸ヶ湯温泉間のみ運行）➡焼山バス停
車利用●約1時間20分／49km
青森市街➡県道40号・国道103号など経由➡十和田湖・奥入瀬

八戸 ➡ 十和田湖・奥入瀬
JRバス東北利用●約1時間30分
八戸駅➡おいらせ号（冬季運休）➡焼山バス停
車利用●約1時間／48km
八戸市街➡県道20号、国道45・102号など経由➡十和田湖・奥入瀬

盛岡 ➡ 十和田湖・奥入瀬
新幹線はやぶさ、JRバス東北利用●約2時間15分
盛岡駅➡新幹線はやぶさ➡八戸駅➡おいらせ号（冬季運休）➡焼山
車利用●約2時間20分／146km
盛岡IC➡東北自動車道➡十和田IC➡国道103・102号経由➡十和田湖・奥入瀬

八戸 ➡ 盛岡
鉄道利用●約30～40分
八戸駅➡新幹線はやぶさ➡盛岡駅
車利用●約1時間25分／120km
八戸IC➡八戸・東北自動車道➡盛岡IC

盛岡 ➡ 花巻
鉄道利用●約40分
盛岡駅➡東北本線➡花巻駅
車利用●約20分／31km
盛岡IC➡東北自動車道➡花巻IC

盛岡 ➡ 遠野
鉄道利用●約1時間40分
盛岡駅➡東北本線・釜石線快速はまゆり➡遠野駅
岩手県交通バス利用●約1時間50分
盛岡駅➡大船渡・盛岡線、盛岡釜石線➡遠野駅
車利用●約1時間／80km
盛岡IC➡東北自動車道➡花巻JCT➡釜石自動車道➡遠野IC

盛岡 ➡ 八幡平
岩手県北バス利用●約1時間55分
盛岡駅➡八幡平自然散策バス（冬季運休）➡八幡平頂上バス停
車利用●約1時間／60km
盛岡IC➡東北自動車道➡松尾八幡平IC➡八幡平アスピーテライン（県道23号）経由➡八幡平頂上

盛岡 ➡ 角館
鉄道利用●約50分
盛岡駅➡新幹線こまち➡角館駅
鉄道利用●約1時間30分
盛岡駅➡田沢湖線➡角館駅
車利用●約1時間20分／63km
盛岡市街➡国道46号、県道1号など経由➡角館市街

祭りや行事、旬の味覚や花の季節も知っておこう

十和田湖・盛岡・角館トラベルカレンダー

豊かな自然に恵まれた青森、秋田、岩手の東北3県。
角館の桜や奥入瀬の紅葉はもちろん、どの季節もそれぞれに異なる魅力がある。
出会える景色を想像しながら旅のベストシーズンを見つけたい。

1月	2月	3月	4月	5月	6月
平均気温が氷点下を下回る厳しい寒さ。防寒対策をして祭りに参加を。	本格的な寒さは続く。雪を生かした幻想的なイベントが楽しみ。	春はもうすぐだが、依然として寒い。山のほうには厚く雪が積もる。	中〜下旬から桜が咲き始め、各地で桜にちなんだ祭りが催される。	穏やかな気候だが長袖は必須。夜桜見物には上着の持参を。	降水量が少なく日照時間も比較的長い初夏。おでかけに最適。

- 休屋(十和田湖)月平均気温(℃)
- 角館月平均気温(℃)
- 盛岡月平均気温(℃)
- 休屋(十和田湖)月平均降水量(mm)
- 角館月平均降水量(mm)
- 盛岡月平均降水量(mm)

昼夜の温度差が大きいので、重ね着で調整できるようにしよう

厚手のコートやマフラー、手袋は必携。滑る足元にも気をつけて ▼

気温:
-3.7 / -1.8 / -1.6
-3.3 / -1.1 / -0.9
-0.3 / 2.1 / 2.6
5.2
8.5 / 8.7 / 11.2
14.8 / 14.5 / 15.5
19.4 / 18.8

降水量:
66.1 / 171.6 / 49.4
68.8 / 140.5 / 48.0
92.7 / 135.7 / 82.1
108.1 / 129.1 / 85.4
118.1 / 148.7 / 106.5
121.5 / 152.3 / 109.4

11月下旬〜1月中旬
KOIWAI Winter Lights 銀河農場の夜
東北最大級のイルミネーションイベント。銀河鉄道SLや光のトンネルなどが見もの。

26日〜28日
あおもり雪灯りまつり
雪を使ったスノーキャンドルが街を灯すイベント。澄んだ空気の中で揺らぐ雪灯りが素敵。

⬆KOIWAI Winter Lights 銀河農場の夜

1月下旬〜2月上旬
雫石・冬フェスタ
小岩井農場まきば園を会場に開催される雪と冬を楽しむイベント。

2月
十和田湖冬物語
冬ならではの景色、グルメとアクティビティが魅力のイベント。2024年には雪灯り横丁が復活する。

14日
角館火振りかまくら
無病息災や五穀豊穣を願う小正月の伝統行事。

⬆十和田湖冬物語
©十和田奥入瀬観光機構

17日
早池峰(はやちね)神社蘇民祭
雪の境内で開かれる、勇壮な祭り。厄除けや無病息災、五穀豊穣を願い、裸の男たちが蘇民袋を奪い合う。

下旬 ※予定
遠野さくらまつり 南部氏遠野入部行列
八戸から遠野へ南部氏の殿様が入部する行列を再現。

中旬〜5月上旬 ※予定
角館桜まつり
桧木内川の堤防にソメイヨシノが咲き誇り、武家屋敷通りではシダレザクラが見頃を迎える。

20日〜5月5日
十和田市春まつり
「日本の道・100選」にも選ばれた十和田市のシンボルロード、官庁街通りの桜を一望できる市役所本館展望テラスが無料開放される。

最終日曜
YOSAKOIさんさ
「よさこい」と「さんさ踊り」の両方を楽しめる祭り。盛岡駅前、大通アーケード周辺に踊り子が華やかに舞い踊る。

第2土曜
チャグチャグ馬コ行進行事
鮮やかな装束をまとった馬コ(うまっこ)が滝沢市鬼越蒼前神社から盛岡市盛岡八幡宮までの約14kmを鈴の音を響かせながらパレードする。詳細は公式HPで。

⬆チャグチャグ馬コ行進のようす

リンゴの花 4月下旬〜5月中旬

桜 4月下旬〜5月中旬

十和田湖のヒメマス 5〜11月

岩手のわかめ 2〜4月

三陸のカキ 11〜4月

↑雫石・冬フェスタ

写真提供:盛岡さんさ踊り実行委員会

↑八甲田 "雪の回廊と温泉" ウォーク

↑盛岡さんさ踊り

↑全日本わんこそば選手権

7月	**8**月	**9**月	**10**月	**11**月	**12**月
夏の観光シーズン開幕。降水量が多いので雨具を携帯して。	東北の短い夏も8月がピーク。東北三大祭りが行われ、賑わう。	あっという間に秋が到来。各地で行われる秋祭りも観光客に人気。	さわやかな秋空のもとで紅葉狩りが楽しめる過ごしやすい季節。	わんこそば、芋煮会、鮭まつりなど、秋の味覚が存分に楽しめる。	厚手のアウターを準備し、イルミネーションイベントを楽しもう。

季節の変わり目。上着を常備し、体調管理に気をつけたい

気温(℃): 19.7 / 23.0 22.4 / 24.1 23.5 / 20.9 / 17.0 19.7 19.3 / 10.7 12.9 12.6 / 4.5 6.3 6.2 / -1.2 0.8 0.8

降水量: 211.7 273.6 197.5 / 220.2 254.9 185.4 / 177.7 180.5 151.7 / 152.5 171.5 108.7 / 127.5 202.5 85.6 / 94.8 197.8 70.2

中旬
十和田湖湖水まつり
自然豊かな十和田湖畔林屋でバルーンランタンと花火を打ち上げる。幻想的な夜景を湖上から眺められるナイトクルーズも運航。

31日～8月4日
八戸三社大祭
古式ゆかしい神輿行列に豪華絢爛な山車がお供する発祥300年以上の歴史を誇る祭り。山車のライトアップあり。

©十和田奥入瀬観光機構

1～4日 ※予定
盛岡さんさ踊り
勇壮な太鼓の音色と華麗な群舞が魅力の岩手県を代表する夏祭りのひとつ。ミスさんさ踊りなどさまざまな踊りを観て楽しめる。

2～7日
青森ねぶた祭
勇壮な大型ねぶたと跳人(はねと)という踊り子が「ラッセラー、ラッセラー」とかけ声を発しながら青森市街を練り歩く。

上旬
十和田市秋まつり
三本木稲荷神社例大祭にあわせて各地で開かれていた秋祭りを集結。豪華な山車や太鼓車が通りを埋め、十和田囃子が鳴り響く。

第2土曜を中心とする金～日曜
花巻まつり
430年を超える歴史を誇る、花巻を代表する祭り。風流山車、神輿、神楽権現舞、鹿踊、花巻はやし踊りのパレードが行われる。

↑花巻まつり

中旬
八幡平紅葉まつり
飲食屋台の出店やフリーマーケット、丸太切り競争などのステージイベントもある。ガイドが案内する八幡平紅葉ウォーキングも同時開催。

中旬～11月下旬
武家屋敷通り
紅葉ライトアップ
国の重要伝統的建造物群保存地区に指定されている武家屋敷通りの紅葉がライトアップされる。

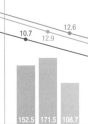

上旬
全日本
わんこそば選手権
盛岡名物のわんこそばを食べ競うイベント。グループ対抗、個人対抗があり、制限時間内に何杯食べられるかを競い合う。

15日～2月14日
アーツ・トワダ
ウィンター
イルミネーション
およそ30万球の青色LEDが十和田市現代美術館前のアート広場を覆う。

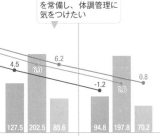

リンゴ 9～11月

トンブリ 10～11月

ハタハタ 11～12月

三陸のカキ 11～4月

十和田湖・奥入瀬 おとなの1泊2日

雄大な自然と歴史ある美しい街。神秘的な風景の広がる水辺と、アートスポット、縄文ロマンあふれる遺跡を訪れ、そのすべてが見事に調和した東北北部の魅力に迫る。

⤴紺碧の湖と山々のコントラストが美しい十和田湖

清らかな水辺に憩い、芸術に浸る

1日目

街と調和した芸術作品と雄大なカルデラ湖。十和田の美にふれる。

草間彌生《愛はとこしえ十和田でうたう》2010年 撮影:小山田邦哉 ©YAYOI KUSAMA

9:35 八戸駅

約40分
JRバス「おいらせ号」で40分、十和田市現代美術館バス停下車すぐ（冬季は運休）

10:15 十和田市現代美術館

約1時間35分
十和田市現代美術館バス停からJRバス「おいらせ号」で1時間35分、十和田湖（休屋）バス停下車すぐ（冬季は運休）

16:00 十和田湖遊覧船

約15分
送迎バス（要予約）で15分

17:15 十和田湖周辺のホテルへ

プランニングのアドバイス

十和田湖・奥入瀬渓流へは、青森駅からはJRバス「みずうみ号」が、八戸駅からはJRバス「おいらせ号」がそれぞれ出ている（冬季は運休）。「みずうみ号」は八甲田・十和田ゴールドラインを、「おいらせ号」は十和田市内を経由するので、往復を異なるルートにすると多彩な観光が楽しめる。

十和田市現代美術館 で アートを体感する →

十和田市現代美術館 **P.44**
とわだしげんだいびじゅつかん
草間彌生やオノ・ヨーコ、奈良美智といったアーティストの作品を鑑賞できる。美術館が建つ官庁街通り周辺にもアート作品が点在している。

深いブルーに輝く 十和田湖 の絶景を満喫

十和田湖遊覧船 **P.40**
とわだゆうらんせん
湖畔のブナの森と湖が織りなす絵はがきのような景色を船上から楽しめる。2つの航路があり、所要時間はともに約50分（冬季は運休）。

2日目

多種多様な水の流れや滝に癒やされる

奥入瀬渓流や三内丸山遺跡。太古の昔を感じられる名所へ。

9:10 休屋バス停

約40分
JRバス「おいらせ号」で
23分、雲井の滝バス停
下車、徒歩15分(冬季は
運休)

9:50 雲井の滝／
阿修羅の流れ

約2時間10分
馬門岩バス停からJRバス
「みずうみ号」で2時間7
分、三内丸山遺跡前バス
停下車すぐ(冬季は運休)

13:00 三内丸山遺跡

約10分
徒歩10分

15:00 青森県立美術館

約15分
県立美術館バス停からあ
おもりシャトルdeバス
「ねぶたん号」で11分、
新青森駅東口バス停下車
すぐ

17:20 新青森駅

奥入瀬渓流 の
清流に心洗われる
雲井の滝 ➡P.36
くもいのたき

三段に連なる高さ約20mの滝。
水量豊かで勢いが強く、奥入瀬
渓流の滝のなかでも、特に迫力
がある。浸食が激しく、少しず
つ上流側に後退している。

阿修羅の流れ ➡P.36
あしゅらのながれ

ポスターなどの撮影地としても知られる
奥入瀬渓流のいちばんの名所。苔に覆わ
れた岩を縫うように、川岸の木々の色を
映した急流が走り、生命力あふれる荒々
しい流れに息をのむ。

プランニングのアドバイス

奥入瀬渓流は約14kmの遊歩道。焼山から
十和田湖畔である子ノ口まですべて歩く
と、約4〜5時間の道のりとなる。徒歩が理
想だが、時間に余裕のない場合はポイント
を絞ってJRバスと徒歩で散策するといい。
左記のプランのほかにも、石ヶ戸でバスを
降り、石ヶ戸〜雲井の滝までを歩き(所要
約1時間)、再びバスに乗って子ノ口まで、
というプランもおすすめだ。ただしバスは
1時間に1本程度なので事前に確認を。また
渓流沿いには食事処がほとんどないので、
軽食を携帯するといい。

三内丸山遺跡 で
縄文ロマンに浸る
三内丸山遺跡 ➡P.67
さんないまるやまいせき

2021年7月、「北海道・北東北の縄文遺
跡群」として17遺跡が世界文化遺産に登
録され、さらに注目を集めている名所。
約5900〜4200年前の縄文時代の住居跡
や出土品から、当時の人々の暮らしに思
いを馳せてみたい。

青森県立美術館 で
多彩な芸術作品と出会う
青森県立美術館 ➡P.66
あおもりけんりつびじゅつかん

奈良美智や棟方志功など、地元ゆかりの
作家の個性豊かな作品のほか、巨匠シャ
ガールのバレエ『アレコ』の舞台背景画全
4作品など、幅広い作品を展示している。

1dayプラン

9:00 角館駅

約25分
徒歩25分

9:25 角館 歴史村・青柳家／武家屋敷「石黒家」

約5分
角館 歴史村・青柳家から
徒歩2分

11:00 角館樺細工伝承館

約15分
徒歩12分

14:00 あきた角館西宮家

約10分
徒歩10分

17:00 角館駅

プランニングのアドバイス

角館は徒歩でまわれる範囲に見どころが詰まっているので、時間をかけて散策が楽しめる。人力車を使って俥夫に観光案内をしてもらうのもおすすめ。桜の頃であれば、武家屋敷通りはもちろん400本ものソメイヨシノが咲き誇る桧木内川堤も訪れたい。

老舗の料亭や食事処も多い角館。きりたんぽ鍋などの郷土料理のほか、江戸時代の武士が食べていた伝統食を再現した多彩なメニューがいただける。

風情あふれる 武家屋敷通り を散策

角館 歴史村・青柳家 ➡P.78
かくのだてれきしむら・あおやぎけ

広大な敷地に築約200年の母屋や武器庫、資料館などがある。カフェやショップもあり、楽しみながら武家文化にふれられる。

武家屋敷「石黒家」 ➡P.77
ぶけやしき「いしぐろけ」

佐竹北家に仕えていた石黒家の屋敷。いたるところに美しい細工が施され、格式の高さがうかがえる。貴重な武具や資料も見学できる。

人力車に乗って
ゆったり気ままに

角館に伝わる 樺細工 の展示を鑑賞

角館樺細工伝承館 ➡P.82
かくのだてかばざいくでんしょうかん

伝統工芸品である樺細工の江戸時代から残る貴重な資料を展示しているほか、職人の実演も見学できる。

商人や町人が住んでいた 外町エリア へ

あきた角館西宮家 ➡P.81
あきたかくのだてにしのみやけ

田町武家屋敷通りにある西宮家の屋敷。母屋と5つの蔵にはレストランやショップが入っている。

1day プラン

石川啄木と宮沢賢治。盛岡で若き日を過ごした2人の天才の青春時代を追う。

9:00 盛岡駅

約10分
循環バスでんでんむし左回りで6分、盛岡城跡公園下車すぐ

9:15 盛岡城跡公園

約10分
徒歩7分

10:00 もりおか啄木・賢治青春館

約20分
盛岡バスセンターバス停まで徒歩3分、盛岡中心市街地循環バスでんでんむし左回りで15分、材木町南口下車すぐ

11:30 いーはとーぶ アベニュー材木町／光原社

約40分
光原社からJR盛岡駅まで徒歩10分、JR盛岡駅前から岩手県交通バス小岩井農場まきば園行きで30分、終点下車すぐ

13:30 小岩井農場

約30分
小岩井農場まきば園バス停から岩手県交通バス盛岡駅前行きで30分、終点下車すぐ

17:00 盛岡駅

プランニングのアドバイス

徒歩での散策も可能だが、主な観光スポット近くに停車する盛岡中心市街地循環バス「でんでんむし」を利用すると効率よくまわれる。特に盛岡城跡公園の東を流れる中津川沿いには歴史ある建物が多く、街歩きにおすすめ。ランチには、盛岡冷麺やわんこそば、じゃじゃ麺など名物グルメを堪能したい。

啄木の歌にも登場する 盛岡城跡公園 を散策

盛岡城跡公園 ➡P.104

もりおかじょうあとこうえん

見事な石垣が残る盛岡城跡を整備した公園。園内には啄木の歌碑や賢治の詩碑が立つ。

北上川と岩手山が見守る盛岡の街。川沿いを歩くのも気持ちいい

貴重な資料から 2大文人 の素顔に迫る

もりおか啄木・賢治青春館 ➡P.103

もりおかたくぼく・けんじせいしゅんかん

啄木と賢治の青春時代や作品のほか、当時の街についても紹介。クラシカルな雰囲気のカフェも併設。

『注文の多い料理店』の 出版元がある材木町エリアへ

いーはとーぶ アベニュー材木町 ➡P.104

いーはとーぶアベニューざいもくちょう

宮沢賢治にちなんだモニュメントが点在し、ファンタジックな気分に浸れる。

光原社 ➡P.106

こうげんしゃ

『注文の多い料理店』の出版元。現在は工芸品店で素敵なカフェを併設している。

賢治も愛した 小岩井農場 で 大自然を満喫

小岩井農場 ➡P.126

こいわいのうじょう

盛岡駅からバスで行ける広大な農場。ヨーロッパ風の牧場風景に惹かれた賢治は、多くの作品にその姿を描いた。

乗馬などのアクティビティのほか、レストランなども充実

撮影地：小岩井農場

ニュース＆トピックス

市の中心部の交差点に誕生したアートと市民の交流の場。続々オープンのスタイリッシュな商業施設は地元ならではの空気感を大切に最新の情報を発信する。人が集まり楽しめる空間が新たな時間を刻む。

アートの街「十和田市」に誕生した
白い壁に光のドローイング

青森県十和田市はアートを核とした街づくりが注目されている場所。「とわふる」の設計は建築家・藤本壮介氏。鈴木ヒラク氏の独創性のある壁画が目印。

十和田市地域交流センター「とわふる」
とわだしちいきこうりゅうセンター「とわふる」

十和田市 MAP 付録P.14 B-1
☎0176-51-3201
🏠青森県十和田市稲生町16-1
🕐9:00〜21:00　休無休
料無料　まちなか交通広場バス停から徒歩5分　Pなし

中庭中央部の噴水（夏期のみ夜間ライトアップ）は本州では初の施工

2022年9月オープン

撮影:小山田邦哉

壁画は鈴木ヒラク氏制作、環状列石と惑星の軌道を描いた《光と遊ぶ石たち》。中庭からは空が見える

青森りんごを五感で楽しみビールも堪能
道の駅 奥入瀬ろまんパーク に注目!

広大な敷地に直売所、ブルワリー、石窯料理を提供するブルワリー直営のレストラン、スイーツ専門店などがある。リニューアルした2つの施設の魅力をたっぷり紹介。

あら、りんご。
青森ファクトリーショップ
あら、りんご。あおもりファクトリーショップ

旧味蕾館がスイーツがメインの「青森りんごの専門店」に。おいしさを最大限に引き出す。

十和田市 MAP 付録P.14 B-4
☎0176-58-0505
🏠青森県十和田市奥瀬堰道39-1
道の駅奥入瀬ろまんパーク　🕐9:30〜17:00　休水曜　十和田現代美術館バス停から車で20分　Pあり

2022年5月リニューアル

お店の目印は、りんごカラーに改造された軽トラック

青森りんごの味わいが伝わる大人気のタルトタタン

12月から3月までは奥入瀬かまくらドームレストランが登場

2022年5月リニューアル

OIRASE BEER
Brewery & Restaurant
オイラセビール ブルワリー アンド レストラン

地元で四半世紀にわたり愛され続ける旧奥入瀬麦酒館がラベルを一新しリニューアル。新商品も誕生。

➡P.47

正面にブルワリーの仕込み釜。レストランで石窯料理を提供

風景に調和する未来のシンボル
2つの 複合商業施設 が登場

かつて中心市街地を牽引した建物が
商業施設と住居を兼ね備え、装いを
新たに歩み出す。まちのたたずまいに
自然と馴染み日常の一部になる。

THREE
スリー

2023年4月オープン

青森市の百貨店「中三青森店」跡地に誕生。
レストランや手土産品、マルシェ、アパレル、
雑貨店、クリニックをかねそなえた医・衣食住
のフロアを構成し青森の新たな魅力を発信。

青森市 MAP 付録P.8 B-4
☎017-718-3030
所青森県青森市新町1-7-1
営10:00〜20:00(一部店舗によ
り異なる) 休元日
交JR青森駅東口
から徒歩5分
Pあり

青森県をはじめ各地の名産
が並ぶ「日本百貨店あおもり」

商業ゾーンは4階建て
の本館とアネックス棟
1Fのマルシェで構成

ベーカリー&カフェ
「パンとエスプレッ
ソと樹の下で」

monaka
モナカ

2024年6月オープン予定

2019年に閉店したNanak跡地が生まれ変わる。マ
ルシェをはじめさまざまな商業・サービス施設が
入居、地元・肴町商店街にも直結。monakaは「も
りおかのまんなか」という意味が込められている。

盛岡市 MAP 付録P.23 E-3
交盛岡バスセンターからすぐ
URLhttps://monaka-morioka.com/

生活者のサードプ
レイスとして街を
盛り上げていく

青森駅を中心に街が変わる
東口の 駅ビル が開業

2024年春・夏オープン予定

旧青森駅舎の跡地に建設中。春は1〜3階がレストランやフ
ァッションの商業施設「&LOVINA」、4階の「青森市民美術
展示館」「青森の縄文遺跡群情報発信拠点施設(仮称)」が、
夏にはウエルネスがテーマのホテル「ReLabo」が開業する。

JR青森駅東口ビル
ジェイアールあおもりえきひがしぐちビル

青森市 MAP 付録P.8 A-3
☎017-734-1211(代) ※商業施設問合せ先
営株式会社JR東日本青森商業開発
交JR青森駅すぐ
URLhttps://jre-abc.com/lovinia

東北初出店・青森
県初出店を含む21
ショップが出店

青森駅周辺の賑わ
いづくりと交流人
口の創出を目指す

写真提供:JR東日本

季節が織りなす、感動の風景

みちのく、四季のうつろい

風光る春、緑茂る夏、そして山粧う秋、厳しくも凛と冴える冬。
季節ごとに異なる表情が、人々を魅了するみちのくの旅。
豊かな自然に恵まれた東北北部が誇る、折々の光景を訪ねて。

弘前公園（弘前城） ➡P.56

ひろさきこうえん（ひろさきじょう）

弘前 MAP 付録P.6 C-1

弘前公園内には約2600本の桜があり、花見の名所として知られている。ライトアップされた夜桜と濠に浮かぶ花びらの競演も見事。

濠の水面を埋め尽くす
幻想的な花びらの絨毯

春
薄紅の花が彩る
うららかな季節

水面を流れゆく「はないかだ」
と、散りゆく花吹雪が感動的

日本の道100選にも選定
桜と松が並ぶ閑静な通り

奥入瀬渓流や稲生川をイメージした水の
流れや馬のオブジェも配されている

武家屋敷通り
ぶけやしきどおり
➡P.77・79

角館 **MAP** 付録P.18A-2

佐竹北家の城下町として栄えた
角館。武家町の特徴を色濃く残
す街並みに、約400本のしだれ桜
が映える。国の天然記念物にも
指定されている。

十和田市官庁街通り
（駒街道）
とわだしかんちょうがいどおり（こまかいどう）

十和田市街 **MAP** 付録P.14A-1

十和田市のシンボルロード、官庁街通
り。長さ約1.1km、幅36mの道に155本
の桜が植えられ市民に親しまれている。

☎0176-24-3006（十和田奥入瀬観光機構）
所青森県十和田市西十三番町、西十二番町、西
三番町、西二番町 **闲休料**見学自由 **交**十和
田市現代美術館バス停からすぐ **P**あり

風情ある武家屋敷の黒板塀に、
しだれ桜が調和する

しなやかに垂れ下がる
樹齢300年の華やかな桜

25

夏

束の間の輝き
鮮やかな大自然

山と緑に恵まれた農場に
爽やかな風が吹き抜ける

岩手山を望む農場。その季節らしい遊
びを楽しんで

小岩井農場 ➡P.127
こいわいのうじょう

雫石 **MAP** 付録P.4 C-2

農場で最も美しい時季。防風林や
広大な牧草地を新緑が覆い、牧歌
的な光景が広がる。夏ならではの
景色を散策するのも楽しい。

青い稲と澄んだ空。遠野ならで
はの、日本の原風景がここに

昔話の世界に浸る
懐かしい田園風景

荒神神社
あらがみじんじゃ

遠野 **MAP** 付録P.27 E-4

日本の原風景やいにしえの民話、伝
承が生きる遠野。盆地に広がる青田
と藁葺き屋根の民家が、郷愁の念を
かき立てる。

☎0198-62-1333(遠野市観光協会) 所岩手
県遠野市青笹町青笹町中沢21-8 開休料見
学自由 交JR遠野駅から車で15分 Pなし

辰子姫と八郎太郎の伝説を宿す湖。写真の「たつこ像」は田沢湖のシンボル

田沢湖 ➡ P.96
たざわこ

田沢湖 MAP 付録P.19E-3

青く輝く神秘の湖
グラデーションが美しい

日本百景にも数えられる景勝の湖。透明度の高い水をたたえた深い湖の青は変化に富んで美しく、一見の価値あり。

北山崎 ➡ P.152
きたやまざき

三陸海岸 MAP 付録P.9 F-2

落差約200mの断崖が8kmにわたり連なる景勝地。北東から吹く冷風「やませ」がもたらす海霧は三陸海岸の夏の風物詩。

断崖絶壁近くに現れる
海面を這うやませが

やませは太平洋側沿岸部の気温を低下させ、梅雨どきには三陸海岸の海面を覆うほどの濃霧をもたらす

夏束の間の輝き 鮮やかな大自然

秋
大地が染まる 美しい錦繍のとき

一帯を覆う紅葉林に
自然の神秘を感じて

渓流沿いに遊歩道を整備。風光
明媚な世界に浸ることができる

藩政時代を偲ぶ石垣とモミジの
コントラストも見もの

市民が憩う公園で
紅葉の錦に癒やされる

奥入瀬渓流 ➡P.34
おいらせけいりゅう

奥入瀬渓流 **MAP** 付録P.13 E-2

十和田湖畔から約14km続く渓流。
豊かな水の流れと両岸に迫る奇
岩、そして色づいた紅葉林が一体
感をなし、見る者を圧倒する。

盛岡城跡公園 ➡P.104
もりおかじょうあとこうえん

盛岡 **MAP** 付録P.23 D-3

盛岡藩主の居城であった盛岡城跡を
整備した公園。モミジやカエデなど
300本以上の木々が染まり、多くの市
民が紅葉見物に訪れる。

八幡平 **MAP** 付録P.16

奥羽山脈北部に連なる八幡平は、岩手県随一の紅葉の名所。トレッキングはもちろん、色づく山を走るドライブコースも人気が高い。

紅葉のなかを爽快に走る
絶景ドライブコース

山一面を、黄・赤に染まった木々が埋め尽くす

蔦沼
つたぬま

八甲田 **MAP** 付録P.11 E-4

八甲田と奥入瀬の間に位置する蔦の七沼(P.48)のひとつで、紅葉が見頃の10月下旬沼に面した森が朝日に照らされ、燃えるように赤く染まる風景が見られる。

⬛青森県十和田市大字奥瀬字蔦
⬛休(村)紅葉期の昼は環境保全協力金での入場可。予約なしでの来訪は不可
⬛JR青森駅からJRバス「みずうみ号」で2時間、蔦温泉下車、徒歩10分 ⬛あり

秋 大地が染まる美しい錦繍のとき

朝焼けに染まる紅葉が
湖面を赤く染める

鏡沼、月沼など6つの沼を巡る「沼めぐりの小路」を歩いてまわれる

冬
雪と氷が魅せる 白銀の世界

白鳥がくつろぐ静寂の湖
冬のイベントも人気

十和田湖 ➡P.38
とわだこ

十和田湖 **MAP** 付録P.12 B-2

雪に覆われ、幻想的な景色が広がる冬の十和田湖。冬花火やイルミネーションなど、この季節ならではのイベントが開催される。

深さ日本3位の神秘の湖が、白い世界に包まれる

八甲田 ➡P.48
はっこうだ

八甲田 **MAP** 付録P.10

山に植生するアオモリトドマツに氷と雪がぶつかり、大きな樹氷へと姿を変える。その豪快な景観は、日本随一と讃えられる。

日本随一の規模を誇る 樹氷の壮観な風景

圧倒的な迫力の、スノーモンスターと呼ばれる樹氷群

乳頭温泉郷 ➡P.92
にゅうとうおんせんきょう

乳頭温泉郷 **MAP** 付録P.19 上図

乳頭山麓の原生林に囲まれた秘湯ファン憧れの温泉郷。凛とした冷気を感じながら、露天風呂で各宿自慢の天然温泉を楽しみたい。

雪に抱かれた温泉郷で 秘湯情緒を堪能

雪深い秋田県仙北市に位置。素朴な温泉宿が点在する

十和田湖
奥入瀬

**自然が育んだ
神秘的な
造形美**

深いブルーが美しい十和田湖、
そこを源とする奥入瀬渓流の
力強い流れ。豪雪地として知られる
八甲田山の麓には、
ひなびた趣の湯治場がある。

エリアと観光のポイント
十和田湖・奥入瀬はこんなところです

静寂のなか水音だけが聞こえる渓流、高山植物が生い茂る山々。
日常から離れた大自然がそこには広がる。

清涼感あふれる自然の美景
奥入瀬 ➡P.34
おいらせ

十和田湖から流れ出た清流がいくつもの滝をつくりながら14km続く、有数の景勝地。流域には珍しい苔類も多く、鮮やかな緑が美しい。水源をたどると十和田湖に至る。

観光のポイント 渓流に沿って整備された散策路をウォーキング

冬も凍らない神秘の湖
十和田湖 ➡P.38
とわだこ

青森県と秋田県の県境にあるカルデラ湖で奥入瀬渓流の源。遊覧船のクルージングやカヌー体験などのアクティビティも楽しめる。ランチには名産のヒメマス料理を。

観光のポイント 十和田ブルーを眺め、ボートで湖上に乗り出す

十和田湖・奥入瀬●旅のきほん

乗鞍岳▲　蔦温泉♨
奥入瀬渓流温泉スキー場
十和田市
奥入瀬渓流館 ★
奥入瀬
黄瀬川
青森県
大鳩内川
石ケ戸
奥入瀬バイパス
奥入瀬渓流 ★
雲井ノ滝
102
御鼻部山▲
湯布街道
奥入瀬川
102
十和田湖
484
銚子大滝
子ノ口
十和田湖 ★　十和田湖遊覧船 ★
十和田山▲
御倉山
日暮崎　東湖
中山崎
瞰湖台 ★
十和田神社 卍　中湖
乙女の像 ★
小坂町
西湖　★ 十和田湖遊覧船
休屋
103
秋田県
鹿角市　484

雄大な自然がつくる絶景

八甲田
はっこうだ　➡P.48

山々が連なり、いくつもの湿原が広がる山岳エリアで、四季折々に美しい姿を見せる。新緑や紅葉のなかを貫くドライブは爽快だ。

現代アートが彩る街並み

十和田市街
とわだしがい　➡P.44

観光のハイライトは十和田市現代美術館。世界で活躍する作家たちの作品が並ぶ。街なかにも彫刻などが点在し、アートが身近に感じられる。

西洋文化が根付いた城下町

弘前
ひろさき　➡P.54

桜が有名な弘前城のほか、洋館や教会、レトロな喫茶店などが多く残るハイカラな街並みが特徴。グルメではフレンチやアップルパイがおすすめ。

大型名所が充実した観光拠点

青森
あおもり　➡P.64

青森県立美術館、三内丸山遺跡、夏の青森ねぶた祭が観光のハイライト。青森タウンの中心、青森駅は新幹線の新青森駅から1駅6分とアクセスも便利だ。

国内有数の漁港で海鮮三昧

八戸
はちのへ　➡P.72

太平洋に面した漁港の街。さまざまな海産物が集結し、活気あふれる大規模な朝市が有名だ。八食センターでは海鮮グルメや買い物を楽しみたい。

（ 交通 information ）

エリア間のアクセス

JR八戸駅からは十和田市〜焼山〜十和田湖を2時間15分で結ぶバス「おいらせ号」が、JR青森駅からは八甲田ロープウェイ駅前〜焼山〜十和田湖を3時間10分で結ぶバス「みずうみ号」が運行。11月中旬〜4月中旬は「おいらせ号」全線運休、「みずうみ号」は青森駅〜八甲田ロープウェー駅前〜酸ヶ湯温泉間のみ運行。

周辺エリアとのアクセス

鉄道

JR弘前駅
↓ 奥羽本線で35〜45分
JR新青森駅
↓ 奥羽本線で5分　　↓ 東北新幹線で30分
JR青森駅　　　　　JR八戸駅

バス

JR青森駅	JR八戸駅
JRバス東北「みずうみ号」で15分	JRバス東北「おいらせ号」で40分
↓	↓
JR新青森駅	十和田市現代美術館
↓1時間5分	
八甲田（ロープウェー駅前）	↓50分
↓1時間5分	
焼山（やけやま）	
↓30分	↓30分
子ノ口	
↓15分	↓15分
十和田湖（休屋）	

車

JR弘前駅	東北道十和田IC
国道102・454号経由63km／東北自動車道（大鰐弘前IC〜小坂IC）・県道2号経由で75km、いずれも1時間30分	国道103号で33km、45分
↓	↓
十和田湖（休屋）	

問い合わせ先

観光案内
十和田湖総合案内所　☎0176-75-2425
十和田ビジターセンター　☎0176-75-1015
十和田市観光施設係　☎0176-51-6772
青森県観光交流情報センター
　　　　　　　　　　☎017-723-4670
弘前市立観光館　　☎0172-37-5501
交通
JRバス東北 青森支店　☎017-723-1621
JRバス東北 青森駅前JRバスきっぷうりば
　　　　　　　　　　☎017-773-5722
十和田湖遊覧船　　☎0176-75-2909
八甲田ロープウェー　☎017-738-0343
渓流足ストサイクル（奥入瀬湧水館）
　　　　　　　　　　☎0176-74-1212

十和田湖・奥入瀬はこんなところです

新緑、ツツジ、紅葉が周囲を彩る

奥入瀬 おいらせ

清流を覆う森林に分け入り、川のせせらぎを聞きつつ巡る約14kmの散策路が整備されている。新緑、紅葉、白銀と、季節ごとにがらりと表情を変え、人々を癒やし、見る人の心を震わせる。

清流沿いに延びる癒やしの散歩道

奥入瀬渓流 おいらせけいりゅう

散策ルート ➡P.36

美しい清流と名瀑に出会える清涼感あふれる散歩道

　木々や花々の間を縫うように流れる滝や川に沿って歩く。せせらぎを聞きながら多様な滝の姿と自然の美しさに心癒やされる、なごみの散歩道だ。噴火によって形成された土砂が堆積する一帯は別名「瀑布街道」とも呼ばれ、新緑や紅葉の季節を中心に変化に富んだ数々の滝がカメラや絵筆を携えた人々を惹きつける。渓流沿いには車道も整備され、車やバスで巡るのも便利だが、自然のパワーと、このエリア固有の生態系をきめ細かく楽しむなら徒歩やレンタサイクルがいい。ルート上に点在する休憩所を利用しつつ、マイナスイオンのなかをのんびりと過ごしたい。ハイシーズンは新緑と紅葉の季節だが、旅行者が少なく静けさと雪景色が堪能できる冬もおすすめ。

MAP 付録P.13 E-2
☎0176-75-2425（十和田湖総合案内所）
🏠青森県十和田市奥瀬 🚃JR八戸駅からJRバス東北「おいらせ号」で1時間30分、焼山下車／JR青森駅からJRバス東北「みずうみ号」で2時間23分、焼山下車　※11月中旬〜4月中旬は運休　Ｐあり

散策のポイント

日暮れの時間に注意したい。あたりは鬱蒼とした渓谷で、日没時刻より早めに暗くなる。特に日の短い秋は要注意

マイカーでまわる場合は、すぐには駐車場所が見つからないことを想定して動きたい。特に、新緑、紅葉のハイシーズンは、駐車場が満車になることが多い

⤴新緑が美しい初夏の奥入瀬。緑のトンネルと清流のせせらぎが心地よく、思わず深呼吸したくなる

レンタサイクル　爽快にサイクリングを楽しむ

奥入瀬渓流を全行程歩くのに自信がない人におすすめ。貸し出し・返却場所が3カ所に設けられているので、徒歩と自転車を組み合わせて楽しむことも可能。

渓流足ストサイクル楽チャリ
（けいりゅうあしストサイクルらくチャリ）
シティサイクル：4時間1000円
電動アシスト：4時間2000円 ※延長は30分ごとに300円
貸し出し＆返却場所：奥入瀬湧水館、石ヶ戸休憩所、JRバス子ノ口バス停 ☎0176-74-1212（奥入瀬湧水館）
⏰9:00～16:30　休11月上旬～4月下旬

お役立ちinformation

奥入瀬観光のベストシーズン

雪が解け川の流れが勢いを増す春、緑に包まれツツジが咲きこぼれる夏、滝にツララに凍る白銀の冬と、四季いずれも美しいが、特に人気の季節は秋。紅葉を映し水面が黄色く染まった景色のなか、カメラを構える人々の姿も増える。

奥入瀬渓流のたどり方

●バスを利用する
車も便利だが渓流沿いの駐車場は限られており、休日、特にハイシーズンは駐車場所を確保するのに苦労する。奥入瀬渓流を最大限堪能する方法としては十分な時間をかけ歩いてまわるのが理想だが、バス＋徒歩で巡るのが一般的。
●レンタサイクルを利用する
渓流沿い国道102号は爽快なサイクリングコース。各宿が貸し出す自転車のほか、渓流足ストサイクル楽チャリもおすすめ。
●休憩＆食事ポイント
休憩所は焼山周辺に集中しており、ほかには石ヶ戸、子ノ口にある。また、渓流沿いの見どころ数カ所にベンチが設置されている。トイレは焼山、子ノ口、石ヶ戸のほか2カ所にあるのみ。飲み物などは持参しての散策がおすすめ。

観光案内所・休憩所

●奥入瀬湧水館 **MAP** 付録P.13 E-4
1階に奥入瀬源流水をボトリングする工場を備え、見学も可。
☎0176-74-1212
所青森県十和田市奥瀬栃久保182 営9:00～16:30 休無休 交奥入瀬渓流館バス停からすぐ

⤴奥入瀬源流水で淹れたコーヒーとアップルパイ750円

●奥入瀬渓流館 **MAP** 付録P.13 E-4
物販のほか奥入瀬の生態系がわかるジオラマも好評。
☎0176-74-1233
所青森県十和田市奥瀬栃久保183 営9:00～16:30 休無休 交奥入瀬渓流館バス停からすぐ

⤴展示はもちろん、観光案内も充実

●渓流の駅 おいらせ **MAP** 付録P.13 F-4
産直農産物など多数の商品を揃えるおみやげと食事処を備えた施設。
☎0176-74-1121
所青森県十和田市奥瀬栃久保11-12 営9:00～16:00 休11月中旬～4月中旬 交焼山バス停からすぐ

⤴渓流にもほど近くせせらぎが心地よい

●石ヶ戸休憩所 **MAP** 付録P.13 E-2
そばやソフトクリームなどを販売。トイレ、自販機は24時間使用可能。
☎0176-74-2355
所青森県十和田市奥瀬惣辺山1 営9:00～16:30 休無休 交石ヶ戸バス停からすぐ

⤴スペシャルそば（全部のせ）700円

千変万化の流れと滝を楽しむ

清流をたどり せせらぎに憩う

奥入瀬 ●歩く・観る

↑流れが3つに分かれることから三乱の流れと呼ばれるようになったという

奥入瀬渓流
全長…約14km
所要…徒歩約5時間

河口側から水も空気も清涼な川沿いを上り、水源の十和田湖を目指す。

1 三乱の流れ
さみだれのながれ

MAP 付録P.13 E-2

流れの中央に咲くツツジ

このエリアは増水することが少なく、流れの中にある岩の上にも植物が育つ。特にツツジが有名で、初夏には清流と花の共演が見られる。

↑ブナの若葉に鮮やかな色のツツジが映える

↑阿修羅の名のとおり豪快な流れ。新緑の夏、紅葉の秋には撮影や写生を楽しむ人々で賑わう

2 阿修羅の流れ
あしゅらのながれ

MAP 付録P.13 E-3

渓流随一の絶景として有名

苔むした岩を縫うように、川岸の木々の色を映した急流が荒々しく走る。ポスターなどの撮影地としても知られる奥入瀬一有名な美景だ。

3 雲井の滝
くもいのたき

MAP 付録P.13 E-3

水量豊かな約20mの段瀑

高さ約20m、三段に連なる滝。奥入瀬渓流のなかでも水量豊かで勢いが強い箇所であり、浸食が激しく、今も少しずつ上流側に後退している。

↑奥入瀬渓流で見られる、多彩な滝のなかでも、特に迫力のある雲井の滝

JRバス所要時間

	子ノ口
約6分	
	銚子大滝
約5分	
	雲井の流れ
約4分	
	雲井の滝
約3分	
	馬門岩
約3分	
	石ヶ戸
約6分	
	紫明渓
約2分	
	奥入瀬渓流館
約1分	
	焼山

↑木々に囲まれて落ちる姿が見事

5 寒沢の流れ
さむさわのながれ

MAP 付録P.13 D-4

森の奥から下りてくる迫力ある流れ

小さな滝が折り重なるようにして岩々の間を勢いよく流れ落ちてくるさまがダイナミックだ。

↑段々になった川底を滝のように流れ落ちる

渓流の下流から上流に向かって、整備された遊歩道を歩く。

焼山バス停
↓ 徒歩1時間20分
1 三乱の流れ
↓ 徒歩1時間
2 阿修羅の流れ
↓ 徒歩20分
3 雲井の滝
↓ 徒歩1時間20分
4 白糸の滝
↓ 徒歩30分
5 寒沢の流れ
↓ 徒歩すぐ
6 銚子大滝
↓ 徒歩30分
子ノ口バス停

4 白糸の滝
しらいとのたき

MAP 付録P.13 D-4

繊細な白糸を思わせる優美な滝

30mの高さを何本もの白糸を垂らしたように落ちる美しい滝。周囲には白絹の滝、不老の滝、双白髪の滝と合わせて4本の滝があり、一目四滝と称される。

6 銚子大滝
ちょうしおおたき

MAP 付録P.13 D-4

幅約20m。別名「魚止の滝」

ここで遡上を阻まれるため、十和田湖には魚は棲めないといわれた。周囲の植物の色を映した光を浴び、豪快な水音を立てて落ちる勇壮な滝だ。

↑白い水しぶきを豪快にあげる迫力満点の滝だ

清流をたどり せせらぎに憩う

立ち寄りグルメスポット

薪の香りが魅力の石窯ピザ

石窯ピザ オルトラーナ
いしがまピザ オルトラーナ

MAP 付録P.13 F-4

採れたての新鮮な地元産野菜がメインの店で、本格石窯で焼いたピザが自慢。4月下旬〜11月中旬はビュッフェとなり、各種ピザや旬の野菜が食べ放題。
☎0176-70-5955
所青森県十和田市奥瀬栃久保11-253
営11:00〜15:30(LO14:30)
休無休 ⊕焼山バス停から徒歩3分
Pあり

↑ オルトラーナ2200円。野菜たっぷりのピザは、カリッとした食感で薪の香りも格別

↑柿渋を塗った木材が風合いを醸し出している店内

↑薪が燃え盛る本格石窯でていねいに焼き上げる

青森ご当地グルメが自慢

奥入瀬ガーデン
おいらせガーデン

MAP 付録P.13 F-4

渓流の駅 おいらせ(P.35)内にある食堂。十和田バラ焼き定食や十和田湖ひめます塩焼定食など青森のB級グルメが味わえる。
営11:00〜14:45(LO14:30)

↑奥入瀬渓流の玄関口に建ち、緑に包まれている

↑青森県の食材と味にこだわった八戸せんべい汁定食1500円

37

豊かな木々に縁取られ青く澄んだ湖

十和田湖
とわだこ

散策のポイント

展望台や遊覧船での景色観賞もいいが、トレッキングやカヌーでより身近に自然を楽しむのも素敵

湖周辺には十和田神社、開運の小道など、東北でも屈指のパワースポットが点在。要チェック

鮮やかな緑、燃えるような紅葉、墨絵を思わせる雪景色と四季ごとに美しく表情を変える山々。紺碧の湖とのコントラストが絶景をなす。

十和田湖●歩く・観る

↑ブナやカバの木が茂る周囲の森には、イヌワシやツキノワグマが棲み、国の鳥獣保護区となっている

深さは国内3位、面積は12位
2つの県にまたがるカルデラ湖

秋田、青森の両県にまたがる周囲約46kmの湖。約20万年前、十和田火山の噴火活動によって形成された二重カルデラ湖で、現在も活火山に指定されている。「十和田湖および奥入瀬渓流」として特別名勝および天然記念物となった景勝地であり、奥入瀬渓流、八甲田火山群と併せて十和田八幡平国立公園にも属す。新緑や紅葉のシーズンを中心に観光地としても人気。

十和田湖
とわだこ

MAP 付録P.12 B-2

☎0176-75-2425(十和田湖総合案内所)
所青森県十和田市奥瀬十和田湖 交JR八戸駅からJRバス「おいらせ号」で2時間15分、十和田湖(休屋)/JR青森駅からJRバス「みずうみ号」で3時間10分、十和田湖(休屋)下車 ※11月中旬～4月中旬は運休 Pあり

十和田神社
とわだじんじゃ

MAP 付録P.12 C-3

おそれざん
恐 山と並ぶ東北屈指の霊場
「および紙」で吉凶を占う

大同2年(807)に坂上田村麻呂が創建したとされ、祭神として日本武尊が祀られているが、かつては東北地方に多い水神信仰の場であったとも伝えられている。その昔、湖を支配していた龍蛇・八之太郎を追い出したという修行僧・南祖坊を、青龍権現として崇め祀ったとされている。および紙による占いも有名で、神社で購入したおよび紙を湖に投じ、沈めば願いが叶うという。

↑細部の彫刻など建築美にも注目したい

☎0176-75-2508
所青森県十和田市奥瀬十和田湖畔休屋486 開休料参拝自由 交十和田湖(休屋)バス停から徒歩15分 Pなし

湖面と木々が織りなす美風景

十和田湖の絶景名所

眺める場所や季節でさまざまな表情を見せてくれる十和田湖。
特に美しく見える8つのスポットをご紹介。

滝ノ沢展望台
たきのさわてんぼうだい

国道102号沿いに位置。鬱蒼と茂る
木々を抜け突然広がる湖の眺望に
圧倒される。

⬆撮影スポットとしても大人気

⬆晴れれば、岩木山から八幡平まで見渡せる

御鼻部山展望台
おはなべやまてんぼうだい

標高1011mと十和田周辺の展望台でも最も標
高の高い場所に位置する展望台。

五色岩 ごしきいわ

約1000年の時をかけ、噴火によりつくられた玄武
岩の円錐火山。　⬆近年注目のパワースポット

青森県

休屋
十和田湖南部の湖畔
で最も賑やかな場所。
食事処やみやげ店、
宿泊施設などが集
まっている。

子ノ口
奥入瀬渓流沿いを上り切る
と子ノ口で十和田湖に出る。
十和田湖から奥入瀬川に流
れ出る水量は子ノ口の水門
でコントロールしている。

見返りの松
みかえりのまつ

中山半島の最北端に
立ち、別名「夫婦松」
と呼ばれる2本の松。

⬆振り返って再度見たくなるという、2
本寄り添う松

瞰湖台
かんこだい

御倉半島と中山
半島をつなぐ中
湖を一望する。
標高は583m。

⬆宇樽部と休屋の
間、国道103号沿
いに位置

乙女の像
おとめのぞう

昭和28年(1953)
建造のブロンズ
像。顔のモデルは
智恵子夫人といわ
れている。
⬆高村光太郎
最後の彫刻作品

発荷峠展望台
はっかとうげてんぼうだい

十和田湖周辺随一の展望台と
いわれている。中山半島、御
倉半島、八甲田連峰が一望。
⬆湖面からの高さは約250m

恵比寿大黒島
えびすだいこくじま

十和田湖の火
山活動で隆起し
た2つの島。各
島それぞれに社
が建つ。
⬆五葉松とツツ
ジに覆われた島

↑休屋から半島を巡って休屋に戻る遊覧コースと、休屋～子ノ口間を結ぶコースがある

十和田湖をアクティブに遊ぶ
船に乗って湖上へ

十和田湖には遊覧船、カヌーなど、
さまざまなボートが行き交う。
水上からのひと味違う風景を堪能したい。

遊覧船で絶景めぐり

**十和田湖一の貫禄を誇る遊覧船で
水面をゆったりと走る。**

4月半ばから11月初旬にかけて運航。湖畔の入り組んだ半島や断崖を巡り、湖の周囲を取り囲むブナの森を湖上から眺める。2つの航路とも約50分のクルージングが楽しめる。
Aコース **休屋～子ノ口**【休屋・子ノ口航路】
料1650円　**所要**約50分
Bコース **休屋～休屋**【おぐら中山半島巡り航路】
料1650円　**所要**約50分

十和田湖遊覧船　とわだこゆうらんせん
MAP 付録P.12 C-2／C-4
☎0176-75-2909　**所**青森県十和田市奥瀬十和田湖畔休屋　**営**休屋発着8:45～16:00　**休**11月中旬～4月中旬　**交**十和田湖(休屋)バス停・子の口バス停からすぐ　**P**なし

↑紅葉の季節は特におすすめ

↑湖岸に迫る森の様子がよくわかる

立ち寄りスポット

十和田湖マリンブルー
とわだこマリンブルー
MAP 付録P.12 C-4
湖を間近に眺めながらコーヒーが味わえるカフェ。軽い食事もできる。
☎0176-75-3025　**所**秋田県鹿角郡小坂町十和田湖休平　**営**8:00～18:00　**休**11月上旬～4月下旬　**交**十和田湖(休屋)バス停から徒歩7分　**P**あり
↑おすすめは青森産のリンゴを使っていねいに焼き上げた、特製アップルパイ550円

↑湖が一望できる、窓が大きく明るい店内

カヌーで湖を体感

**湖面をカヌーでなめらかに漕ぎ出す。
熟練スタッフのサポートで初心者でも安心。**

十和田湖カヌーツアー

カナディアンカヌーを自ら漕いで、10m以上の透明度をもつ十和田湖を巡るツアー。湖にせり出した木のトンネルをくぐって植物や鳥、動物を観察したりするのも楽しい。入り江でのティータイムも格別のひととき。出発前にはガイドからていねいなレクチャーがあるので安心して参加できる。

MAP 付録P.12 C-2
出航時間 9:30～12:00、13:30～16:00 **集合場所** 青森県十和田市奥瀬宇樽部国有林64林班イ小班 **休**不定休 **料**9000円～（1人の場合は1万4500円～） **交**下宇樽部バス停から徒歩5分 **P**あり **予約**要

Towadako Guidehouse 櫂 トワダコ ガイドハウス かい

☎080-1681-1036 **所**青森県十和田市奥瀬十和田湖畔休屋486 喫茶憩い **営**8:30～17:00 **休**不定休

↑湖面に近い目線からの眺めがカヌーの醍醐味。十和田湖を間近に感じられる

↑ガイドが湖の成り立ちや動植物をていねいに解説

↑静かな入り江でひと休み

ヒメマスの養殖と和井内貞行

十和田湖名産ヒメマスの養殖を始めた和井内貞行。安政5年（1858）、盛岡藩重臣の家に生まれた彼は明治30年（1897）、湖畔に旅館を創業。同時に魚一匹棲まないといわれた湖で養殖すべく人工孵化場を建てる。その後、約20年の時と数々の辛苦を経て事業を成功に導き、明治40年（1907）、緑綬褒章を授与される。

軍用ゴムボートで探検クルーズ

**野生動物との遭遇や新発見も！
特別保護地区をボートで探検。**

十和田湖RIBツアー

軍用ボートに乗り最大速度40ノット（時速約74km）で十和田湖を走る。大型の遊覧船などで到達できない湖畔のミステリー・スポットにもアクセスできる。

MAP 付録P.12C-3
出航時間 9:00～17:00 **催行** 4月中旬～11月中旬 **集合場所** 青森県十和田市十和田湖畔宇樽部123-1 **料**6000円（宿泊付プラン8000円～） **所要** 約50分 **交**下宇樽部バス停から徒歩1分 **P**あり **予約**要

十和田湖 グリランド とわだこ グリランド

☎0176-75-2755
所青森県十和田市奥瀬十和田湖畔宇樽部123-1 **交**下宇樽部バス停から徒歩1分 **P**あり

↑陸伝いでは行けない入り江に潜入

↑十和田湖カヌーツアー1名1万円も人気

冬の風物詩、湖の冬物語

©十和田奥入瀬観光機構

十和田湖冬物語
とわだこふゆものがたり

雪と氷に覆われる十和田湖で開催されるイベント。空気の透明度が格段に高い冬の湖畔では、澄んだ夜空を鮮やかに彩る花火が楽しめる。音楽とシンクロした花火ショーのほか、大切な人への思いを込めたメッセージ花火も実施。冬ならではのアクティビティ、県境に位置する特徴を生かした地元グルメなど用意。

※RIB = Rigid Hull Inflatable Boat リジッド・ハル・インフレータブル・ボート（硬式ゴムボート）

41

きりたんぽ鍋定食 1300円～
あきたこまち100%の米を竹輪状にし、比内鶏、シイタケ、ゴボウなどと一緒に煮込んだ鍋。もちもちとした食感でだしもうまい

↑明るい店内から十和田湖が見える素晴らしいロケーション

↑休屋の湖畔にある、和風レストラン

比内地鶏のだしで食べる郷土料理
きりたんぽ鍋が自慢の店

レストランやすみや

MAP 付録P.12 C-4

1階と2階の食事処から湖畔を眺めながら食事ができる。牛バラ焼きをはじめとしてメニューも豊富で、なかでも秋田県の郷土料理を代表する比内地鶏のだしが利いた「きりたんぽ鍋定食」が一番人気だ。

☎0176-75-2141
青森県十和田市奥瀬十和田湖畔休屋486
⏰11:00～14:00 不定休、12月～3月末
十和田湖(休屋)バス停から徒歩5分 Pあり

予約 可
予算 L1000円～

十和田湖名物ヒメマスは欠かせない

自然が生んだ郷土食
湖畔の美味

十和田湖は県境にあるため、ヒメマス料理のほか、きりたんぽ、十和田バラ焼きなど青森・秋田両県の名物料理が集まっている。

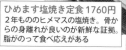

ひめます塩焼き定食 1760円
2年もののヒメマスの塩焼き。骨からの身離れが良いのが新鮮な証拠。脂がのって食べ応えがある

湖面を眺めながら和食が味わえる

とちの茶屋
とちのちゃや

MAP 付録P.12 C-4

『乙女の像』までは最短距離の場所にある。樹齢500年というトチの木のテーブルや柱が店名に。料理はその日獲れた新鮮な材料を使用。十和田湖名物であるヒメマス料理はもちろん、オリジナルのにじます漬け丼が人気。

にじます漬け丼 1500円
店の一番人気。平成の名水百選に選ばれた沼袋の水で育ったニジマスのおいしさを存分に味わえる

☎050-5364-3638 青森県十和田市奥瀬十和田湖畔休屋16-11-7
⏰11:00～16:00(LO15:45) 不定休、12月上旬～4月中旬 十和田湖(休屋)バス停から徒歩10分 Pあり

予約 不要
予算 L1000円～

↑ガラス張りで明るい雰囲気の店内からは、十和田湖が眺められる

↑ひときわ観光客の目を引くおしゃれな外観

十和田湖名物、
ヒメマスのヅケ丼が人気

十和田食堂
とわだしょくどう

MAP 付録P.12 C-4

↑気軽に入れる雰囲気のたたずまい

十和田湖へ来たらぜひ食べてほしいのがヒメマスだ。鮮度がすぐ落ちるため、毎日焼き魚用と刺身用を吟味して仕入れる。ヒメマスのおいしさを知ってほしいと、ヅケ丼(2145円)を開発し、クセがないと人気だ。

☎0176-75-2768
青森県十和田市奥瀬十和田湖畔休屋486
⏰9:30～15:00
12月～3月
十和田湖(休屋)バス停から徒歩3分 Pあり

予約 不要
予算 L1000円～

↑おみやげ品も置かれた広々とした店内

こぎん刺し子手提げ
刺し子をアレンジしたトートバッグは日常使いに

ゆずりはオリジナル
あけび・裂織手提げ
あけびの籠と網代模様の裂織の組み合わせが個性的

⬆広い店内では工芸作家の説明を添えて展示販売

東北の作家たちの想いを伝える工芸店
巧みな手仕事の結晶

漆塗りや木工品、こぎん刺しなど、東北6県の工芸作家による手仕事の製品が店内に並ぶ。美しく使い勝手のよい作品は、訪れる人を魅了する。

ゆずりはオリジナル
総刺しボストン
一針一針ていねいに刺して仕上げたバッグ

湖畔の美味／巧みな手仕事の結晶

暮らしのクラフト
ゆずりは
くらしのクラフトゆずりは
MAP 付録P.12 C-4

ひとつひとつの作品に
ぬくもりと技を感じる

「東北の工芸がいつまでも若い世代に受け継がれていくように」との想いが詰まった工芸店だ。作家さんたちの顔が見えるような作品にこだわり、どんな暮らしから作品が生まれるのかを伝える。作品ひとつひとつに作家独自の世界が輝いている。奥入瀬店（MAP付録P.13 F-4）もある。

☎0176-75-2290
🏠青森県十和田市奥瀬十和田湖畔休屋486
🕙10:00～17:00 🈺11月～4月中旬 🚌十和田湖(休屋)バス停から徒歩5分 🅿あり

草木染めの
シルクストール
ナチュラルカラーが大人の雰囲気を醸し出すおしゃれなアイテム

⬆煮込み鍋など南部鉄器も揃っている

津軽塗の重箱
美しい塗りの重箱は大切な日のために

ゆずりはオリジナル
裂織ボール型手提げ
古布を裂いてひも状にしたものを再び布に織り上げてバッグに再生

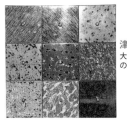

津軽塗の小引き出し
大切な小物や思い出の品の保管用におすすめ

津軽塗のワイングラス
色合いも鮮やかでおしゃれなグラス

⬆木の外観がシックで落ち着いたたたずまい

美術館を飛び出しアート作品が街なかに展示
十和田市街
とわだしがい

美術館を中心に街なかにも作品が並ぶ十和田市は、まさにアートの街。松と桜、合わせて300本以上もの並木の下、芸術的な気分で散策したい美しいエリアだ。

⊕桜の花びらに埋め尽くされた官庁街通り。戦前、旧陸軍軍馬補充部が置かれていたため駒街道とも呼ばれ、馬をモチーフにした作品が展示されている

十和田市現代美術館
とわだしげんだいびじゅつかん
MAP 付録P.14A-1

白い「アートのための家」に現代アートの粋がずらり

白くシンプルな箱型の建物を連ねた美術館に、ロン・ミュエク氏、オノ・ヨーコ氏、奈良美智氏といった現代美術の巨星たちの作品が展示されている。さらに作品群は美術館の建物を飛び出し、美術館前のアート広場や官庁街通りにも点在。市街地を背景にアート作品が楽しめるスケールの大きさも魅力だ。

☎0176-20-1127
所青森県十和田市西二番町10-9
開9:00～17:00(入館は～16:30)
休月曜(祝日の場合は翌日)
料1800円(企画展閉場時1000円)
交十和田市現代美術館バス停からすぐ
P約100台(1回200円。美術館有料観覧者には無料駐車券配布)

⊕日本の道100選にも選ばれた官庁街通り

⊕白い美術館の建物と鮮やかなコントラストをなすカラフルな作品《フラワー・ホース》

日本が誇る前衛芸術家
草間彌生氏のアート
くさまやよい

愛はとこしえ十和田でうたう

水玉と網目が広がる草間彌生氏の作品。そのまま屋外広場の一部となっており、目で見るだけでなく、体感することができる。

作者名 草間彌生(日本)　制作年 2010年

草間彌生 愛はとこしえ十和田でうたう 2010年
撮影/小山田邦哉　©YAYOI KUSAMA

⊕作品世界に飛び込んで体で感じる、十和田市現代美術館らしい作品

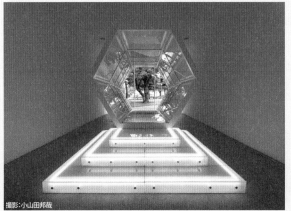
撮影：小山田邦哉
⬆外側からも中からも楽しめるアート

柔らかな音楽と光に包まれる体験

光の橋

スペイン出身のアーティスト、アナ・ラウラ・アラエズ氏の作品。光と静かな音、作品に包まれ瞑想気分が味わえる。

作者名 アナ・ラウラ・アラエズ（スペイン）　**制作年** 2008年

撮影：小山田邦哉
⬆消費社会と過ぎたグローバル化への疑問が主題

ロボットのように巨大化真っ赤なハキリアリ

アッタ

きのこを栽培するという「農耕するアリ」として知られる熱帯雨林のハキリアリがモチーフ。日本出身のアーティスト、椿昇氏の作品。

作者名 椿昇（日本）　**制作年** 2008年

撮影：小山田邦哉
⬆十和田市の未来の繁栄を象徴した彫刻作品

高さは約5.5m。今にもいななきそうな馬のオブジェ

フラワー・ホース

韓国のアーティスト、チェ・ジョンファ氏の作品。美術館へとつながる官庁街通りの別名「駒街道」にちなんだカラフルな花々で飾られたキュートな馬だ。

作者名 チェ・ジョンファ（韓国）　**制作年** 2008年

作者の空への憧れを表現した不思議な浮遊空間

オン・クラウズ（エア-ポート-シティ）

網状に編んだひもでバルーンをつなぐ。ブエノスアイレス大学で建築を学んだアーティスト、トマス・サラセーノ氏らしいアートと建築の両領域にまたがる作品だ。

作者名 トマス・サラセーノ（アルゼンチン）　**制作年** 2008年

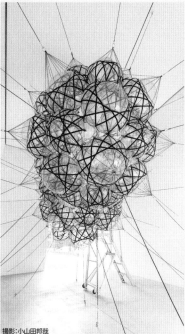
撮影：小山田邦哉
⬆はしごに上り、間近で鑑賞することができる

光輝く冬のイベント、アーツ・トワダ ウィンターイルミネーション

十和田市現代美術館のアート広場に約30万ものLEDが敷き詰められ、まるで青い光の絨毯のよう。幻想的なイルミネーションに照らされた広場の展示作品も、日中とは別の姿を見せる。

MAP 付録P.14A-1

開催時期 12月15日〜2月14日
問い合わせ
十和田市商工観光課
☎0176-51-6772

⬆一面青色の世界の中に屋外アート作品が浮かび上がる

懐かしさがあふれる古民家の暮らし体験

十和田の素顔に出会う

豊かで厳しい自然に囲まれた十和田で、昔から伝え継がれた素朴な暮らし。その温かさにふれる。

旧笠石家住宅

きゅうかさいしけじゅうたく

MAP 付録P.13 F-1

江戸時代後期建築の民家で当時の十和田の暮らしを知る

18世紀後半（江戸時代後期）に建てられた民家。当時の典型的な農家で、屋根は茅葺き。馬屋や台所、寝間、炉などがそのまま残っている。礎石に直接柱を立てたり、雑木を手斧（ちょうな）で削った手斧仕上げの梁など、ユニークな建築様式も見どころ。

↑緑が鮮やかな夏もいいが、屋根に雪が積もる冬の景色も美しい

↑国の重要文化財に指定。保存や修理、復元なども行われている

↑毎日、かまどや囲炉裏に火をくべて煤(すす)を出し、屋根の茅を守っている

☎0176-74-2547（十和田湖民俗資料館）　所青森県十和田市奥瀬栃久保80
開9:00～16:30（11～3月は～16:00）　休火曜　料無料　交JR八戸駅から十和田観光電鉄バス・十和田市行きで1時間、十和田市中央バス停で焼山行きに乗り換え20分、片貝沢下車、徒歩15分　Pあり

手づくり村 鯉艸郷

てづくりむら りそうきょう

MAP 付録P.14 C-2

春～夏にかけては花々が見頃 多彩な体験メニューも大好評

花菖蒲園や芍薬園、ルピナス園などがあり、5～7月は色とりどりの花々が咲き誇る。また、ブルーベリーやじゅんさいの収穫、そばやピザ、郷土料理の調理などの体験プログラムも充実。さらには茅葺きの民家で食す郷土料理も大人気。

☎0176-27-2516　所青森県十和田市深持鳥ヶ森2-10　開9:00～17:00 ※8～10月の平日は要予約　休11～4月
料400円（5月下旬～7月下旬は700円）
交JR七戸十和田駅から車で20分　Pあり

↑鯉艸亭では昔懐かしい囲炉裏を囲んで、手打ちそばやわっぱ飯などの郷土料理が食べられる

↑園内の水車小屋でそば粉を挽き、食事処で供す

→鯉艸亭で食す手打ちそばセット1650円

↑そば打ち体験は試食も含めて所要約2時間。5～50名で参加可能

↓昭和初期建築の茅葺き民家を移築した鯉艸亭。花菖蒲も見事

↑5月下旬～6月上旬に見頃を迎える芍薬園。約160種、2000株が咲く

↑下のほうから花開くことから「のぼり藤」とも呼ばれる色とりどりのルピナスの群生

↑米粉入りピザ生地をのばし石窯で焼き上げる、ピザ作り体験

予約 不要
予算 Ⓛ 2000円〜

ビールの本場チェコの味を堪能
OIRASE BEER
Brewery & Restaurant
オイラセ ビール ブルワリー アンドレストラン

MAP 付録P.14 B-4

道の駅 奥入瀬「奥入瀬ろまんパーク」の敷地内にあり、本場チェコの醸造技術を導入し、奥入瀬の源流水で仕込んだ泡立ちの良い地元ビールと一緒に焼き立てピザや地元食材を使った料理を楽しめる。店内に工場が併設されている。

☎0176-27-1317
㉠青森県十和田市奥瀬堰道39-1
㉖11:00〜17:00(冬季は〜16:00)
㉗不定期水曜(要HP確認) ㉘十和田市現代美術館バス停から車で20分 Ⓟあり

奥入瀬ビール
4種飲み比べ1430円
グラス300ml638円、
FRESH生缶500ml830円など飲み比べを楽しめる

㉠ガラス張りの外観が目印(左)。天井が高く開放的な店内(右)

地元の食材を大切に使った、こだわりのお店を厳選

おいしい十和田に舌鼓

十和田ならではの素材を生かしたメニューの数々。地元住民が味と品質に太鼓判。

予約 可
予算 Ⓛ1530円〜
Ⓓ2000円〜

懐かしい古民家で味わう
野菜ソムリエのランチ

予約 要
予算 Ⓛ990円〜

農園カフェ 日々木
のうえんカフェ ひびき

MAP 付録P.15 F-3

☎0176-27-6626
㉠青森県十和田市相坂高見147-89
㉖11:00〜16:00(冬季は〜15:00)※食事LO14:00、カフェLOは閉店の30分前
㉗水曜
㉘十和田市現代美術館バス停から車で15分 Ⓟあり

「農園カフェ」の看板が目印。地元野菜の食べ方を伝え、おいしい食材を知ってほしいと、野菜ソムリエが厳選した新鮮な野菜をふんだんに使った料理を提供。ぬくもりが感じられる店だ。

農園かご盛りランチ1210円
十数種類の季節の食材を使った健康的な料理。一品一品が味わい深い

㉠築60年余の古民家を改築。和モダンで癒される店内

ヘルシーな馬肉を多彩な
料理で提供する専門店

馬肉料理 吉兆
ばにくりょうり きっちょう

MAP 付録P.14 B-2

馬肉料理に定評があるのがこの店。馬刺しに馬肉ハンバーグ、しゃぶしゃぶなど馬肉三昧の料理が堪能できる。しかも新鮮でおいしい。特に馬肉鍋は自家製こうじ南蛮を加えて食べると、味に深みが増してくる。

㉠テーブル席もあり一人でも気軽に利用できる

☎0176-24-9711
㉠青森県十和田市西三番町15-4
㉖11:00〜14:00(LO13:30) 17:00〜21:30(LO21:00) ㉗日曜 ㉘十和田市現代美術館から徒歩10分 Ⓟ約10台

馬肉鍋
上1840円
特上2300円
せんべいや十和田産マイタケなど地元ならではの具材を使用

八甲田ドライブ

ダイナミックで美しい
大自然のなかへ

山岳を
走り抜ける

八甲田山は奥羽山脈北端の火山群で、
単独峰ではない。有数の豪雪地帯として
知られ、冬は雪で覆われるが、
春〜秋のドライブは爽快そのものだ。

八甲田山雪中行軍遭難資料館 P.49
高森山
雪中行軍遭難者銅像
銅像茶屋
6 田代平湿原
5 八甲田ロープウェー
★八甲田ゴールドライン P.49
山麓駅
山頂公園駅
★田茂萢湿原 P.49
▲八甲田山
3 地獄沼
4 城ヶ倉大橋
GOAL 谷地温泉 P.52
睡蓮沼 2
元湯猿倉温泉
1 蔦の七沼
櫛ヶ峯 ▲
赤倉岳 ▲
乗鞍岳 ▲
奥入瀬渓流温泉
START 焼山
十和田湖畔(子ノ口)
0 3km

---

1 蔦の七沼
つたのななぬま
MAP 付録P.11 E-4

新緑や紅葉を映す水鏡

蔦沼、鏡沼、月沼、長沼、
菅沼、瓢箪沼、赤沼の総
称。無風の日は水面が鏡と
なって自然を映す。
所十和田市蔦温泉
交焼山から約6km Pあり
赤沼以外は一周約1時間の周遊散
策路が整備されている

---

2 睡蓮沼
すいれんぬま
MAP 付録P.10 C-3

八甲田の山々を望むスイレンの沼

スイレンが咲くのは8月上旬のわずかな時期
だが、6月上旬のミズバショウに新緑、紅
葉、冬には針葉樹の樹氷も見事。
所十和田市八甲田山中 交焼山から約16km
Pあり

↑スイレン科のエゾヒツジグサが自生する

↑沼の温泉湧出口付近は
90℃にもなるという

3 地獄沼
じごくぬま
MAP 付録P.10 B-2

硫黄の匂いが立ち込める

爆裂火口跡に温泉が溜まってでき
た沼。付近の噴気口から火山性
のガスが噴き出している。
所青森市八甲田山中
交焼山から約19km Pあり

八甲田・十和田
ゴールドライン
MAP 付録P.10 B-1

八甲田を経由し、青森市と十和田湖
を結ぶ。絶景が続くルート上には名
所や温泉なども多く観光も楽しめる。

---

4 城ヶ倉大橋
じょうがくらおおはし
MAP 付録P.10 B-2

南部と津軽を結ぶ絶景の橋

1995年開通。城ヶ倉渓流をまたぐ橋は
360m、アーチ支間255mと日本最大
級。山の眺望も楽しめる。
所青森市八甲田山中 交焼山から約23km
Pあり

山頂のトレッキングコース
八甲田ゴードライン
はっこうだゴードライン

MAP 付録P.10 C-2

ヒョウタン形の散策路でロープウェー山頂公園駅と湿原展望台を結ぶ周遊路で所要約30分、全周約1時間。

1.0km [所要約 30分]	1.8km [所要約 1時間]
三山展望台 山頂公園駅 山頂展望台	赤倉岳〜井戸岳経由 大岳登山コース（→酸ヶ湯温泉） 高山植物園
アオモリ トドマツ林	湿原展望台 田茂萢湿原 毛無岱展望所 田茂萢第二展望所 田茂萢第一展望所

毛無パラダイスライン（→酸ヶ湯・城ヶ倉温泉）

田茂萢湿原
たもやちしつげん

MAP 付録P.10 C-2

ミヤマオダマキ、シラネアオイなど希少な高山植物が見られる。また、周囲の散策路からは赤倉岳、井戸岳、大岳の眺望が楽しめる。

🏠青森県青森市荒川　🚌八甲田ロープウェー山頂公園駅からすぐ　Ｐなし

◆湿原展望台から田茂萢湿原を見渡すことができる。散策路を歩くときは、足元は履きなれたスニーカーが最適

◆谷底までの高さは122ｍ。冬季は夜間通行止め

立ち寄りスポット

八甲田山雪中行軍遭難資料館
はっこうださんせっちゅうこうぐんそうなんしりょうかん

MAP 付録P.2 C-2

明治35年(1902)、対ロシア戦に備えた雪中行軍訓練で210名中199名が命を落とした壮絶な遭難事件の資料を展示。

◆映画でも有名な事件

☎017-728-7063　🏠青森県青森市幸畑阿部野163-4　🕘9:00〜18:00(11〜3月は〜16:30)　🈺2月の第4水・木曜　💴270円　🚌JR青森駅から青森市営バスで30分、幸畑墓苑下車、徒歩1分／青森中央ICから車で15分　Ｐあり

◆後藤房之助伍長の像のレプリカ

---

⑤ 八甲田ロープウェー
はっこうだロープウェー

MAP 付録P.10 B-1

大きな窓から眺望を楽しむ空中散歩

窓の大きなスイス製のゴンドラを採用しており、青森市街から陸奥湾、津軽、下北、岩木山と変化に富んだ景色が堪能できる。

☎017-738-0343　🏠青森県青森市荒川寒水沢1-12　🕘9:00〜16:20(冬季は〜15:40)　🈺無休　💴片道1250円、往復2000円(2024年4月一部料金改定予定)　🚌JR青森駅からJRバスで1時間、ロープウェー駅前下車すぐ／青森ICから約25km、焼山から約26km　Ｐあり

◆片道10分の空中散歩。冬はスキー場として大人気

---

⑥ 田代平湿原
たしろたいしつげん

MAP 付録P.11 D-1

約1.6kmの遊歩道を歩く

八甲田でも最大面積の湿原で市の天然記念物にも指定。夏〜秋にかけて多彩な草花が楽しめる。

🏠青森県青森市駒込深沢　🚌焼山から約25km　Ｐあり

◆田代平湿原近くの龍神沼もぜひ訪れたい。澄んだ水と植物の美しい沼だ

移動時間◆約1時間35分

おすすめドライブルート

車窓からも十分に美しい眺望が楽しめるが、途中、数カ所の目的地を決めて駐車し、トレッキングすることをおすすめする。高山植物や湿生植物、新緑や紅葉など季節ごとに表情を変える山々、湿地の澄んだ水など、ダイレクトに自然が満喫できる気軽な散策路が充実している。

焼山 やけやま
⬇ 国道103号 6km／10分
1 蔦の七沼 つたのななぬま
⬇ 国道103号 9.7km／15分
2 睡蓮沼 すいれんぬま
⬇ 国道103号 4.1km／6分
3 地獄沼 じごくぬま
⬇ 国道103・394号 4.2km／7分
4 城ヶ倉大橋 じょうがくらおおはし
⬇ 国道394・103号 5.9km／9分

◆秋の紅葉も美しい城ヶ倉大橋

5 八甲田ロープウェー はっこうだロープウェー
⬇ 国道103号、県道40・242号 11.8km／20分
6 田代平湿原 たしろたいしつげん
⬇ 県道242・40号、国道394号 14.7km／27分
谷地温泉 やちおんせん

HOTELS 泊まる

日常から解き放たれ、大自然の懐へ
水辺に憩う特別なステイ

森の中に静かにたたずむモダンな宿。大きな窓からは東北の大自然が飛び込んでくる。大人になった今こそ泊まりたい、上質な宿をご紹介。

1

十和田湖・奥入瀬 ● 泊まる

森林のただ中で過ごす
モダンで贅沢なリゾート時間

星野リゾート
奥入瀬渓流ホテル

ほしのリゾート おいらせけいりゅうホテル

奥入瀬渓流 **MAP** 付録P.13 F-4

奥入瀬の自然のなかに建つ。シンプルながら贅を凝らした客室、八甲田山から湧き出る温泉をたたえた渓流沿いの露天風呂、オリジナリティと青森らしさに満ちた食事と、リゾートとして完璧な布陣が揃う。大きな窓の外に自然が広がる「ロビー 森の神話」も素敵。

☎050-3134-8094（星野リゾート予約センター）
🏠青森県十和田市奥瀬栃久保231 🈺不定休（要問い合わせ） 🚉JR八戸駅／青森駅から車で1時間30分 ※JR八戸駅／青森駅から送迎あり（要予約） 🅿あり 🈵15:00 🈳12:00
🛏187室 🈹1泊2食付2万4000円〜

- - - - - - - - - - - - - - - - - - - -

温泉 DATA

- - - - - - - - - - - - - - - - - - - -

|風呂数| 露天風呂:1、内湯:1、貸切風呂:なし
※客室風呂は除く
|泉質| 単純泉（低張性中性高温泉）

2

3

4

ホテルグルメ PICK UP

品格ある料理、
フランスの銘醸ワインを
渓流の自然のなかで

2019年にオープンしたフレンチレストラン「Sonore（ソノール）」。渓流沿いで瀬音を聞きながら、青森県の食文化と旬の食材を融合したフランス料理と、フランス・ブルゴーニュ地方を中心とした銘柄ワインを楽しめる。

1. くつろぎながら森林浴が楽しめる渓流スイートルーム
2. 岡本太郎作の大暖炉が印象的なロビー
3. 周囲に広がる豊かな自然。夜には満天の星が広がる
4. テラスに露天風呂を備えた客室も人気を博す
5. 館内の渓流露天風呂。目の前には奥入瀬渓流

5

歴史とモダンが融合
湖畔の高台に静かにたたずむ

十和田ホテル
とわだホテル

十和田湖 **MAP** 付録P.12A-3

昭和14年（1939）の創業当時の姿を保つ、堂々たる日本建築の本館と別館があり、どちらからも十和田湖を望める。露天風呂からの眺めも素晴らしく、刻一刻と表情を変える十和田湖を愛でながらのんびり湯浴みが楽しめる。食事は地のものを盛り込んだ和洋折衷料理が評判だ。

☎0176-75-1122
所秋田県鹿角郡小坂町十和田湖西湖畔
交JR八戸駅からJRバス・十和田湖行きで2時間20分（JR青森駅からは3時間10分）、十和田湖（休屋）下車、送迎バスで15分（要問い合わせ）　Pあり
in15:00　out10:00　室50室
予約1泊2食付2万2000円～

1. 本館和室。湖の絶景が窓一面に広がる
2. 別名秋田杉の館と呼ばれる本館の玄関ホール
3. 展望露天風呂。雪解け水を濾過した湯を使用
4. 夕食では旬の味覚が堪能できる

絶品フレンチと自家源泉100%
大人のためのオーベルジュ

十和田プリンスホテル
とわだプリンスホテル

十和田湖 **MAP** 付録P.12A-2

十和田湖に面して建つ高級リゾート。朝な夕なに幻想的な姿を見せる湖を眺めながら、落ち着いた滞在が望める。地産地消にこだわった夕食は、幻の十和田湖産ヒメマスをメインに据えたフランス料理。朝食の和洋ブッフェもオリジナリティに富み、天気が良ければ、緑豊かな心地よい中庭でいただける。

☎0176-75-3111
所秋田県鹿角郡小坂町十和田湖西湖畔
交JR八戸駅からJRバス・十和田湖行きで2時間20分（JR青森駅からは3時間10分）、十和田湖（休屋）下車、送迎バスで15分（要問い合わせ）
Pあり　in15:00　out11:00　室66室
予約1泊2食付1万2000円～

1. 客室のベッドはすべてシモンズ社製
2. 見た目にも美しい自慢の十和田湖フレンチ
3. 湖の景観が広がるメインダイニングルーム
4. 隠れ家的な雰囲気を併せ持つ贅沢な立地

足元自噴と呼ばれる、湯船の下から直接湧き出る天然温泉（泉質：単純温泉、硫黄泉）

400年超の歴史を有する
日本三秘湯の温泉旅館

谷地温泉
やちおんせん

八甲田 MAP 付録P.11 D-3

ミズバショウや高山植物の自生地としても知られる谷地湿原にある温泉宿。飾り気のない木造の施設だが、温泉の質の高さ、自然豊かで静かな環境、イワナや山菜といった素朴ながら土地が育む滋味豊かな美食が大勢の人を惹きつける。日帰り入浴も受け付けている。

☎0176-74-1181
所青森県十和田市法量谷地1 交黒石ICから車で1時間／JR青森駅からJRバス「みずうみ号」（冬季運休）で2時間、谷地温泉下車、徒歩5分 Pあり in15:00 out10:00 室35室 予約1泊2食付1万3900円〜

1.霊泉といわれる下の湯と、白濁した上の湯の2つの湯が楽しめる
2.名物は湧水で育ったイワナ。山菜も美味
3.客室はすべて和室だがベッドの部屋も用意

日帰りプラン
●日帰り入浴 600円
10:00〜16:00

十和田湖・奥入瀬 ●泊まる

大自然に抱かれた古き良き湯宿を訪ねる

八甲田山周辺の秘湯の宿

効能の高い湯で古くから人々を魅了してきた八甲田山周辺の湯宿。
旅情をそそる板張りの浴場で、ゆっくりと日々の疲れを癒やしたい。

数々の文豪に愛されたレトロな浴室（泉質：単純硫黄温泉[硫化水素型低張性弱酸性温泉]）

平安時代の文献に登場
1000年の歴史を有する温泉

蔦温泉
つたおんせん

八甲田 MAP 付録P.11 E-4

自然湧出の秘湯として古くから知られ、最も古い文献の記述は久安3年（1147）。現在も使われている本館は大正7年（1918）に建てられた。修繕を重ねつつも当時の趣はそのままに、レトロな雰囲気とモダンで快適な居住性を兼ね備える。

☎0176-74-2311
所青森県十和田市奥瀬蔦野湯1 休不定休（冬季休館あり） 交黒石ICから車で1時間／JR青森駅からJRバス「みずうみ号」（冬季運休）で2時間、蔦温泉下車、徒歩2分 ※JR青森駅／七戸十和田駅から送迎あり Pあり in15:00 out10:00 室34室 予約1泊2食付2万4200円〜

1.夕食は青森の山海の幸を使った和会席。朝はビュッフェ
2.奥入瀬渓流の入口に位置する自然豊かな温泉旅館
3.ヒバの浴槽に温泉が湧く久安の湯
4.くつろぎの西館特別室「かつら」

日帰りプラン
●日帰り入浴 800円
10:00〜15:00（最終受付14:30）

酸ヶ湯温泉

10日で万病が治るといわれ
雲上の霊泉と称される療養泉

酸ヶ湯温泉
すかゆおんせん

源泉は5つ。国により国民保養温泉地第一号に指定された療養泉(泉質:硫酸塩・塩化物泉)

八甲田 **MAP** 付録P.10 B-2

柱のない160畳もの広さのヒバチ人風呂で知られる。千人風呂は混浴だが、男女別の温泉もあり、1日3回(初めの数日は1～2回)の入浴を10日続ければ免疫力を上げ、万病に効くといわれる名湯だ。旅館棟のほか自炊場を備えた湯治棟があり、長期滞在する人も多い。

☎017-738-6400
所青森県青森市荒川南荒川山国有林酸湯沢50 交青森中央ICから車で1時間／JR青森駅からJRバス「みずうみ号」で1時間30分、酸ヶ湯温泉下車すぐ ※JR青森駅アウガ駐車場横から送迎あり Pあり in15:00 out10:00 客140室 予算1泊2食付1万1500円～

1. 大浴場「ヒバチ人風呂」では源泉の異なる二つの湯舟「熱の湯」「四分六分湯」と打たせ湯「湯瀧」かぶり湯「冷の湯」の4つの温泉が楽しめる 2. 床の間付きの和室。この旅館棟のほか、長期滞在用の湯治棟もある 3. 青森の地物食材をふんだんに使った郷土料理中心の夕食 4. 館内には客室や浴場のほか、名物のそば店、売店も

日帰りプラン
●立ち寄り入浴プラン
1000円(貸しタオル付)
9:00～17:00(最終受付16:00)

HOTEL Jogakura

原生林に囲まれた静かな環境
星降る宿で心身を癒やす

HOTEL Jogakura
ホテル ジョウガクラ

露天風呂は2つ
(泉質:カルシウム、ナトリウム、塩化物
[低張性、弱アルカリ性、高温泉])

八甲田 **MAP** 付録P.10 B-2

建物は木のぬくもりを感じる北欧風のモダンなスタイル。寝具やアメニティなど細部にまで配慮の行き届いた施設とサービスにくつろぐ。客室のタイプは全部で6種類あり、3タイプの客室には原生林を望む天然温泉のお風呂と、シモンズ社のベッドが用意されている。温泉、食事も質が高い。

☎0120-38-0658
所青森県青森市荒川八甲田山中 交青森中央ICから車で40分／JR青森駅からJRバス「みずうみ号」で1時間25分、城ヶ倉温泉前下車すぐ ※JR青森駅から送迎あり(3日前までに要予約) Pあり in14:00 out10:00 客31室 予算1泊2食付1万9300円～

1. マッサージチェアなどを備えた女性専用リラックスルーム 2. 落ち着いた雰囲気のモデレートツイン 3. 厳選素材使用の会席と地酒の夕食 4. 良質な天然温泉の露天風呂。目の前にはすがすがしい渓流の景色が広がる 5. 晴れた夜は星空を楽しみたい

日帰りプラン
●日帰り入浴 1000円
11:30～15:00(最終受付14:30)

八甲田山周辺の秘湯の宿

53

城下町と西洋文化の記憶を今に伝える

弘前 _{ひろさき}

弘前藩の城下町として栄え、明治・大正時代は積極的に西洋文化を取り入れた弘前。和洋の魅力が調和した街で、歴史探訪を楽しみたい。

↑弘前公園の桜越しに岩木山を望む絶景は、弘前を代表する風景のひとつ

各時代の歴史が深く刻まれた
和と洋が共存する独特の街並み

初代藩主・津軽為信が礎を築き、江戸後期には10万石の城下町として繁栄。現在も弘前城を中心に多くの史跡が残り、藩政時代の面影を伝えている。一方、明治以降はいち早く西洋文化を取り入れ、多くの外国人教師を招聘。街の随所に洋館や教会が建てられ、和と洋が混在する独特の街並みが形成された。弘前公園の桜や夏の弘前ねぷたまつり、日本一のリンゴの生産地としても有名。霊峰・岩木山や歴史ある名湯など周辺の見どころも豊富。

観光のポイント

弘前公園で四季折々の景観を楽しむ
季節ごとに多彩な表情を見せる弘前公園。春の桜はもちろん、紅葉や雪景色も美しい

弘前藩の面影が残るスポットを散策
武家屋敷が残る仲町や寺院が集まる禅林街などを訪ねて、江戸時代の名残を探してみたい

優雅なたたずまいの洋館や教会を巡る
明治～大正時代のレトロな洋風建築は、和洋折衷の造りが見どころ。津軽独特の特徴に注目

交通 information

弘前市内の移動には、「100円バス」と呼ばれる循環バスが便利。弘前バスターミナルから弘前駅、弘前公園、土手町などを一周40分ほどで巡る「土手町循環バス」、りんご公園まで行く「ためのぶ号」(12～3月運休)などがあり、いずれも料金は100円。何回も利用するなら1日券500円がおすすめだ。観光用貸自転車「サイクルネットHIROSAKI」も便利。

⬆かつての様子を再現した旧弘前市立図書館

⬆洗練された2つの塔が美しい日本基督教団弘前教会

⬆収穫の時期を迎える名産のリンゴと岩木山

仲町
なかちょう
弘前城北側一帯にあった侍町。今も武家屋敷が残り、伝統的建造物群保存地区に選定。

弘前公園（弘前城）
ひろさきこうえん（ひろさきじょう）
津軽氏の居城だった弘前城を中心に整備された公園。春は約2600本の桜が咲き誇る。
➡P.56

★仲町
旧伊藤家住宅
石場家住宅
熊野奥照神社
護国神社卍　亀甲門
岩木山
岩木橋
武徳殿
東照宮
青森駅
弘前公園（弘前城）★
本丸　東門
東内門　西門
P.58日本基督教団弘前教会
✝カトリック弘前教会
P.59
弘前城植物園
追手門
弘前プラザH
◎弘前市役所
弘前プリンスH
旧弘前市立図書館★
中三SC
P.58旧東奥義塾外人教師館★
スマイルH
イトーヨーカドーH
東横INN H　弘前駅
長勝寺卍
弘前大附属病院
S
弘前パーク
アートH
弘前大🏫
中央弘前駅
市立病院
ヒロロSC
新寺町稲荷神社卍
P.59
大館駅　黒石駅
★弘前れんが倉庫美術館
天昌寺
専徳寺卍　本行寺卍
弘高下駅

夏の風物詩・弘前ねぶたまつり
青森ねぶた祭と並ぶ、青森県の代表的な夏祭り。毎年8月1〜7日に開催され、三国志や水滸伝などの武者絵を題材とした約80台のねぶたが、「ヤーヤドー」のかけ声とともに練り歩く。国の重要無形民俗文化財。

⬆笛や太鼓の囃子が響くなか、巨大な扇ねぶたや人型の組ねぶたが勇壮に練り歩く

旧弘前市立図書館
きゅうひろさきしりつとしょかん
明治39年（1906）に建てられたルネサンス様式の建物。八角形の双塔が特徴的。➡P.58

↑下乗橋（げじょうばし）から見る移動前の天守。しばらくの間この風景は見られない

豊かな季節の風景に街の歴史を垣間見る

弘前公園（弘前城）
ひろさきこうえん（ひろさきじょう）

弘前城跡全域が整備され、四季折々の風情が美しい公園。春は約2600本の桜が咲き誇り、園内全体が華やかに彩られる。

弘前公園（弘前城）
ひろさきこうえん（ひろさきじょう）

MAP 付録P.6 C-1

江戸初期に築かれた津軽氏居城 一帯は桜の名所として有名

　津軽統一を成し遂げた津軽為信が築城を計画し、慶長16年（1611）に2代藩主・信枚が完成させた津軽氏の居城。以後260年間、弘前藩政の拠点となった。城郭建築と石垣、濠、土塁など城郭のほぼ全体が築城時の姿をとどめており、天守、5つの城門、3つの櫓が国の重要文化財に指定されている。城跡は公園として整備され、日本屈指の桜の名所として名高い。

☎0172-33-8739（弘前市公園緑地課）　青森県弘前市下白銀町1　入園自由（本丸・北の郭は4月1日～11月23日9：00～17：00、4月23日～5月5日7：00～21：00）　期間中無休　本丸・北の郭320円　JR弘前駅から弘南バス・土手町循環で17分、市役所前下車すぐ　なし

見学 information

季節のイベントに合わせて

弘前公園では、季節ごとに多彩なイベントが目白押し。春の「さくらまつり」をはじめ、秋は園内のカエデ約1100本以上が色づく「菊と紅葉まつり」、冬は幻想的な「雪燈籠まつり」などが開催される。

↑燃えるような紅葉やフラワーアートなどを見られる「菊と紅葉まつり」

↑武者絵をはめ込んだ雪燈籠や建築物の雪像が立つ「雪燈籠まつり」

観光情報はここでチェック

弘前公園そばの追手門広場にある観光案内所。レンタサイクルのほか、冬は長靴の無料貸し出しも行う。物産販売コーナーも併設している。

弘前市立観光館
ひろさきしりつかんこうかん

MAP 付録P.6 C-2

☎0172-37-5501　青森県弘前市下白銀町2-1　9：00～18：00（さくらまつり、ねぶたまつり、雪燈籠まつり期間中は延長あり）　無休　JR弘前駅から弘南バス・土手町循環100円バスで7分、市役所前下車すぐ　地下駐車場利用

弘前観光ボランティアガイドの会

弘前城を中心に、市内の名所旧跡を市民ボランティアが案内。地元を知り尽くしたガイドならではの視点で、弘前の魅力を楽しく紹介してくれる。☎0172-35-3131

津軽氏が津軽地方を統一

城下町・弘前の繁栄

戦国時代の安藤氏から津軽氏の津軽支配。
弘前藩は幕末までは蝦夷を警備し、箱館戦争では勤王派として功績をあげた。

津軽氏が津軽を統一。
弘前城と城下町を完成させる

　南部氏の一族・大浦氏の5代目として婿養子として入っていた為信は、元亀2年(1571)の石川城攻略を足がかりに津軽統一を進める。その後、豊臣秀吉によって領土を安堵され、津軽と称し、のちに初代弘前藩主となった。関ヶ原の戦い後、慶長8年(1603)に高岡(現在の弘前)に新城築造や町割りを計画するが死去したため築城は一時中止となる。完成するのは2代藩主・信枚の慶長16年(1611)。寛永5年(1628)に高岡は弘前に改称。4代藩主・信政は城下町の拡大や新田開発、産業や文化の育成に尽力し、弘前藩に全盛期をもたらした。

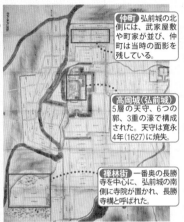

仲町 弘前城の北側には、武家屋敷や町家が並び、仲町は当時の面影を残している。

高岡城(弘前城) 5層の天守、6つの郭、3重の濠で構成された。天守は寛永4年(1627)に焼失。

禅林街 一番奥の長勝寺を中心に、弘前城の南側に寺院が置かれ、長勝寺構と呼ばれた。

⬆城下町・弘前の誕生は、慶長8年(1603)の津軽為信による高岡城(弘前城)の築城計画に始まる。慶長16年(1611)に城が完成。寺社をはじめ、家臣の住居、商人らが移住した。『津軽弘前城之絵図』〈弘前市立博物館所蔵〉

幕府の命令で北方警備に
駆り出された弘前藩

　寛政4年(1792)、ロシア使節が蝦夷地に来航、弘前藩はその警備にあたった。その後、蝦夷地は幕府の直轄地となり、弘前藩や盛岡藩などは蝦夷地警備を幕末まで続け、安政元年(1854)には、日米和親条約で開港された箱館の警備を命じられている。幕末期に勃発した戊辰戦争では、新政府側として箱館戦争に参加。明治4年(1871)の廃藩置県で弘前藩は12代承昭で終わり、弘前県となり、県庁移転によって青森県と名を変えた。

100年ぶりの大工事

弘前城の石垣修理事業

　本丸の石垣に膨らみが見られ、大地震で崩落のおそれがあることから、世紀の大修理が進行中だ。天守真下の石垣を解体修理するため、2014年から内濠を埋め立て、天守を約70m曳屋するなど大工事が行われ、今後は2172個の石の積み直しが予定されている。工事の様子は随時公開される。

⬆上が移動前、下が移動後の天守。元の位置から本丸の内側へ70mほど移動した

弘前公園／城下町・弘前の繁栄

春の風物詩 弘前さくらまつり　絶景ポイント

開催時期　2024年は4月19日〜5月5日(桜の開花状況による)
⏰7:00〜21:00　💴無料(本丸・北の郭は320円)
問い合わせ　弘前市立観光館　☎0172-37-5501

お濠と花いかだ	岩木山と弘前城天守	桜のトンネル	夜桜
散った桜の花びらが濠の水面を流れていく「花いかだ」。満開の桜とはひと味違った幻想的な美しさが目を奪う。	天守が移動したため、岩木山、天守、桜を絶好のアングルで望めることとなった。本丸展望台からの眺めは格別。	西濠に沿って続く桜並木。満開の時期には道の両側の桜が頭上を覆い尽くし、見事な桜のトンネルをつくり上げる。	弘前さくらまつり期間中、日没〜22時までライトアップ。光にぼんやりと照らされた雅な桜に魅了される。

⬆お濠一面が薄紅色に染まる

⬆工事期間中だけ楽しめる絶景

⬆間近に桜を眺めながら散策したい

⬆暗い夜空にあでやかな桜が映える

ハイカラ文化が薫る街の瀟洒な建物

モダンな洋館物語

明治期にいち早く外国文化を取り入れ、
その影響が街の随所に見てとれる弘前。
洋風建築の匠による優美な建築物が今も残る。

↑塔の1階にある開放的な「婦人閲覧室」

旧弘前市立図書館
きゅうひろさきしりつとしょかん

弘前公園周辺 **MAP** 付録P.6 C-2

ドーム型の塔が印象的な
弘前を代表する洋風建築

左右に八角形の塔を持つルネサンス様式の建物。名匠・堀江佐吉らによって明治39年(1906)に建造、弘前市に寄贈された。外壁を漆喰で塗るなど随所に和風様式が取り入れられているのが特徴。

☎0172-82-1642(弘前市教育委員会文化財課) 所青森県弘前市下白銀町2-1 開9:00〜17:00 休無休 料無料 交JR弘前駅から弘南バス・土手町循環100円バスで17分、市役所前下車すぐ P弘前市立観光館駐車場利用

↑2階の普通閲覧室では郷土の出版物などを展示

旧東奥義塾外人教師館
きゅうとうおうぎじゅくがいじんきょうしかん

弘前公園周辺 **MAP** 付録P.6 C-2

英学教育に尽力した
教師が暮らした洋館

↑エレガントな書斎

青森県初の私学校・東奥義塾が招聘した外国人教師とその家族の住居。現建物は明治33年(1900)の再建。洋館には珍しい襖がある。1階カフェ(P.59)ではリンゴのスイーツやカレーも味わえる。

☎0172-37-5501(弘前市立観光館) 所青森県弘前市下白銀町2-1 開9:00〜18:00 休無休 料無料 交JR弘前駅から弘南バス・土手町循環100円バスで17分、市役所前下車すぐ P弘前市立観光館地下駐車場利用

↑弘前での外国人たちの生活ぶりがうかがえる貴重な建築物だ

日本基督教団弘前教会
にほんきりすときょうだんひろさききょうかい

土手町 **MAP** 付録P.7 D-2

優美な双塔の
プロテスタント教会

↑礼拝堂の後方に塔が見える

明治39年(1906)に建造された礼拝堂を持つ、東北最初のプロテスタント教会。堀江佐吉の4男らによるゴシック風木造建築で、青森県産のヒバが使われている。内部は和洋折衷となっており、襖や津軽塗の聖餐台なども見どころ。

☎0172-32-3971 所青森県弘前市元寺町48 開9:00〜16:00(職員不在時は見学不可) 休月曜、日・水曜の午前 料無料 交JR弘前駅から弘南バス・土手町循環で23分、ホテルニューキャッスル前下車、徒歩3分 Pあり

↑明治の木造建築には珍しく2つの塔が印象的。パリのノートル・ダム大聖堂をモデルにしているといわれる

旧第五十九銀行本店本館（青森銀行記念館）

きゅうだいごじゅうくぎんこうほんてんほんかん（あおもりぎんこうきねんかん）

土手町 **MAP** 付録P.6 C-2

名匠の技術を集結した明治の洋館の傑作

明治37年（1904）に旧第五十九銀行の本店本館として建造。名匠・堀江佐吉の集大成ともいわれる建築。外観はルネサンス様式を基調とし、正面に展望台を兼ねた屋根窓を置く、和洋折衷建築の傑作といわれる。

↑外観はルネサンス風の重厚なシンメトリー様式になっている

☎0172-36-6350　働青森県弘前市元長町26　働9:30〜16:30（さくらまつり、ねぶたまつり、雪燈籠まつり期間中は〜18:00）　働火曜　働200円　図JR弘前駅から弘南バス・土手町循環で10分、下土手町下車、徒歩5分　Ｐなし

カトリック弘前教会

カトリックひろさききょうかい

弘前公園周辺 **MAP** 付録P.7 D-2

精緻な細工の祭壇とステンドグラスが美しい

堀江佐吉の弟・横山常吉によって明治43年（1910）に建てられた、ロマネスク様式の木造建築。畳敷きの礼拝堂には、オランダの聖トマス教会から譲り受けた美しい細工が施された祭壇が見られる。

↑住宅街に建つ尖塔が印象的な、ロマネスク様式の教会

☎0172-33-0175　働青森県弘前市百石町小路20　働8:00〜18:00　働日曜午前　働無料　図JR弘前駅から弘南バス・土手町循環で21分、文化センター前下車、徒歩7分　Ｐあり

↑エストニア国立博物館などを手がけた田根剛氏が設計（撮影：小山田邦哉）

弘前れんが倉庫美術館

ひろさきれんがそうこびじゅつかん

弘前 **MAP** 付録P.7 D-3

100年前の建物を改修した煉瓦造りの現代美術館

リンゴの発泡酒・シードルが国内で初めて大々的に生産された「煉瓦造の建物」を改修・整備した美術館。美術館棟の隣には、カフェとミュージアムショップがあり、シードル工房も併設されている。

↑『A to Z Memorial Dog』2007年／奈良美智
この場所で開催された展覧会を支えたボランティアの方々への感謝の気持ちとして作家が制作した作品
©Yoshitomo Nara
Photo:Naoya Hatakeyama

☎0172-32-8950　働青森県弘前市吉野町2-1　働9:00〜17:00　働火曜（祝日の場合は翌日）　働展覧会により異なる　図JR弘前駅から弘南バス・土手町循環で8分、中土手町下車、徒歩4分　Ｐなし

立ち寄り洋館カフェ

歴史的建造物がカフェに変身
スターバックス コーヒー 弘前公園前店

スターバックス コーヒー ひろさきこうえんまえてん

弘前公園周辺 **MAP** 付録P.6 C-2

大正6年（1917）に建設された旧日本軍第八師団長官舎だった建物を改装。県産のブナを使用し、こぎん刺しのソファが置かれた癒やし空間が人気。

☎0172-39-4051　働青森県弘前市上白銀町1-1　働7:00〜21:00　働不定休　図JR弘前駅から弘南バス・土手町循環で17分、市役所前下車すぐ　Ｐなし

↑弘前市役所の隣に建ち、三角屋根が目印

↑庭園を望む和室をモダンに改装した明るい店内

ゆったりとした時間が流れる
サロン・ド・カフェ アンジュ

弘前公園周辺 **MAP** 付録P.6 C-2

旧東奥義塾外人教師館（P.58）にあるカフェ。洋館の広い空間は歴史を感じさせ、時間が止まったような雰囲気だ。津軽藩再現珈琲やランチがいただける。

☎0172-35-7430　働青森県弘前市下白銀町2-1　働9:30〜18:00（LO17:30）　働無休　図JR弘前駅から弘南バス・土手町循環100円バスで17分、市役所前下車すぐ　Ｐ弘前市立観光館駐車場利用

↑コーヒー385円とシェ・アンジュ（P.61）で作られたアップルパイ495円

↓建造時の雰囲気そのままの店内

庭園散策後のお楽しみ
大正浪漫喫茶室

たいしょうろまんきっさしつ

弘前公園周辺 **MAP** 付録P.6 C-2

岩木山を借景にした藤田記念庭園の敷地内にあるカフェ。モダンなサンルームで珈琲を飲んでいると、大正時代にタイムスリップしたような気分になる。

☎0172-37-5690　働青森県弘前市上白銀町8-1藤田記念庭園内　働9:30〜16:30（LO16:00）　働無休　図JR弘前駅から弘南バス・土手町循環100円バスで17分、市役所前下車、徒歩3分　Ｐあり

↑スイーツセット990円。アップルパイは数種類から選ぶ

↓サンルームと大広間を利用したカフェ

「奇跡のりんご」を使った
弘前フレンチの名店

レストラン山崎

レストランやまざき

土手町 **MAP** 付録P.7 D-2

「洋館とフランス料理の街ひろさ
き」を代表するレストラン。安心・
安全の地元食材にこだわった本
格派のフレンチを提供する。なか
でも「奇跡のりんご」で知られる
木村秋則さんのリンゴを使った
「冷製スープ」は絶品。

☎0172-38-5515
所青森県弘前市親方町41 小田桐ビル1F
営11:30〜14:00(LO) 17:30〜20:30
(LO) 休月曜 交JR弘前駅から弘南
バス・土手町循環で10分、下土手町下
車、徒歩5分 Pあり

予約 要
予算 Ⓛ3000円〜
Ⓓ6000円〜

↑ゆったりと食事ができる店内

↑ビルの1階がレストラン

おすすめメニュー
奇跡のりんごフルコース
6820円(ランチタイム)
ディナーSコース奇跡のりん
ごフルコース
1万5400円

↑長谷川自然牧場産熟成豚肉のリエット。陸奥湾産ホタテほか魚介サラダ。
りんごの冷製スープ。鶴田産巨峰のコンポート・アイスクリーム添えなど

海の幸、山の幸をふんだんに使った弘前フレンチに舌鼓

旬を届ける
名店の華麗な一皿

西洋の文化を早くから取り入れてきた弘前には、
ハイレベルなフレンチレストランが揃う。地場食材を贅沢に
使用した、本場仕込みの料理をじっくり味わいたい。

ソースにも手間をかけた
本場仕込みの料理の数々

レストランポルトブラン

おすすめメニュー
今月のおすすめランチ 2900円
今月のおすすめディナー 4800円

弘前公園周辺 **MAP** 付録P.6 C-2

地元の食材を主体にした本格フレン
チの人気店。コースはベースを選ん
で、チョイスメニューによって料金が
加算されるシステム。特に喜ばれて
いるのが魚料理。フランス産のワイン
とともに料理を堪能できる。

☎0172-33-5087
所青森県弘前市本町44-1 営11:30〜
14:00(LO) 17:00〜20:00(LO) 休日曜
交JR弘前駅から弘南バス・土手町循環で
15分、大学病院前下車すぐ Pあり

予約 要
予算 Ⓛ1900円〜
Ⓓ2900円〜

↑階段を上がり小さなドアを開けると、
地中海をイメージした広い店内

↑シックなインテリアに落ち着いた照明、
テーブルもゆったりと配置されている

↑奥入瀬ガーリックポークのりんごジュース煮、フランス産の鴨肉、
フォアグラを使った5400円コースのメイン料理

弘前●食べる

厳選した地元食材の
魅力を伝えるメニューが充実

シェ・アンジュ

弘前駅周辺 **MAP** 付録P.7 F-3

テラス付きの南仏風なたたずまいで、店名は「天使の家」という意味。国産和牛、地元野菜、西海岸産の魚など季節の食材にこだわり、そのおいしさが伝わってくるレストラン。気軽に食事ができると人気だ。

☎0172-28-1307
青森県弘前市外崎2-7-1　11:30～14:30(LO14:00)　17:00～21:00(LO20:00、前日までに要予約)　日曜　JR弘前駅から徒歩10分　Pあり

おすすめメニュー
シェフのおまかせ
フルコース 4070円～

↑ランチのお魚コース。野菜たっぷりサゴチの和風スフレ仕立て。酸味がほどよくさっぱり味の栄黄雅りんごの冷製スープほか

予約 ディナーのみ要
予算 L 2420円～
D 4950円～

↑入口壁面に大きく飾られているシンボル

↑南仏風でおしゃれなたたずまいの一軒家

↑ワインやシャンペンを飲みながら気軽に食事ができる雰囲気

本格的なフレンチが
気軽に味わえる

フランス食堂
シェ・モア

フランスしょくどう シェ・モア

弘前駅周辺 **MAP** 付録P.7 F-3

弘前市内では老舗のフランス料理店。地元の旬の食材を中心に、わが家(シェ・モア)のようなカジュアルな感覚で食事ができるとあって、市民に親しまれている。素材を見てアドリブで作るのがシェフのスタイルだ。

☎0172-55-5345
青森県弘前市外崎1-3-12　11:00～14:00(LO)　17:00～21:00(LO)　月曜　JR弘前駅から徒歩10分　Pあり
↓2022年に移転リニューアルした

おすすめメニュー
りんごランチコース(昼)
3850円
季節のシェフおまかせコース
(夜) 6380円

予約 望ましい
予算
L 1980円～
D 2640円～

↑りんごコースの2品。リンゴのソースを使った魚料理とメインディッシュの県産牛ほほ肉りんごのパートフィロ包み焼き

→ピンブローチ
大各1320円、
小各1100円

津軽に代々伝わる技と心に魅せられて
暮らしになじむ逸品

繊細で洗練された品や、素朴な温かさを感じる品が
揃う津軽の伝統工芸品は、使うごとに深みが増す。
古典的なものから現代風にアレンジしたものまで、
自分用に、贈り物にふさわしい品をご紹介。

人と環境に
やさしいライ
フスタイルを
提案する、
green

弘前●買う

こぎん刺し こぎんさし

江戸時代に津軽地方の農民生活から
生まれた刺し子。縦の織り目に対して
奇数の目を刺すのが特徴だ。その模様
は約300種あるといわれている。

がま口 3520円
伝統の刺し子で買い物も楽し
くなる。小さなバッグに入る
ほどの大きさで手になじむ

カード入れ 3630円
おしゃれなアイテムのひとつ
として、さりげなく使いたい。
ギフトにも喜ばれる

ブックカバー 3080円
読書好きに必須の美し
いこぎん模様のブック
カバー。毎日手にする
大切な本にぜひ

しおり 各550円
こぎんの模様パター
ンや布地色は各種あ
り、読書をしながら
模様を楽しめる

ブナコ

木質の美しいブナの薄板をテープ状
にカットしたものを、コイル状に巻いて
押し出しながら立体の形にしたものが
「BUNACO（ブナコ）」という工芸品だ。

ティッシュボックス 9900円
癒やし系のフォルムで人気No.1。
色は4種類。曲線を生かしたデザ
インでゆらゆら揺れる

**スツール
4万9500円**
見た目にも洗練された
美しいフォルムと座り
心地を追求した驚くほ
ど軽いスツール

**ペンダントランプ
4万700円**
天然ブナ材のぬくもりが
部屋全体をやさしいイメー
ジに変え、素敵な空間
を演出してくれる

テーブルランプ 8万8000円
ちょっと不思議な形で、明かりを
灯すとシェードの木目模様は赤く
浮かび上がり、幻想的

---

green

グリーン
弘前駅周辺 **MAP** 付録P.7 D-2

津軽伝統工芸の「こぎん刺し」のほかに、
オーガニック商品や化粧品なども揃えた
雑貨店。ひとつひとつの商品にこだ
わり、自分用はもちろん贈り物にも利
用できる。

☎0172-32-8199
🏠青森県弘前市代官町22　🕚11:00〜18:00
🚫水曜、第2・4木曜
🚃JR弘前駅から徒
歩8分　Ｐあり

→雑誌や服などを揃
えた、おしゃれなセ
レクトショップ

BUNACO Show Room
「BLESS」

ブナコ ショールーム「ブレス」
土手町 **MAP** 付録P.7 D-2

ぬくもりと美しさを感じるブナコ。新
製品やグッドデザイン賞受賞などの製
品を展示販売する。手作りされた製品
は、暮らしのインテリアとして心が癒
やされるものばかり。

☎0172-39-2040
🏠青森県弘前市土手町100-1 もりやビル2F
🕙10:30〜18:00　🚫不定休　🚃JR弘前駅から
弘南バス・土手町循環で8分、中土手町下車すぐ
Ｐあり

→ショールームには
デザイン性の高い製
品が揃う

津軽塗 (つがるぬり)

江戸時代に始まり、唐塗、七々子塗、紋紗塗、錦塗の4技法が現代に伝わる。重ねた色漆の美しい模様と堅牢さが特徴で、経済産業大臣指定伝統工芸品。

津軽塗ピアス／イヤリング
1万3200円〜
漆を幾層も重ねた津軽塗のピアスは若い女性たちにとても人気がある

りんご型ブローチ
各1万1000円
リンゴの一大産地青森ならではの色とりどりのかわいらしいブローチ

源兵衛オリジナルねぶた塗ワイングラス
1万4300円
ガラスに漆を塗ったオリジナル商品。店主が絵師であることから実現したもの

MAP 付録P.6 C-1

津軽塗の源兵衛
つがるぬりのげんべえ
弘前公園周辺

堅牢優美、華やかな風格

津軽塗師5代目である店主が営む粋な店。伝統的な模様から、現代風にアレンジしたモダンな品、ねぶた絵師でもある店主が考案した「ねぶた塗」などの斬新な模様までさまざまな商品が並ぶ。

☎0172-38-3377
所青森県弘前市大浦町4-3 営10:00〜17:00 休木曜 交JR弘前駅から弘南バス・土手町循環で21分、文化センター前下車、徒歩5分 Pあり

➡昔の蔵をイメージした店内

下川原焼 (したかわらやき)

江戸時代後期に、弘前藩藩主が子どもたちの玩具として土人形を作るよう命じたことから始まる。素朴で温かみのある手ざわりと鮮やかな色彩が特徴。

下川原焼風俗人形笛
各1100円〜
津軽の昔の風俗や行事を象った土人形の笛。さまざまな種類がある

鳩笛 990円〜
ぼってりした形が愛らしい鳩笛。そっと息を吹き込めば「ホー、ホー」とやさしく鳴く

MAP 付録P.7 D-2

chicori
チコリ
土手町

やさしい姿と音色にほっこり

経年によって味わいを増し、家族の成長とともに変化していく真鍮製のオリジナル表札のアトリエ兼ショールーム。鳩笛をはじめ、郷愁がかきたてられる下川原焼の商品を展示・販売している。

☎0172-32-3020
所青森県弘前市坂本町2 営12:00〜17:00 休土・日曜、祝日 交JR弘前駅から弘南バス・土手町循環で8分、中土手町下車、徒歩2分 Pなし

➡真鍮のカラーが際立つ真紅の壁がスタイリッシュな店

あけびつる細工 (あけびつるざいく)

津軽に自生するアケビの蔓を乾燥させ、水に浸けてやわらかくし、手で一本一本編み上げていく「あけびつる細工」。軽くて耐久性に優れている。

織編みバック M 2万8000円（税別）
三つ編み状の持ち手がかわいらしいバッグ。カジュアルなおでかけにぴったり

あけび蔓 月型すかし入り中 2万円（税別）
ふっくら丸みを帯びたシルエット。アクセントに透かしが入った大人のバッグ

あけび蔓 屋根付きバスケット
2万2000円（税別）
屋根が付いている高さ約17cmのバッグ。おでかけや小物入れなど。さまざまな用途に使えそう

MAP 付録P.7 D-2

宮本工芸
みやもとこうげい
弘前駅周辺

使うほどに風合いが深まる

昭和22年(1947)創業の老舗で、今もなお機械に頼ることなく全工程を職人の手仕事で、あけびつる細工や山ぶどう皮細工を仕上げる。在庫のない場合もあり、電話での注文も受け付けている。

☎0172-32-0796
所青森県弘前市南横町7 営9:00〜18:00 休日曜、GW 交JR弘前駅から徒歩14分 Pあり
URL www.miyamoto-akebikougei.com/

➡製造・販売のほか、修理も行っている

多彩な文化にふれられる県都

青森
あおもり

新幹線の開通によりアクセスが便利になった街で、芸術や歴史に浸ってみたい。山海の恵みが味わえるグルメスポットも見逃せない。

↑東北三大祭りのひとつ、青森ねぶた祭。大迫力の灯籠と、歌い踊る人々の熱気に圧倒される

近代アートや豪快な夏の風物詩
縄文文化など魅力は尽きない

　北に陸奥湾、南に八甲田山という海と山に囲まれ、明治4年(1871)に弘前より県庁が移されてから、青函連絡船や東北本線により、北海道と本州を結ぶ交通の要衝としても発展してきた。また、多くの芸術家を輩出し、青森県立美術館をはじめ、青森出身のアーティストの作品にふれられるスポットが充実。東北でも屈指の規模を誇る青森ねぶた祭や、世界文化遺産に登録された三内丸山遺跡など、見どころは多岐にわたる。

観光のポイント

青森県出身の芸術家の作品にふれる
青森県立美術館では、棟方志功や奈良美智、成田亨、寺山修司などの作品を収蔵、展示

縄文文化や伝統の祭りに親しむ
縄文集落跡の三内丸山遺跡を訪ねたり、夏には青森ねぶた祭を堪能できる

海沿いのショップで買い物を楽しむ
JR青森駅周辺のウォーターフロント、A-FACTORYや青森県観光物産館アスパムでショッピングが楽しめる

交通 information

青森タウンの観光には、「あおもりシャトルdeルートバス(ねぶたん号)」が便利。青森駅、新青森駅、青森県立美術館や三内丸山遺跡などの主要観光地を結び、料金は1回300円、1日700円。青森駅～新青森駅間が約25分、新青森駅～青森県立美術館が11分。1日10便なので時刻表を確認して効率よく活用したい。

○青森湾を望む人気スポット、A-FACTORY

○青森の特産品が揃う青森県観光物産館アスパム

○青森ベイブリッジにも青森の頭文字「A」が

青森県観光物産館アスパム
あおもりけんかんこうぶっさんかんアスパム　**➡ P.70**

青森の「A」をイメージした正三角形の建物で、観光と物産の拠点。展望台もある。

A-FACTORY
エーファクトリー　**➡ P.70**

青森のおいしい食材が集まる。市場と工房を兼ね、シードルの醸造工程の一部をガラス越しに見学できる。

青森

新函館北斗駅　三厩駅

あおもり北のまほろば歴史館

青森港

石森橋

青函連絡船メモリアルシップ 八甲田丸

★青森県観光物産館アスパム

新城川　あさひ温泉

北海道新幹線

ガーラタウン SC　沖館温泉

青森市森林博物館

青森ベイブリッジ

青森駅

●青い海公園

ホテル青森 H

弘前駅

新青森駅

津軽線

A-FACTORY

奥羽本線

青森西バイパス

★青森ねぶた祭
P.71

⊗県警本部
◎青森県庁

笹森池

ラ・セラ三内 SC

沖館川

出町温泉

◎青森市役所

棟方志功記念館 ●

青い森鉄道

青森中央大橋

青森中央大橋

東北新幹線

西滝川

青森 ★三内丸山遺跡

青い森セントラルパーク

浅虫温泉駅

★青森県立美術館

●青森県総合運動公園

サンロード青森 SC

観光通り

浪岡IC
⊖ 青森自動車道

八戸駅⊖　⊗青森中央IC

青森南高 ⊗

青森中央IC ⊖

⊗青森山田高・中

⊗青森中央高

三内丸山遺跡
さんないまるやまいせき

国の特別史跡に指定されている遺跡で日本最大級の縄文集落跡（縄文時代前期～中期）。　**➡ P.67**

青森県立美術館
あおもりけんりつびじゅつかん

青森ゆかりの作家の作品を中心に展示。建築や空間などの細部のこだわりも魅力。　**➡ P.66**

65

シンボル的な存在
あおもり犬
あおもりけん

海外でも評価されている青森県弘前市出身の美術家、奈良美智の立体作品。高さは8.5mもあり、地下2階に展示されている。

注目したい人物

美術家・奈良美智
日本の現代美術界を代表する作家の一人。青森県立美術館では、『あおもり犬』のほか、多くの作品を収蔵展示している。

◯屋外に展示されており、開館時間中は、「あおもり犬連絡通路（降雪期間閉鎖）」を経由して直接触れることや、写真撮影も可能
©Yoshitomo Nara

個性あふれる青森の芸術を世界へ発信
青森県立美術館
あおもりけんりつびじゅつかん

スタイリッシュな建物に、青森出身の芸術家の作品が集結。アートの新しい魅力を伝える、文化都市を象徴する美術館だ。

独特の風貌を持つ少女たちが有名
奈良美智展示室
ならよしともてんじしつ

1998年から奈良美智作品の収蔵を始め、有名な挑むような目つきの女の子の作品など現在170点余りを所蔵。

↑ドローイングから立体作品まで、さまざまな作品を展示　©Yoshitomo Nara

斬新な建築デザインも魅力で
アートを身近に感じられる工夫も

　日本最大級の縄文遺跡である三内丸山遺跡（P.67）に隣接。棟方志功、奈良美智、成田亨、寺山修司など、地元ゆかりの個性豊かな作家の作品のほか、巨匠シャガールのバレエ『アレコ』の舞台背景画など、洋画や日本画、現代アートまで幅広い収蔵を誇る。

新青森駅周辺 MAP 付録P.8 A-2

☎017-783-3000　所青森県青森市安田近野185
営9:30～17:00（入館は～16:30）
休第2・4月曜（祝日の場合は翌日、企画展開催、展示替えなどの場合は変更あり）
料510円（企画展などは別料金）　交JR新青森駅からあおもりシャトルdeルートバス（ねぶたん号）で15分／JR青森駅から青森市営バス・三内丸山遺跡線で30分、県立美術館下車すぐ　Pあり

世界のムナカタの作品を紹介
棟方志功展示室
むなかたしこうてんじしつ

昭和31年（1956）、ヴェネツィア・ビエンナーレで日本人として初の国際版画大賞を受賞した版画作品をはじめ、雄渾な倭画や油絵などを展示。

注目したい人物

板画家・棟方志功
明治36年（1903）、青森市生まれ。川上澄生の木版画に感銘を受け、版画を「板画」と称して独自の世界を築き上げた板画家。昭和45年（1970）には文化勲章を受章。

『花矢の柵』
アイヌに伝わる儀式をテーマに自然と人への礼賛を表現した、「板壁画」と呼ばれる大型の作品

大型掘立柱建物
おおがたほったてばしらたてもの
三内丸山遺跡のシンボルのような存在で、6本柱の巨大な櫓が復元されているが、用途や目的についてはまだ解明されていない

大型竪穴建物 おおがたたてあなたてもの
長さ約32m、幅約10mの大型竪穴建物が復元されている。集会所、共同作業所、共同住宅などであったと考えられている

掘立柱建物 ほったてばしらたてもの
地面に穴を掘り、柱を立てた跡。高床式の建物と考えられ、復元されている

南盛土
みなみもりど

約1000年かけてできたもので、土器や石器のほか、土偶などが出土している

〈三内丸山遺跡センター所蔵〉

〈三内丸山遺跡センター所蔵〉

縄文ロマンへ誘う
日本最大級の縄文集落跡
三内丸山遺跡
さんないまるやまいせき

子どもの墓 こどものはか
土器に遺体を入れ埋葬する。これまでに800基以上の子どもの墓が見つかっている

定時ガイドツアー実施（無料）
遺跡のことをわかりやすく解説してくれるガイドツアーもおすすめ。
⏰9:15、10:00〜16:00（4〜7・10〜3月は〜15:30）の間で1時間おきに実施
所要50分　※10人以上の場合は要予約

世界遺産「北海道・北東北の縄文遺跡群」の中核を成す、壮大なスケールを誇る遺跡であり、縄文時代の印象を変えた住居跡や出土品が見学できる。

青森県立美術館／三内丸山遺跡

膨大な数の出土品から縄文時代の暮らしを解明
　沖館川右岸の河岸段丘上に立地する縄文時代前期から中期（約5900〜4200年前）の大規模集落跡。1992年から本格的な発掘調査が行われ、竪穴建物跡や数多くの土器や土偶などが見つかっている。2021年7月27日、三内丸山遺跡を含む17の遺跡が「北海道・北東北の縄文遺跡群」として世界遺産に登録された。

新青森駅周辺 **MAP** 付録P.8 A-2
☎017-766-8282(三内丸山遺跡センター)
所青森県青森市三内丸山305
⏰9:00〜17:00(GW・6〜9月は〜18:00)
休第4月曜(祝日の場合は翌日)
料410円
交JR新青森駅からあおもりシャトルdeルートバス（ねぶたん号）で17分／JR青森駅から青森市営バス・三内丸山遺跡線で30分、三内丸山遺跡前下車すぐ
Pあり

縄文時遊館 じょうもんじゆうかん
縄文時代の遺跡を満喫できる施設で、生活や文化などを体感できる「さんまるミュージアム」や体験工房、縄文シアターやレストラン、ショップなどがある。

さんまるミュージアム
出土した遺物約1700点を展示するほか、プロジェクションマッピング上映も行われている。
〈三内丸山遺跡センター所蔵〉

体験工房
たいけんこうぼう
ものづくりを通して、縄文時代を楽しめるメニューを用意。
料220円〜　所要30分〜

れすとらん 五千年の星
れすとらん ごせんねんのほし
縄文人が食べていたと思われる食材をメニューに取り入れている。
☎017-782-5001
⏰11:00〜15:00(LO)、ソフト・ドリンクは〜15:30

企画展示室
さまざまな特別展や企画展を開催しており、国宝や重要文化財などを展示。（開催期間中のみ観覧できる）

縄文ビッグウォール
高さ約6mの壁面に5120個もの縄文土器のかけらがちりばめられている。

青森市民が親しむご当地グルメ

AOMORI 郷土の味

自分で好きな具材を選んで作るオリジナルの海鮮丼や、郷土の一品、
煮干しスープから生まれる津軽ラーメンは、食べ比べをするのが楽しい。

津軽弁が飛び交う市場で
人気の「のっけ丼」を食べる

青森のっけ丼
青森魚菜センター内
あおもりのっけどん あおもりぎょさいセンターない

青森駅周辺 **MAP** 付録P.8 A-4

三方を海に囲まれ、陸奥湾をも抱え
る青森県。その旬の魚介類が揃うの
がこの市場だ。その日獲れた魚介が
買えるだけでなく、食べたい具材を選
んで「のっけ丼」としても食べられる
とあって人気。

☎017-763-0085
🏠青森県青森市古川1-11-16 🕖7:00～
15:00(店舗により異なる) 🚫火曜
🚃JR青森駅から徒歩5分 🅿なし

↑市民や市内の飲食店のほか、今で
は多くの観光客もやってくる

↑約30店舗が並ぶ店内からはカッ
チャ(市場で働く女性)たちの津軽弁
が聞こえてくる

予約	不可
予算	2000円

のっけ丼
案内所で12枚2000円か1枚170円のチ
ケットを購入し、それぞれの店で具材を
求め丼にのせていく

つがる定食 1850円
郷土料理の帆立の貝焼き味噌、
タラのじゃっぱ汁がついた1番
人気の定食

予約	可
予算	1100円～

昔ながらの郷土料理を
陸奥湾を望むお座敷で

みちのく料理 西むら
アスパム店
みちのくりょうり にしむらアスパムてん

青森駅周辺 **MAP** 付録P.8 B-3

季節の新鮮素材を一流の料理人が毎日厳
選して仕入れ、ひとつひとつ心を込めて仕
上げている。地元青森の蔵元が良質な米
と水で作り上げた酒も多数取り揃えており、
郷土料理や魚介類とも相性抜群。

☎017-734-5353
🏠青森県青森市安方1-1-40 青森県観光物産館
アスパム10F 🕚11:00～15:00(LO14:30)
16:30～19:00(LO18:30) 🚫不定休 🚃JR青
森駅から徒歩8分 🅿150台(有料)
↑ほたて貝焼きみそ990円。ほたての貝殻にぶ
つ切りしたほたてをたっぷりのせ、だし汁で味
を整えた料理

↑天候の良い日には北海道が見えることもある、
海側の「にしんの間」

↑津軽風の絵や方言の暖簾・民芸品に囲まれ、
青森市街や八甲田を一望できる「たらの間」

県産小麦を使用した
こだわり麺と昔ながらの味

煮干し中華専門店
つじ製麺所

にぼしちゅうかせんもんてんつじせいめんじょ

青森駅周辺 MAP 付録P.8A-4

↑駅近くにあり、観光客も多く訪れる

メニューに合わせた麺を作る、まさに製麺所のようなラーメン店。県産小麦を使用し、地産地消にも力を入れている。ていねいに時間をかけてとった煮干しだしは独特の臭みやえぐみがなく、自家製麺と相性抜群。

☎017-721-2690
🏠青森県青森市古川1-10-9-1
青森センターホテル1F
🕐11:00〜14:30(LO) 17:30〜18:30(LO)
土・日曜、祝日11:00〜14:30(LO)
🚫水曜 🚃JR青森駅から徒歩5分
🅿青森センターホテル駐車場利用

↑広めの店内だが、ピークの時間帯は常に混み合う

予約 不可
予算 630円〜

煮干し中華そば
630円
透き通ったスープは煮干しと昆布の合わせだし。卵不使用の麺を使っている

予約 不可
予算 800円〜

こく煮干し
880円
煮干しの旨みを存分に堪能できる一杯。麺の太さもお好みで選ぶことができる

煮干し通を唸らす
濃厚煮干しラーメン

長尾中華そば
西バイパス本店

ながおちゅうかそば にしバイパスほんてん

新青森駅周辺 MAP 付録P.8A-1

↑西バイパス本店のほか青森県内に5店舗を展開

今や定番の濃厚煮干しラーメンを広めた同店。こだわりのスープはヒラゴをベースに4種類のイワシをブレンドしてだしをとる。「煮干しラーメンのうまさを広めたい」という店主の思いが感じられる味だ。

☎017-783-2443
🏠青森県青森市三好2-3-5 🕐7:00〜21:00(LO20:45、スープがなくなり次第終了)
🚫無休
🚃JR新青森駅から徒歩15分
🅿共用駐車場利用

↑壁にはカップラーメンの蓋がコレクションされている

津軽三味線の演奏が響く食事処へ

津軽の味・音・人
すべてを堪能できる店

りんご茶屋

りんごちゃや

本町 MAP 付録P.8C-4

予約 望ましい
予算 3000円〜

郷土料理を味わいながら、生の津軽三味線と民謡を聴くことができるアットホームな居酒屋。料理に舌鼓を打ちながら、生演奏と女将さんの軽快な津軽弁に耳を傾ける。つい長居してしまう居心地のよい空間だ。

☎017-776-7402
🏠青森県青森市本町2-4-2
🕐18:00〜22:00
🚫日曜
(祝前日の場合は要問い合わせ)
🚃JR青森駅から徒歩18分
🅿なし

↑生演奏は毎日約30分。お通し代1100円と料理代で堪能できる

↑看板は創業時から愛用し続けている年代物

おすすめメニュー

イカメンチ 800円
貝焼き味噌 880円
※イカメンチは仕入れ状況によって提供のない場合あり

↑イカメンチ(右)は刻んだイカを野菜と一緒に揚げた一品。貝焼き味噌(左)はホタテの貝殻で具と味噌を煮込んで卵でとじた料理

↑女将さんとの会話を楽しめるカウンター(左)。小上がりの座席も用意されている(右)

エーファクトリー
アオモリシードル
660円（200mℓ）
館内醸造のアオモリシードルは
アルコール度数により3種類
A-FACTORY（フードマルシェ）

とまと
けちゃっぷ
630円（280g）
蓬田村産「桃太郎
トマト」をケチャ
ップに。塩分控え
めでやさしい味
青森県観光物産館
アスパム（青森県
地場セレクト）

アップル
ブランデー
4500円（200mℓ）
青森県産リンゴをフラ
ンス製のシャラント式
蒸留装置で蒸留
A-FACTORY
（フードマルシェ）

青森県の名菓&名産を持ち帰る
おみやげSelection

ショッピングは青森駅近くにある2つの施設がおすすめ。
少し足をのばして、伝統工芸品を扱うお店に行くのもいい。

あおもりりんご缶詰
432円（カシス味の
み648円）
6種類のフレーバーを一
年中楽しむことができる
青森県観光物産館アスパ
ム（青森県地場セレクト）

津軽のかおり
850円（720mℓ）
青森県産リンゴを
5種類ブレンドし
たストレートジュ
ース
青森県観光物産館
アスパム（青森県
地場セレクト）

シードルマグ 2750円
津軽千代造窯・小山陽久さん
とのコラボレーション商品
A-FACTORY（フードマルシェ）

食べる蜂蜜
アカシア
1200円（120g）
ナッツをたっぷりと漬けた青
森県産アカシアハチミツ
青森県観光物産館アスパム
（青森県地場セレクト）

おみやげはココで購入

A-FACTORY
エーファクトリー

青森駅周辺 MAP 付録P.8 A-3
青森県産リンゴを使ったシードルを醸造する
工房と地元の名産品が並ぶマルシェの複合施
設。レストランやカフェで食事も楽しめる。
☎017-752-1890 青森県青森市柳川1-4-
2 ⏰10:00〜19:00（一
部店舗により異なる）
休不定休 JR青森駅からすぐ
Pあり

青森県観光物産館アスパム
あおもりけんかんこうぶっさんかんアスパム

青森駅周辺 MAP 付録P.8 B-3
青森県の「おいしい」が集まった物産コーナー
は県内最大級の品揃え。青森市街と陸奥湾を
一望できる展望台もおすすめ。
☎017-735-5311
青森県青森市安方1-1-40
⏰9:00〜20:00（施設・時
期により異なる。詳細は公
式HPを要確認）
休12月31日、2月下旬の2
日間 JR青森駅から徒
歩8分 Pあり（有料）

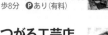

つがる工芸店
つがるこうげいてん

桜川 MAP 付録P.8 C-2
青森県桜川の閑静な住宅街の中にひっそりと
建つ。こぎん刺しや陶芸品など、店主自ら買
い付けた民芸品が揃う。
☎017-743-7009 青森県青森市桜川
7-19-50 ⏰月末6日間の10:00〜18:00（左
記以外の期間は要連絡）
休1〜3月 青森駅から
青い森鉄道・八戸方面行き
で6分、筒井駅下車、徒歩
10分 Pあり

津軽弁缶バッジ
1個300円
津軽弁を面白イラストと
ともにデザイン。全部で
100種類以上ある、大人
気のおみやげ
青森県観光物産館アスパ
ム（青森県地場セレクト）

青森の伝統工芸品をpick up

根曲竹りんごかご 4400円
青森県で採れる「根曲がり竹」
を材料にして編んだ丈夫な籠
つがる工芸店

津軽お化け珈琲
1袋150円
青森県の津軽周辺を背景
に描かれた個性的なお化
けや妖怪たちをプリント
種類は80種類以上ある
青森県観光物産館アスパム
（青森県地場セレクト）

津軽ガラス 深皿
3500円
先代店主がデザイン
に携わり青森市の北
洋硝子と共同制作
つがる工芸店

花立 8000円
弘前市の陶芸家・
高野博さんによ
る花立。ほかに
器の販売も
つがる工芸店

フィナーレには、受賞したねぶた
か船に載せられ、海上を運行し、
約1万1000発の花火が夜空を彩る

極彩色の灯籠と人々の乱舞。夏の夜の歓喜！
青森ねぶた祭 躍動の夜

1年がかりで制作される絢爛豪華なねぶたと、エネルギッシュな跳人（はねと）の踊り、
お囃子と人々のかけ声が、北国の短い夏の夜を熱狂の渦に巻き込む。

8月2〜7日

重さ4tもある巨大なねぶたと大勢の跳人たちが街に繰り出す

　毎年8月2〜7日に開催される夏祭りで、延べ250万人の観光客が訪れる。神話、三国志や水滸伝などの武者物、歌舞伎などを題材にした巨大な人型の灯籠を載せた山車の運行と、華やかな衣装をまとい、お囃子に合わせて踊る跳人が祭りを盛り上げる。
☎017-723-7211
（青森観光コンベンション協会）

ねぶた祭を体感できる博物館
■ ねぶたの家 ワ・ラッセ
ねぶたのいえ ワ・ラッセ

吹き抜けのねぶたホールには迫力ある大型ねぶた4台を常時展示。一年中ねぶた祭を体感することができる。

青森駅周辺 **MAP** 付録P.8 A-3
☎017-752-1311　所青森県青森市安方1-1-1
時9:00〜18:00（5〜8月は〜19:00）　休8月9・10日　料620円　交JR青森駅からすぐ　Pあり

↪ ねぶた祭の歴史や魅力を紹介（写真提供：ねぶたの家 ワ・ラッセ）

《 見学information 》

開催スケジュール
8月1日
18:00〜21:00　ねぶた祭前夜祭
8月2〜3日
19:00〜21:20　子どもねぶた、大型ねぶたの運行
8月4〜6日
18:50〜21:20　大型ねぶたの運行
8月7日
13:00〜15:00　大型ねぶたの運行
19:15〜21:00　ねぶた海上運行、青森花火大会
　　　　　　　（会場／青森港）

開催場所
JR青森駅周辺の国道4・7号、新町通、八甲通、平和公園通で囲まれたエリアが運行コース。最終日は青森港から海上運行する。

有料観覧席
8月2〜6日の各日と7日の昼ねぶた＆夜花火大会セット券の観覧席券などを販売。

衣装レンタル
市内の呉服店や貸衣装店などで衣装をレンタルすれば、跳人として祭りに参加できる。着付けセットは2500〜4000円程度で、予約も可。

最終夜の海上運行
ねぶた大賞などを受賞した4台ほどのねぶたが、花火大会が行われている青森港から海上運行し、花火とともにフィナーレを飾る。

ねぶた祭のここに注目

跳人 はねと
「ラッセラー、ラッセラー」と声をかけながら、大型ねぶたと一緒に跳ね歩き、祭りを盛り上げる。

化人 ばけと
奇抜な衣装やメイクで登場し、祭りを笑いで盛り上げる。沿道の観客から拍手喝采を浴びることも多い。

囃子方 はやしかた
笛、太鼓、手振り鉦のお囃子からなる。団体ごとに揃いの半天姿で賑やかに奏でる。

扇子持ち せんすもち
ねぶたの曳き手に、扇子で進行方向や回転などの指示を与え、見物客にもねぶたをアピールする。

71

暮らしのエネルギーがあふれる街

八戸 はちのへ

市内各地8カ所で朝市が開かれる八戸。
八戸港に水揚げされた魚介が市場を経て食卓
に並ぶ。食材を求めて市へ足を運んでみたい。

太平洋を望む青森県南東部に位置
豊かな食材が並ぶ朝市は必見

　北東北地方有数の都市として、古くから栄えてきた八戸。漁港は全国有数の水揚げ量を誇り、さらに昭和30年代には工業港や商業港も整備され、臨海部は一大工業地域を形成している。
　小さな市でありながら、横丁が連なる中心街、大規模朝市が開かれる港付近、美しい自然が広がる種差海岸とバラエティに富んだ魅力があり、八戸えんぶり、八戸三社大祭といった郷土伝統も、訪れる人を楽しませてくれる。

⤴1万人以上の来場者がある

館鼻岸壁朝市
たてはながんぺきあさいち

八戸港周辺 **MAP** 付録P.3 E-3

八戸港の広大な会場が
盛大に賑わう

800m続く八戸の岸壁に、約300店舗が軒を連ねる、日本で最大規模の朝市。新鮮な魚介をはじめ、野菜や軽食を売る店もある。

☎070-2004-6524
（協同組合湊日曜朝市会事務局）
※問い合わせは
info@minatonichiyouasaichikai.com
🏠青森県八戸市新湊館鼻岸壁
🕐3月中旬～12月の毎週日曜、日の出～9:00頃 ※お盆・年末は臨時朝市開催
🚃JR陸奥湊駅から徒歩10分　Pあり

観光のポイント

朝市で新鮮な魚介グルメに舌鼓
早朝から賑わう朝市
は漁港の街、八戸の
元気の源。活気のな
かでおいしい朝食を

🔊 交通information

東北新幹線・八戸駅からJR八戸線で約10分、本八戸駅が八戸タウンの中心部。本八戸駅からさらに6分ほど乗ると陸奥湊駅。八戸港周辺で開かれる朝市は陸奥湊駅が最寄りとなる。八戸へは日曜朝市循環バス「いさば号」も便利。街の中心部から館鼻岸壁朝市が開催される館鼻漁港前まで約15分、料金は100円。

八食センター
はっしょくセンター

八戸駅周辺 **MAP** 付録P.3 E-3

鮮魚からおみやげまで
何でも揃う大型市場

館内には新鮮な魚介類、乾物珍味など約60の店舗があり買い物が楽しめる。飲食店で魚介類を味わえるほか、購入した食材を炭火で楽しめる七厘村も好評。

☎0178-28-9311
🏠青森県八戸市河原木神才22-2
🕐市場棟9:00～18:00
（厨スタジアムは～21:00）
🚫水曜　🚃JR八戸駅から100円バスで10分
Pあり

⤴仲間と七厘を囲んで
わいわい楽しめる七厘村

山車が練り歩く八戸三社大祭

　藩政時代、秋の収穫のお礼として神輿が渡御されたのが始まり。華やかな山車や神輿、神楽の行列が市街を練り歩き、100万人超の観覧客が訪れる。
⤴迫力満点の山車が行列をなす。ユネスコ無形文化遺産にも登録された

⤴朝獲れの魚介類が揃う。おみやげに最適な乾物類も充実

角館

❖

江戸時代の城下町が
当時のまま姿を残し、
今でも重厚な武家屋敷や
商家の蔵などが見られる角館。
日本一の水深をもつ紺碧の田沢湖や
東北有数の秘湯・乳頭温泉郷など
魅力あるエリアも。

武家屋敷が
連なる
みちのくの
小京都

エリアと観光のポイント

角館はこんなところです

黒板塀が続く武家屋敷通りが城下町としての繁栄を物語る角館。
鮮やかなブルーに輝く田沢湖や秘湯情緒ある乳頭温泉郷へも足を運んでみたい。

乳頭温泉郷 ★

乳頭温泉郷

左通駅

秋扇湖

国道105

秋田内陸縦貫鉄道

羽後中里駅

先達川

国道341

秋田県

松葉駅

田沢湖

★田沢湖

岩手県

羽後長戸呂駅

雫石町

八津駅

仙北市

田沢湖駅

仙岩トンネル

西明寺駅

桧木内川

刺巻駅

秋田角館街道

神代調整池

羽後太田駅

神代駅

田沢湖線（秋田新幹線）

生田駅

玉川

角館

西和賀町

右頁図

角館駅

美しき瑠璃色の湖

田沢湖 ➡P.96

たざわこ

「瑠璃色」と称される表情豊かな青さが印象的な湖。辰子姫をめぐる神秘的な伝説に彩られ、湖畔に点在する神社やパワースポットめぐりを目的に訪れる人も多い。

観光のポイント 観光スポット近くに停まる、田沢湖一周線が便利

豊かな自然と多様な温泉

乳頭温泉郷 ➡P.92

にゅうとうおんせんきょう

国立公園内、乳頭山麓に位置する乳頭温泉郷には10を超す源泉があり温泉宿が点在。ブナの原生林などの自然も豊かで、希少な植物が見られる湿原散策もおすすめ。

観光のポイント 湯めぐり帖を購入してすべての温泉を楽しむ

時空を超えて城下町散策

角館
かくのだて
➡ P.76

みちのくの小京都と呼ばれる角館。江戸時代に栄えた城下町が当時のままの姿を残す。町は火除け地として設けられた広場を中心に、北は武家屋敷が建ち並ぶ「内町」、南はかつて町人や商人が住んでいた「外町」と、二分されている。内町では黒板塀の続く武家屋敷通りを散策し、外町では今も使用される古い商家で食事や買い物を楽しんだりと、タイムスリップしたような気分が味わえる。

⬆武家屋敷通りには、凛とした空気が漂う
⬇今も子孫が住む現役の屋敷もある

観光のポイント 武家屋敷通りで歴史散策。桜の季節にも訪れたい

内町 うちまち
武家屋敷が立ち並ぶ一帯は「内町(うちまち)」と呼ばれ、武士が暮らしていた

火除 ひよけ
外町での火災が内町に引火しないようにと設けられた広場。ここを境に街は二分されている

外町 とまち
町人や商人が住んでいたエリア。歴史ある商家や土蔵が残り、現在は店舗などに生まれ変わっている

川原町

武家屋敷入口
古城山
341
平福記念美術館★
★武家屋敷「石黒家」
★角館 歴史村・青柳家
角館樺細工伝承館★
桜木内川
桧木内川堤
★大村美術館
武家屋敷通り
★岩橋家
旧松本家★
★角館武家屋敷資料館
★河原田家
★小田野家
仙北市役所
角館庁舎◎ ●火除
横町橋

外町史料館「たてつ」★
報身寺卍
卍松庵寺
新潮社記念文学館
あきた角館西宮家★
仙北社観光センター「角館駅前蔵」ℹ
本明寺卍卍往生院
内川橋
西覚寺 学法寺
フォルクローロ角館 H
SC コメリ
角館駅
105
秋田県立
大曲支援学校せんぼく校 ⊗
➡大曲駅

盛岡駅
秋田新幹線
田沢湖線

交通information

エリア間の移動手段

東京駅から新幹線で約3時間の角館。角館駅から田沢湖駅へは、秋田新幹線で約15分、もしくはJR田沢湖線で約20分。湖畔までは駅前から羽後交通バス田沢湖一周線に乗車し、各スポット近くの停留所で降りて散策しよう。乳頭温泉までは田沢湖駅や田沢湖畔バス停から乳頭温泉行きに乗る。乳頭温泉の宿のうち、近くにバス停があるものもあるが、バス停から20分以上歩く宿もあるので注意。送迎を行っている宿もあるので、事前に問い合わせを。冬季に車で出かける場合は雪道に十分注意しよう。

周辺エリアとのアクセス

鉄道・バス

角館駅

↓秋田新幹線で15分、JR田沢湖線で20分

田沢湖駅

↓羽後交通バスで12分

田沢湖畔バス停

↓羽後交通バスで35分

休暇村前バス停

車

秋田道 大曲IC	東北道 盛岡IC
国道105号経由で40分／27km	国道46・341号、県道38・60号経由で1時間10分／55km

角館駅

国道105号、県道60号経由で21km、30分

田沢湖(たつこ像)

↓県道60・38・127・194号経由で35分／25km

休暇村乳頭温泉郷

問い合わせ先

観光案内
仙北市観光情報センター「角館駅前蔵」
☎0187-54-2700
仙北市田沢湖観光情報センター
「フォレイク」　☎0187-43-2111
交通
レンタサイクル魚弘(角館)
☎0187-53-2894
角館人力社　☎090-2970-2324
羽後交通バス
　角館営業所　☎0187-54-2202
　田沢湖営業所　☎0187-43-1511
田沢湖遊覧船　☎0187-43-0274

角館はこんなところです

情緒ある城下町をゆっくり歩く

角館 かくのだて

武家屋敷が並ぶ北の「内町」、商人の町として栄え蔵が残る南の「外町」。往時に思いを馳せながら歴史散策を楽しみたい。

角館●歩く・観る

築100〜200年の武家屋敷が醸すみちのくの小京都と称される風情

　国の重要伝統的建造物群保存地区でもある武家屋敷通り。江戸初期から城下町として栄え、凜然とした風格のなかに華やかさをたたえた佐竹北家臣たちの屋敷が並ぶ。今なお、子孫が暮らしを営む家もあり、屋敷内や庭、さらには往時の武具や道具類、文献が見学できる。

散策のポイント

道幅が広く、季節ごとに表情が変わる歴史ある町並み。江戸時代の雰囲気を味わって時間旅行気分

公開されている武家屋敷の内部を見学。当時の武士の暮らしぶりに思いを馳せてみよう

お役立ちinformation

角館エリア内の移動手段

◉徒歩
JR角館駅から武家屋敷通りの南端まで約15分。東西南北で直径約1.5kmの範囲内に収まる狭いエリアなので徒歩で十分にまわることができる。
◉レンタサイクル
JR角館駅前の観光案内所近くで自転車のレンタルも可能。1時間300円で手荷物の預かりサービスも行っている。
下田レンタサイクル（魚弘）
☎0187-53-2894
◉駐車場
臨時駐車場を利用（開設日については要問い合わせ）、または桧木内川沿いの桜並木駐車場

風流な人力車体験もおすすめ
角館人力社 かくのだてじんりきしゃ
武家屋敷通りを人力車に乗って、俥夫の街並み案内とともにゆったりまわれば優雅な気分に。角館樺細工伝承館向かいから乗車できる。

観光案内所／無料休憩所

◉仙北市観光情報センター「角館駅前蔵」
白壁の蔵が印象的な案内所。パンフレットの配布やグルメ案内のほか、冬季の長靴貸し出しや、有料で手荷物預かりのサービスを行っている。
☎0187-54-2700　㊟秋田県仙北市角館町上菅沢394-2　㊐9:00〜18:00（10〜3月は〜17:30）　㊡12月31日　㊍JR角館駅からすぐ

MAP 付録P.18A-2
☎090-2970-2324
㊐9:00〜17:00
㊡無休（冬季は予約のみ）
㊎2人乗り1台15コース4000円、30コース7000円

黒板塀が続く風雅な道を四季が彩る
武家屋敷通りを歩く

街の北部を縦に貫く武家屋敷通りは、江戸時代の風情を保った屋敷が連なる情感豊かな角館のメインストリート。格式ある武家屋敷を訪ねてみたい。

薬医門／覗き窓
やくいもん／のぞきまど
文化6年（1809）4月27日と書かれた矢板が残っており、門の建造日が判明

母屋／正面玄関
おもや／しょうめんげんかん
主人や身分の高い客専用の正面玄関のほか、家族などが使う脇玄関があり、石黒家の格式の高さを表している

庭園
ていえん
築山や巨石、東屋などを配した庭。樹齢300年といわれるモミの木など木々も見事

武家屋敷「石黒家」
ぶけやしき「いしぐろけ」
内町 **MAP** 付録P.18A-1

江戸期のままのたたずまい 現存する角館最古の武家屋敷

武家屋敷通りに建つ石黒家は、佐竹北家に財政を担当する用人として仕えた家柄。家老に次ぐ家格であり、角館で現存する武家屋敷としては、最も格式が高く、最も古い。現在でも非公開部分では子孫の方々が生活しておられるが、見学者は座敷に上がることも可能。展示室では武具や調度も拝見でき、当時の生活様式を垣間見ることができる。

☎0187-55-1496
🏠秋田県仙北市角館町表町下丁1　🕐9:00～17:00（12～3月は～16:00）　休不定休
料500円　🚉JR角館駅から徒歩25分　Pなし

広間
ひろま
石黒家は角館で唯一、座敷に上がって見学できる武家屋敷だ

欄間の透かし彫り
らんまのすかしぼり
ケヤキの一枚板に彫られたカメ。江戸時代には行灯に照らされ影絵になったという

展示室
てんじしつ
蔵を展示室として使用。刀剣や日用品などが見学できる

注目ポイント

季節ごとの特別展示
石黒家では季節ごとに特別展示を行っている。正月やひな祭り、端午の節句と、年中行事に合わせて貴重な品物を公開。

江戸時代の雛飾りは必見
特別展示のなかでも特に注目すべきは2月下旬～3月下旬に開催される「角館雛めぐり」。江戸末期の貴重な古今雛も公開している。

武家屋敷入口
角館公民館
平福記念美術館
P.77 武家屋敷「石黒家」
P.78 **C** ハイカラ館
P.78 角館 歴史村・青柳家
角館樺細工伝承館
P 伝承館入口
大村美術館
P.79 岩橋家
P.79 旧松本家
角館武家屋敷資料館
P.79 河原田家
P.78 小田野家
桧木内川堤
仙北市役所 角館庁舎
火除
横町十文字
横町橋
P.79 食彩 町家館 **S**

薬医門
やくいもん

万延元年(1860)、藩への功績により特別に許された格調の高いこの門は角館の象徴ともなっている

しだれ桜
しだれざくら

日本に1本しかないという新種の青柳八重紅枝垂桜。開花は4月下旬

母屋 正面玄関
おもや／しょうめんげんかん

厄除けでもある鬼板、懸魚のある玄関や雪国らしい廻り縁が見事

角館 歴史村・青柳家
かくのだて れきしむら・あおやぎけ

内町 **MAP** 付録P.18A-1

3000坪の敷地を誇る格式高い武家屋敷

南部境目山役として佐竹北家に仕えた青柳家。築約200年の母屋は寄棟造り茅葺き屋根で豪華な座敷や600種もの植物を配した広い庭を持つ。邸内は解体新書記念館など6つの資料館のほかに、母屋ツアーガイド付きもあり興味が尽きない。

☎0187-54-3257 所秋田県仙北市角館町表町下丁3 営9:00〜17:00(12〜3月は〜16:30) 休無休 交JR角館駅から徒歩22分 料500円 Pなし

武器蔵
ぶきぐら

青柳家のルーツを伝える江戸時代の貴重な武具や文献を収蔵

大庭園
だいていえん

池泉回遊式の庭園。樹齢数百年の巨木や古井戸など、いたるところに歴史を感じる

角館 歴史村・青柳家

鑑賞後のお楽しみ
喫茶室＆おみやげ＆展示室

ハイカラ館
ハイカラかん

青柳家敷地内喫茶室
青柳家の裏山、源太寺山から邸内に流れ込む清水、神明水で淹れたコーヒーや、天然山ブドウ果汁を使ったアイスクリームなどが味わえる。

営9:00〜17:00(12〜3月は〜16:30) 料コーヒー680円〜

⤴邸内には、ほかにもお食事処や茶寮あおやぎもあり人気を博す

⤴2階はカメラ、蓄音機などの展示室

⤵広い邸内見学の途中にひと休み

小田野家
おだのけ

内町 **MAP** 付録P.18A-2

ドウダンツツジのアーチ木々の茂る庭が特徴的

小田野家は佐竹家の一族で重臣として仕えた。屋敷は明治33年(1900)の大火で消失後に再建されたもの。一族からは「解体新書」の解剖図を描いた小田野直武を輩出。

☎0187-43-3384(仙北市文化財課) 所秋田県仙北市角館町東勝楽丁10 営9:00〜17:00 休12月〜4月初旬 料無料 交JR角館駅から徒歩15分 Pなし

⤴庭にある杉をふんだんに使って建てられた主屋

⤵紅葉に彩られた庭。下草には笹が一面に植え付けられている

岩橋家

内町 MAP 付録P.18A-2

映画『たそがれ清兵衛』の
ロケ地になった武家屋敷

明治33年（1900）の大火の数年前、屋
根を茅葺きから木羽葺きにしたため類
焼を免れたとされる。庭には樹齢300
年以上と推定されるカシワなど、多様
な樹木が茂る。

↑映画では清兵衛の妻の実家として撮影

☎0187-43-3384（仙北市文化財課）
㏍秋田県仙北市角館町東勝楽丁3-1
㏘9:00～17:00 ㊡12月～4月初旬 ㊅無料
㊋JR角館駅から徒歩17分 ㏿なし

旧松本家

内町 MAP 付録P.18A-2

茅葺き屋根の主屋と離れの寝室
下級武士が暮らした簡素な屋敷

松本家は家禄としては下級武士の家格
ながら学問に秀でた学者の家系。角館
の郷校の教授であり、その教科書とし
て使用された『烏帽子於也』を記した
須藤半五郎生家でもある。

↑県内で現存する唯一の下級武士住宅

☎0187-43-3384（仙北市文化財課）
㏍秋田県仙北市角館町小人町4
㏘9:00～16:00 ㊡11月中旬～4月初旬
㊅無料 ㊋JR角館駅から徒歩20分 ㏿なし

河原田家

内町 MAP 付録P.18A-2

約4年間の文化財修理を終えて
屋敷の内部が公開された

家屋は明治24年（1891）、この場所に
移り住んだ際に建てられたものだが様
式は江戸期の中級武家屋敷そのもの。
特に繊細な彫刻の懸魚が美しい唐破
風の玄関は一見の価値あり。

↑薬医門は以前の屋敷から移築

☎0187-55-1500（武家屋敷河原田家）
㏍秋田県仙北市角館町東勝楽丁9 ㏘9:00～
17:00（最終受付16:30、冬季変動あり） ㊡無休
㊅500円 ㊋JR角館駅から徒歩15分 ㏿なし

立ち寄りスポット

食彩 町家館

秋田の食文化がたくさん詰ま
った話題のスポット。町家風
建築の館内には、地元の素
材を生かした農産物加工品
などが多数並ぶ。

外町 MAP 付録P.18A-3

☎0187-49-6106
㏍秋田県仙北市角館町横町42-1
㏘10:00～17:00 ㊡不定休
㊋JR角館駅から徒歩15分 ㏿あり

桜咲く頃、角館へ

古く美しい町並みが残る角館だが、
とりわけ華やぐのが桜の季節。見ご
ろとなる時期の目安は4月中旬から
下旬にかけてで、町中が濃淡さまざ
まなピンクに彩られる。この頃には毎
年、武家屋敷通りや桧木内川堤がラ
イトアップされ、
さまざまなイベン
トが行われたり
屋台が出た り
と、賑やかに桜
まつりが開催さ
れる。

おすすめ桜スポット

桧木内川堤 ひのきないがわつつみ

内町 MAP 付録P.18A-3

川岸約2kmに約400本のソメイヨシノが並ぶ。
昭和8年（1933）に桧木内川の堤防が完成し、翌
年に植樹された。

おすすめ桜スポット

武家屋敷通り ぶけやしきどおり

内町 MAP 付録P.18A-2

重厚なたたずまいの武家屋敷の黒板塀とコント
ラストをなすシダレザクラが美しい。町内約
400本のうち、162本が国の天然記念物に指定。

おすすめ桜スポット

古城山城跡 ふるしろやまじょうせき

角館郊外 MAP 付録P.18A-1

町を一望する小高い山。頂上には姥桜と呼ばれ
る樹齢400年のエドヒガンザクラなどが見られ、
春は山全体が桜色に染まる。

↑明治中期建設のレンガ造り蔵座敷は仙北市指定の文化財

天然醸造の味噌、醤油

安藤醸造本店
あんどうじょうぞうほんてん

外町 MAP 付録P.18 B-4

享保（1716〜36）の頃に地主として名を馳せた安藤家が創業。1〜2年という長期間をかけ、1桶ずつ発酵具合をチェックして育む無添加、天然醸造の味噌や醤油、漬物を製造、販売する。

☎0187-53-2008 　秋田県仙北市角館町下新町27 　8:30〜17:00 　無休 　JR角館駅から徒歩13分 　Pあり

↑西宮礼和筆の襖絵が見事な座敷が無料で見学できる

レトロな街並みに惹かれて
商家の蔵が
残る外町（とまち）

武家屋敷が建つ内町の南側には、
町人や商人が暮らしていた外町が広がる。
重厚な蔵などが残る懐かしい街並みが魅力。

↑醤油本来の味と風味が楽しめる生醤油950円と、3年以上も熟成させた濃厚な家伝醤油。1026円（各360ml）

↑仙北市産の大豆とあきたこまちを、長期熟成で仕上げた「家伝つぶみそ」1307円（800g）〜

↑外壁には新潮文庫の第1号となった『雪國』のオブジェが

佐藤義亮（さとうぎりょう）の功績を讃える

新潮社記念文学館
しんちょうしゃきねんぶんがくかん

外町 MAP 付録P.18 B-3

角館町出身で新潮社創業者、佐藤義亮の功績を顕彰する施設。新潮社ゆかりの文人たちの資料のほか、長く名誉館長を務めた作家の故・高井有一（たかいゆういち）の書斎を再現。ミニシアターあり。

☎0187-43-3333 　秋田県仙北市角館町田町上丁23 　9:00〜17:00（12〜3月は〜16:30）入場は各閉館30分前まで
　月曜、展示替え期間 　500円 　JR角館駅から徒歩10分 　Pあり

↑街並みになじむ蔵風の施設。常設展示のほか、企画展示も興味深い

母屋

⬆️⬆️3日前までの予約で明治期の女学生の衣装が着られるハイカラさん体験ができる。所要1時間、1人2000円 ※2023年12月現在、休止中

北蔵

⬆️ランチの西宮ローストビーフ会席1650円
⬆️大正8年(1919)頃に建設された蔵で地産野菜を堪能

文庫蔵

⬆️明治27年(1894)と邸内で最も古い蔵。西宮家ゆかりの文献や道具を展示

武家屋敷でひと休み

あきた角館西宮家
あきたかくのだてにしのみやけ

外町 **MAP** 付録P.18 B-3

西宮家の屋敷。母屋と5つの蔵があり、母屋は甘味・食事処、北蔵はレストラン、米蔵は工芸品や雑貨、漬物の販売、文庫蔵は展示スペースとなっている。

☎0187-52-2438
🏠秋田県仙北市角館町田町上丁11-1
🕐10:00〜17:00、北蔵ランチ11:00〜14:00 🈡無休 🚉JR角館駅から徒歩10分
🅿️あり

米蔵

⬆️角館の伝統工芸品、樺細工や、藍染め・古裂を使った服や雑貨、小物を販売

商家の蔵が残る外町

秋田に伝わる木工技術にふれる

角館桜皮細工第一センター
かくのだてかばざいくだいいちセンター

外町 **MAP** 付録P.18 A-3

樺細工とも呼ばれる桜の樹皮を加工した角館の工芸品をメインに、秋田の木工品や民芸品を販売。芸術的な逸品から、気軽に購入できるアイテムまで幅広く揃う。

☎0187-55-1320
🏠秋田県仙北市角館町中町25
🕐9:00〜18:00、史料館10:00〜17:00
🈡無休 💴無料
🚉JR角館駅から徒歩10分 🅿️あり

⬆️曲げわっぱや樺細工など、近年、見直され人気を集める秋田の木工品

⬆️建物にも木材を多用し温かな雰囲気

🔸 外町史料館「たてつ」

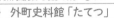

⬆️明治33年(1900)に建造の商家、田鉄家の蔵を無料公開
⬆️田鉄家の人々が使用していた日用品や調度などの道具類が展示されている

立ち寄りスポット

がごめ昆布専門店
進藤昆布店
しんどうこんぶてん

外町 **MAP** 付録P.18 B-4

ここで扱うとろろ昆布・おぼろ昆布は良質な北海道産がごめ昆布のみ。だし昆布はもちろん、とろろ昆布、早煮昆布、おやつ昆布など、多彩な昆布製品が揃う。

☎0187-53-2525 🏠秋田県仙北市角館町西勝楽町89
🕐9:00〜18:00 🈡不定休 🚉JR角館駅から徒歩11分 🅿️なし

⬆️100年以上の歴史を持つ老舗の昆布店

街が誇る、アートを拝見

角館が輩出した優れた日本画家たちの名作や、伝統的な工芸作品を鑑賞できる記念館など、
街に点在する芸術スポットでのんびりと心に栄養を補給するのもおすすめ。

平福記念美術館
ひらふくきねんびじゅつかん

内町 MAP 付録P.18A-1

平福親子や秋田蘭画など
角館が育んだ日本画を展示

角館生まれの日本画巨匠、平福百穂とその父で画家の平福穂庵にちなんで名付けられた美術館。武家屋敷跡に建てられており、庭には武家屋敷の頃の植栽がそのまま残る。

☎0187-54-3888
住秋田県仙北市角館町表町上丁4-4
時9:00～17:00(12～3月は～16:30)入館は各閉館30分前まで
休月曜 料500円
交JR角館駅から徒歩23分
Ｐあり

平福百穂『古柏栗鼠』
日本画独特の手法である「たらしこみ」を駆使して描かれたカシワの木に、愛らしいリスが顔をのぞかせる。縁起の良い木とされていたカシワは、百穂が好んで描いたモチーフのひとつ。1932年作〈平福記念美術館所蔵〉

平福百穂
『木槿の頃』
墨の濃淡だけで表現したムクゲを背景に、2人の農婦を描いた作品。幼子を抱いた母親の柔和な表情が印象的で、この頃長男が生まれた百穂の心境も思わせる。1910年作〈平福記念美術館所蔵〉

◀◀武家屋敷、旧制県立角館中学として使用されていた土地に建つ。設計は国立能楽堂の設計などで知られる大江宏氏

角館樺細工伝承館
かくのだてかばざいくでんしょうかん

内町 MAP 付録P.18A-2

作品の展示はもちろん
制作の実演も行われている

天明年間(1781～89)頃、下級武士の手内職として始まったという角館の樺細工。模様の美しい山桜の樹皮を用いて作られる茶筒や盆といった伝統工芸品だ。

☎0187-54-1700
住秋田県仙北市角館町表町下丁10-1
時9:00～17:00(12～3月は～16:30)入館は各閉館30分前まで
休無休 料500円 交JR角館駅から徒歩20分 Ｐなし

◀国の伝統的工芸品に指定されている

◀◀街の文化・歴史の関係資料も展示されている(左)、職人の技が間近に見られる実演。売店や喫茶室も併設(右)

大村美術館
おおむらびじゅつかん

内町 MAP 付録P.18B-2

アール・デコを代表する
作家のガラス工芸作品を展示

アール・ヌーヴォー、アール・デコの時代に活躍したフランスのガラス工芸作家、ルネ・ラリックの作品を中心に収集。400点の所蔵品のなかから常時80点を展示する。

☎0187-55-5111
住秋田県仙北市角館町山根町39-1
時10:00～17:00(12～3月は～16:00)
休4～11月の木曜(祝日の場合は前日)、1～3月の水・木曜(祝日の場合は開館)、展示替え期間、冬季は不定休あり 料800円
交JR角館駅から徒歩16分 Ｐ1台

ルネ・ラリック
『タイス』
アレクサンダー大王に仕えた武将の寵愛を受けた遊女がモチーフ。1925年作〈大村美術館所蔵〉

ルネ・ラリック
『花瓶つむじ風』
つむじ風をラリック流にデザインした代表的な作品。1926年作〈大村美術館所蔵〉

◀ラリック作品のほか、アール・デコの作品も見られる

江戸時代の姿を今に映す街並みを紐解く

美しき街・角館の由縁と久保田藩

江戸初期より城下町として栄えた角館。建設当初の面影をとどめる美しい街は、芦名氏と佐竹氏の2つの名門武家により築かれた。

〜江戸時代

400年前の町割りが残る小京都

佐竹家の転封と町づくり

一国一城令ののち、城下を築いた芦名氏
公家の流れをくむ佐竹北家が街を治めていく

　戦国時代、角館は戸沢氏の本拠地として古城山に城が築かれ、現在の反対側にあたる山の北側に城下があった。関ヶ原の合戦後、西軍に味方していた佐竹義宣が事実上の左遷として久保田（秋田藩）に転封され、のちに現在の秋田県秋田市に久保田城を築く。義宣の実弟の芦名義勝は所預として角館に入り、1万5000石を与えられた。

　元和元年（1615）に一国一城令が発令されると、それまでの城郭が破却される。義勝は元和6年（1620）に古城山の南麓に屋敷を構え、新たな町づくりを行った。防火のため「火除」と呼ばれる広場を設け、その北側を武家屋敷の「内町」、南側を町人や商人が住む「外町」とした。

　明暦2年（1656）、芦名氏の断絶により久保田城主・佐竹氏の分家・佐竹北家が角館を治める。佐竹北家は公家の流れをくみ、城下には京文化も根付いた。角館出身者に『解体新書』の挿絵を描いた久保田藩士・小田野直武がいる。

幕末〜現代

激動の幕末を無傷で生き残った

秋田戦争と観光地化

幕末、奥羽越列藩同盟との間で秋田戦争が勃発
危機一髪で戦火を免れ、美しい街並みが残った

　幕末の戊辰戦争時、久保田藩はいっとき新政府軍と対立する奥羽越列藩同盟に加入していた。奥羽越列藩同盟には仙台藩をはじめとする東北25藩、越後6藩が参加。ところが久保田藩内には若手を中心に勤皇派の勢いが増し、列藩同盟から離脱する。さらに列藩同盟の使者11名を殺害したために怒りを買い、秋田戦争が始まった。列藩同盟の進撃で久保田藩の領地は多大な戦禍を被るが、新政府軍の援助を得て最終的に勝利する。角館は危機一髪で戦火に巻き込まれず城下は破壊を免れた。昭和51年（1976）には重要伝統的建造物群保存地区に選定、観光地として人気を博すように。

⤴青柳家（P.78）の家紋は剣片喰。芦名氏に仕えて角館に移り住んだが、お家断絶してからは佐竹家に仕え続けた

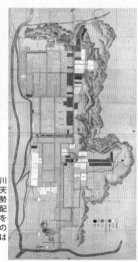
⤵角館は桧木内川など三方に川が流れ、東に山々が点在し、天然の要塞に囲まれた理想の地勢だ。城下を囲むように寺社を配置し、東西に「火除」の広場を設け、武家の「内町」と町民の「外町」を完璧に分けた。写真は江戸中期の地図角館町割図（秋田県公文書館蔵）

秋田歴史年表

西暦	元号	事項
1602	慶長 7	角館が佐竹家統治下の久保田藩領となる
1620	元和 6	芦名義勝が現在の位置に町を移転
1656	明暦 2	芦名家が断絶し、佐竹北家の統治になる
1868	慶応 4	秋田庄内戊辰戦争が起こる
1871	明治 4	廃藩置県により秋田県が誕生
1976	昭和51	国の「重要伝統的建造物群保存地区」に選定される
1997	平成 9	秋田新幹線が開業

地元ガイドの案内のもと歴史散策

かくのだて歴史案内人

かくのだてれきしあんないにん

ローカルガイドによる案内は「内町コース」か「外町コース」を選べる。所要90分で3日前の17時までに予約が必要。有料施設の見学は別途。

☎0187-55-1670（かくのだて歴史案内人組合 事務局）
🎫1〜6人3000円（7名からは1人500円）

地元素材にこだわった
お料理でおもてなし

料亭登喜和
りょうていときわ

予約	望ましい
予算	L3300円〜
	D5000円〜

外町 MAP 付録P.18A-3

厳選された旬の食材を使用した料理が楽しめる由緒ある料亭。春夏秋冬それぞれ、「花の膳」「涼風膳」「紅葉膳」「雪見膳」と異なるコースを用意。大広間のほか少人数でも気兼ねなく食事ができる個室もあり、ゆったりと過ごせる。

☎0187-53-2038
所秋田県仙北市角館町西勝楽町14
⏱11:30〜14:00 17:00〜21:00(予約が望ましい)
休不定休 🚃JR角館駅から徒歩10分 Ｐ8台

花の膳 3300円(昼食)
春の恵みである山菜のほか、季節の野菜や魚介をふんだんに。写真はコースの一部

↑2階の大広間は、ゆとりのあるテーブル席

↑和の風情ある建物。昼のコースは3300円〜。前日までの予約が好ましい

角館●食べる

風情あふれる老舗で食す伝統の味

名店でいただく郷土料理

角館で食事をするなら、
街の景色によくなじむしっとりとした料亭へ。
きりたんぽ鍋や稲庭うどんなど、秋田名物をいただこう。

秋田県の郷土料理

きこりや猟師たちの携行食糧を起源とする「きりたんぽ鍋」をはじめ、藩政時代から秋田藩の名品とされていた「稲庭うどん」「がっこ(漬物)料理」など、郷土色豊かな料理が伝わる。秋田の自然に育まれた比内地鶏やハタハタなどの味覚も有名。

↑四季折々の表情を見せる玄関のアプローチ

↑味噌をのせたきりたんぽの網焼きも人気

季節の懐石 2420円〜
あまりのおいしさに殿様が8杯もおかわりしたという八杯豆腐や、名物の桜を練り込んだ稲庭うどんが付く

気さくな女将がもてなす
秋田を五感で感じる名店

料亭 稲穂
りょうてい いなほ

予約	要(2日前まで)
予算	L2420円〜
	D4840円〜

外町 MAP 付録P.18 B-3

食材から調味料まで無添加にこだわった料理と温かい接客で評判。地元の食材を料理人の技で仕上げた懐石は、おいしいだけでなく、安心安全な逸品揃い。事前に相談すればマクロビオティックやベジタリアニズムにも対応できる。

☎0187-54-3311
所秋田県仙北市角館町田町上丁4-1 ⏱11:30〜13:30(LO13:15)17:30〜21:00(LO19:15) 休水曜
🚃JR角館駅から徒歩7分 Ｐあり

地酒とともに楽しみたい
趣向を凝らした郷土料理

旬菜料理 月の栞

しゅんさいりょうり つきのしおり

外町 MAP 付録P.18 A-3

日本三大美味鶏として有名な比内地鶏のすきやきからきりたんぽ、稲庭うどんまで秋田を代表する味が楽しめる。日本海でその日に獲れた魚を使うなど、こだわりの料理は地酒と相性抜群。夜まで営業しているのもうれしい。

☎0187-53-2880
所 秋田県仙北市角館町横町21
営 11:00～20:00(LO) 休 火曜
交 JR角館駅から徒歩13分 P なし

予約 可
予算 Ⓛ1500円～ Ⓓ5000円～

↑テーブルとカウンター席の家庭的な雰囲気

→うまい酒と料理の店として地元の人にも評判

比内地鶏のすき焼きコース5500円
職人の技が光る前菜3品、新鮮な魚介の刺身、季節感あふれる焼き物などが付く(要予約)

老舗料亭の囲炉裏の間で
ゆっくりと食事を楽しむ

料亭しょうじ

りょうていしょうじ

外町 MAP 付録P.18 B-3

大正時代に創業した老舗。できるだけ地元の食材を使った料理は、秋田の調理法をベースとしながらも、より多くの人に食べやすいようにアレンジされている。旬の野菜やきのこをふんだんに使っているのも特徴。完全予約制。

☎0187-54-2022
所 秋田県仙北市角館町花場下8 営 完全予約制
休 不定休 交 JR角館駅から徒歩10分 P あり

↑四季折々の趣をそこかしこに漂わせる座敷

→ていねいな説明で料理がいっそうおいしく

予約 要(3日前まで)
予算 Ⓛ4400円～ Ⓓ6600円～

季節の魚のマリネ(コースの一品)
ほどよい酸味でやさしい味わいは、子どもから年配の方まで人気(写真は秋田名物のハタハタ)

親子2代の料理人が作る
伝統の味にファンも多い

むら咲

むらさき

外町 MAP 付録P.18 B-3

予約 可
予算 Ⓛ1500円～ Ⓓ3000円～

ていねいな仕事と気さくな人柄で、地元の人から愛される店。比内地鶏の親子丼1382円や旬の魚とあきたこまちを使ったなれこまち650円～など伝統を生かした料理が並ぶ。じゅんさい、とんぶりなど秋田の味覚もおすすめ。

☎0187-55-1223
所 秋田県仙北市角館町竹原町4-4
営 11:00～14:00(LO) 17:00～21:00(LO)
休 不定休 交 JR角館駅から徒歩8分 P あり
※2023年12月現在休業中

↑リラックスして食事を楽しめる空間

↑米どころ秋田ならではのなれずし

きりたんぽ鍋(1人前)1750円
自家製きりたんぽと自慢のだしを使ったきりたんぽ鍋が年中味わえる(写真は2人前)

がっこ懐石 1650円
秋田名物のいぶりがっこや
地物野菜の漬物など、創作
料理9品が堪能できる

いぶりがっこ、稲庭うどん、
郷土の味を豊かなアイデアで

食堂いなほ
しょくどういなほ
外町 **MAP** 付録P.18 B-3

料亭稲穂（P.84）の隣にあり、郷土料理を手軽に楽
しめる。無添加にこだわり、素材の味を大切にし
たメニューは、地物野菜や角館納豆がのった稲
穂風稲庭うどんや、きりたんぽの天ぷらなど独
創的。多彩な味のがっこ懐石がおすすめ。

☎0187-54-3311
（料亭 稲穂）
🏠秋田県仙北市角館町田町
上丁4-1 🕐11:30〜15:00
（LO）🚫木曜 🚉JR角館
駅から徒歩7分 🅿あり

予約 可
予算 L 1000円〜

⬆ふらりと入りたくなる外観。
食堂フロアは2階にある

⬆明るくて気取らない店内は、居心地もよい

角館●食べる

秋田名物を多彩なメニューでいただく

郷土の味を
気軽にランチで

地元の食材を生かした素朴な料理をいただける、人気のお店。
気取らない雰囲気のなかで、長く愛されてきた味を楽しみたい。

⬆角館の街並みによく似合う、落ち着いた
日本家屋

そばを知り尽くした店主の
並んでも食べたい絶品そば

角館地そば
そばきり長助
かくのだてじそば そばきりちょうすけ
内町 **MAP** 付録P.18 A-2

「うまいそばが食べたい」という一心
で栽培から製粉まで手がける店主の
手打ちそばが味わえる。自場産のそ
ばの実は、香りと風味が良く、挽き
たて、打ちたて、茹でたてのそばは、
喉ごしも抜群。そばの香り豊かなそ
ばソフトクリームも人気。

☎0187-55-1722
🏠秋田県仙北市角館町小人町
28-5 🕐11:00〜15:00
冬季11:30〜14:00 🚫火曜
（農繁期は不定休）🚉JR角館
駅から徒歩16分 🅿あり

予約 不可
予算 L 1100円〜

⬆店内にはいたるところに
樺細工製品が

⬆秋田の大
自然で栽培
されたそば
の実

十割そば二色もり 1100円
殻ごと挽きこんだ田舎そば（黒）
と殻をむいたそば（白）の二色も
りがおすすめ

郷愁漂うレトロな空間で珠玉の創作料理に舌鼓を

土間人
どまにん

外町 **MAP** 付録P.18 A-3

安藤さんちの味噌焼きピザ 950円
地元の老舗・安藤醸造本店の味噌を使用したピザ。味噌の香ばしさとチーズの旨み、鶏そぼろ肉がマッチした一品

明治時代の蔵をリノベした店内で、郷土料理や地元の食材を使った創作料理が味わえる。人気の「安藤さんちの味噌焼きピザ」のほかに、トマト肉巻1本220円など趣向を凝らしたメニューが揃っている。夜は居酒屋としても楽しめる。

☎0187-52-1703
🏠秋田県仙北市角館町下中町30 🕐11:00～15:00(LO14:00) 17:00～22:00(LO21:00) 🈲不定休 🚃JR角館駅から徒歩11分 🅿あり

予約 可
予算 Ⓛ1500円～
Ⓓ2500円～

↑1人から大人数まで、思い思いにくつろげる空間も魅力

↑宿泊施設「かくのだて温泉町宿ねこの鈴」に隣接している

比内地鶏のコクととろとろ卵濃厚な味わいの親子丼が人気

お食事処 桜の里
おしょくじどころさくらのさと

内町 **MAP** 付録P.18 A-2

予約 可(平日のみ)
予算 Ⓛ1000円～

地産地消にこだわる食事処。「秋田の美味いもの」を信条に、比内地鶏や八幡平ポークの料理、稲庭うどんなどをリーズナブルに提供している。とりわけ卵を3個も使った究極の比内地鶏親子丼は絶品。角館市街に姉妹店もある。

☎0187-54-2527
🏠秋田県仙北市角館町東勝楽丁9 🕐11:00～16:30(LO16:00) 🈲不定休 🚃JR角館駅から徒歩15分 🅿あり

↑武家屋敷通りに面した外観。奥に武家屋敷資料館も

↑店内に秋田名物や名産品を販売するコーナーもある

究極の比内地鶏親子丼 1700円
比内地鶏の卵を3個も使用した看板メニュー。がっこ、小鉢、椀ものが付いている

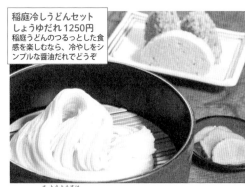
稲庭冷しうどんセット
しょうゆだれ 1250円
稲庭うどんのつるっとした食感を楽しむなら、冷やしをシンプルな醤油だれでどうぞ

八代目佐藤養助稲庭干うどんが角館で味わえるのはここだけ
さとうようすけ

佐藤養助稲庭うどん専門店 お食事処ふきや
さとうようすけいなにわうどんせんもんてん
おしょくじどころふきや

内町 **MAP** 付録P.18 A-2

予約 可
予算 Ⓛ900円～

県有形文化財の武家屋敷、映画のロケにも使われた松本家の向かいにある食事処。秋田名産稲庭うどんの伝統ブランド「八代目佐藤養助」が味わえる。あきたこまちを使用したおにぎりや家庭的な味のだし巻き玉子もおすすめ。

☎0187-55-1414
🏠秋田県仙北市角館町小人町28 🕐10:30～閉店時間要確認 🈲無休 🚃JR角館駅から徒歩20分 🅿あり

↑限定50皿のみ提供する、店長得意のだし巻き玉子はぜひ

↑店内には、秋田の郷土菓子などが並ぶみやげコーナーもある

落ち着いた雰囲気の店内で
素材にこだわった和菓子を

角館甘味茶房 くら吉

かくのだてかんみさぼう くらきち

内町 MAP 付録P.18 A-2

武家屋敷通りのしだれ桜と桧木内川の桜並木の間に建つ菓子店。十勝産の最高級小豆で作る自家製餡を使用した名物の生あんもろこしや名産の西明寺栗を贅沢に使った菓子がおすすめ。

☎0187-52-0505
所 秋田県仙北市角館町小人町38-25
営 9:00～17:00(LO16:30)
休 不定休　交 JR角館駅から徒歩19分
P あり

1

2

3

1.西明寺栗のなかでもプレミアム性の高い上質の「善兵衛栗」を使用したマロンウィッチ1350円(5個入り)
2.桜並木駐車場から武家屋敷通りに進んだ角にある　3.おみやげにも最適な素材を吟味した和菓子が並ぶ

どこか懐かしいレトロなお店でひと休み

角館カフェタイム

歴史ある町にたたずむノスタルジックな雰囲気のカフェ。
お茶をするなら地元にもファンの多い自慢のスイーツも忘れずに。

この上なくおいしい果物を
贅沢に使用したパフェ

フルーツパーラー さかい屋

フルーツパーラーさかいや

角館駅周辺 MAP 付録P.18 C-3

青果店内にあるカフェ。季節のフルーツをふんだんに使ったさかい屋スペシャルパフェ900円やバナナだらけパフェ600円、イチゴだらけパフェ600円とボリュームたっぷりのパフェがリーズナブルに味わえる。季節限定パフェも多数。

☎0187-54-2367
所 秋田県仙北市角館町中菅沢92-81
営 9:00～18:00
休 不定休
交 JR角館駅から徒歩4分　P あり

1

2

3

1.レトロな雰囲気の漂うカフェ。冬から春に限定のたい焼も人気
2.昭和23年(1948)創業以来、地元の人から愛され続ける青果店
3.大粒のイチゴを贅沢に使ったイチゴたっぷりDXパフェ900円

桜並木を見下ろしながら
カフェでゆっくりと過ごす

角館プチ・フレーズ
かくのだてプチ・フレーズ

外町 **MAP** 付録P.18A-3

桜の名所で知られる桧木内川沿いに建つ、1階が和洋菓子店、2階がカフェレストランの店。地元で採れた新鮮な食材を使う料理や手作りのスイーツが人気。なかでも日本一大きな栗として知られる西明寺栗のモンブランがおすすめ。

☎0187-54-1997
🏠秋田県仙北市角館町大風呂2
🕘9:00～19:00(L018:00、
2階LO17:00)
🈺水曜(2階不定休)
🚃JR角館駅から徒歩14分
🅿あり

1.1階には、厳選された食材を使ったおいしい菓子が多数並んでいる
2.春には満開のソメイヨシノが見渡せる、2階のカフェレストラン
3.大粒の栗の甘露煮が入る、元祖西明寺栗モンブランセット990円

角館カフェタイム

秋田県初の手作りプリン専門店

リピーター続出の
「なめらかプリン」

あきたプリン亭
あきたプリンてい

外町 **MAP** 付録P.18A-3

主原料に国産の安心安全素材を使用し、濃厚な牛乳と卵の味わいがしっかりと感じられる「なめらかプリン」が話題。マダガスカル産の超高級天然バニラビーンズを使用し、上品で甘い香りも特徴。

☎0187-49-6233
🏠秋田県仙北市角館町横町16
🕘10:00～17:00(1・2月は～16:00)
🈺無休
🚃JR角館駅から徒歩14分
🅿5台

1.武家屋敷プリン1個480円は、武家屋敷の黒板塀をイメージした黒いプリン。黒色はブラックココアで瓶底の黒豆が食感のアクセント
2.武家屋敷の街並みに出店。プリンはすべて店内工房で手作りしている
3.なめらかプリン1個430円。舌の上でとろける新感覚を実現

A 熊谷なると餅店
くまがいなるともちてん
角館駅周辺 **MAP** 付録P.18 C-3

角館名物なると餅ならココ
地元の人から愛される名店

明治時代、京都から角館に移り
住んだ歌舞伎役者が、故郷を懐
かしんで作らせたという「なる
と餅」と、もち米に黒砂糖をま
ぶして練った「えびす餅」を製
造、販売している。

☎0187-53-2829 ㊟秋田県仙北市角
館町中菅沢92-14 ⏰7:30〜17:00
㊡不定休 🚉JR角館駅から徒歩5分
🅿あり

A なると餅 80円(1個)
蒸したもち米で餡を包んだ、花の形をした
菓子。祝い事や行事のときに振る舞われる

A えびす餅 80円(1個)
黒糖を混ぜた餅にこし餡が
入った伝統菓子。手で整えた
くっきりとした溝が特徴

桜が香る伝統の逸品もあり
みちのくの
小粋なおみやげ

この地に古くから伝わる和菓子や、桜の木の皮で作る樺細工など、
角館らしさが光るおみやげを手に入れよう。

B 後藤福進堂
ごとうふくしんどう
内町 **MAP** 付録P.18 B-3

創業から130年を超える
角館で代々続く老舗菓子舗

明治20年(1887)創業。伝統ある
和菓子から季節限定品までここ
だけの味が多彩に並ぶ。新しい
味わいの金柑まんじゅうや手を
汚さないように工夫された桜皮
羊羹がおすすめ。

☎0187-53-2310 ㊟秋田県仙北市角
館町東勝楽丁12-2 ⏰9:00〜18:00
㊡月曜 🚉JR角館駅から徒歩12分
🅿あり

B 金柑まんじゅう 140円(1個)
金柑の甘露煮と白餡をもちもち
とした生地で包んだ、甘酸っぱ
いまんじゅう

B コーヒーぜんざい 370円(税別)
小豆の甘みがコーヒーのほろ苦
さとよく合うぜんざい。すっき
りとした後味も楽しめる

C もろこしクッキー
桜ほろほろ
430円(2個×6包)
桜の花びらをかたどった、
もろこしのクッキー。桜葉
の香りがほのかに広がるの
もよい

B 桜皮羊羹 290円(税別)
筒底を押して羊羹を出
し、一口分ずつを糸で
切って食べるというアイ
デアが秀逸

C 唐土庵 角館駅前店
もろこしあん かくのだてえきまえてん
角館駅周辺 **MAP** 付録P.18 C-4

角館銘菓で知られる
生もろこし発祥の店

小豆の風味としっとりした食感
で評判の角館名物「生もろこし」
を生み出した店の駅前店。品揃
えが豊富なうえにすべての商品
を試食することができる。コー
ヒー、お茶のサービスも。

☎0120-17-6654
㊟秋田県仙北市角館町上菅沢402-3
⏰9:00〜18:00 ㊡無休
🚉JR角館駅からすぐ 🅿あり

C 生もろこし
695円 (2個×8包)
乾燥と焼目を入れず、炒り小
豆の風味をしっとりと残した
生タイプ

D Light Base maru
無地皮（2200K／ロウソク）
1万450円
秋田県潟上市の進藤電気設計のブランド《twodo》と角館伝四郎のコラボレーションアイテム

D 輪筒2色 菓子入れ
無地皮（右）さくら（左）各6600円
桜、カエデの木の色が桜皮の表情を引き立てるスタイリッシュなデザインの菓子入れ

E KABAバッグ 9万9000円
美意識の高さを感じる、樹皮ならではの美しさが印象的な手作りの籠。耐久性も高い

D 葉枝おき 5830円（5個入り）
樺や木を矢羽根貼りすることで葉脈を表現した葉枝おきは、モダンでおしゃれと評判

E 樺名刺入れ 各1万3200円
使うほどに光沢を増していく樺細工の名刺入れ（無地、チラシ）。目上の方へのプレゼントにもおすすめ

E カサネガサネ
1万9800円（大）、1万6500円（小）
樺細工と大館曲げわっぱという、秋田が誇る2つの伝統工芸がコラボした話題のトレー

F 桜皮細工 小箱 桜
4950円
アクセサリーや小物入れなどに使える。写真の小物は、とんぼ玉ネックレス5500円

F 櫻香 ろうそく 780円
ほのかに桜の甘い香りが楽しめるように、桜葉エキスを配合したろうそく。56本入り

F 角館香姫
ルームフレグランス
各1930円
スミレ、ライラック、ジャコウをあしらった香り「いにしへ」と、しだれ桜をイメージした香りの「さくら」の2種類

F 秋田犬武家丸ぬいぐるみ
M3300円 L8360円
ポストカード 各140円
ハンカチ790円
ファイル各330円ほか
看板犬「武家丸」をアイテムに

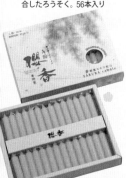

F 櫻香 線香 1020円
桜の香りが立ち上る、角館さとくガーデンオリジナル商品。角館歴史村・青柳家（P.78）でも販売

D 藤木伝四郎商店
ふじきでんしろうしょうてん
外町 **MAP** 付録P.18 B-4

**江戸時代創業の老舗が作る
240年の伝統を持つ樺細工**

嘉永4年（1851）創業。自然の素材・桜皮の質感を大切にした樺細工を製造、販売する老舗。定番の茶筒から人気の菓子入れまで暮らしに華やぎを与えてくれる逸品が多数並ぶ。
☎0187-54-1151 ⌂秋田県仙北市角館町下新町45 ⏰10:00〜17:00 ⊗水曜（祝日の場合は翌日）Ⓧ JR角館駅から徒歩11分 Ⓟあり

E アート＆クラフト
香月
アート＆クラフト かづき
内町 **MAP** 付録P.18 A-2

**ハンドメイドの一点ものや
心豊かになる工芸品が多数**

全国の伝統工芸品や生活を彩る暮らしの道具、織物などを集めたセレクトショップ。手作りの一点ものも多い。現代風にアレンジしたインテリア雑貨やステーショナリーもおすすめ。
☎0187-54-1565 ⌂秋田県仙北市角館町東勝楽丁2-2 ⏰9:00〜17:00 ⊗1・2月の水・木曜 Ⓧ JR角館駅から徒歩18分 Ⓟあり

F 角館さとくガーデン
かくのだてさとくガーデン
内町 **MAP** 付録P.18 A-2

**洗練された雑貨が多数並ぶ
オリジナル桜グッズも人気**

武家屋敷通りに面したひときわ目を引くみやげ店。センスの良さをうかがわせるディスプレイには、かわいい桜アイテムから樺細工などの伝統工芸品、角館の特産品まで品揃え豊富。
☎0187-53-2230 ⌂秋田県仙北市角館町東勝楽丁26 ⏰9:00〜17:00 ⊗無休 Ⓧ JR角館駅から徒歩16分 Ⓟあり

みちのくの小粋なおみやげ

源泉を所有する多種多様な湯宿へ

乳頭温泉郷
にゅうとうおんせんきょう

ブナの原生林が生み出す澄んだ空気と秘湯情緒、そして宿ごとに異なる泉質の湯を味わうことができ、日本有数の人気温泉地としてその名を知られている。

⬆鶴の湯温泉は温泉郷のなかでも最も古い歴史を持つといわれている

乳頭温泉郷●泊まる

乳頭山麓の温泉を堪能する

山あいの個性豊かな秘湯めぐり

秘湯の元祖ともいえる温泉郷。宿泊はもちろん、各宿自慢の温泉を楽しむ湯めぐりもおすすめだ。

街歩きのポイント

湯めぐり帖を購入し、湯めぐりを楽しみたい。バス停から離れている宿もあるので要確認。周辺はブナが生い茂り、夏ならハイキングも楽しい

※抜粋

乳頭温泉行きバス 路線図

田沢湖駅前 — アルパこまくさ — 鶴の湯温泉入口 — 休暇村前 — 乳頭蟹場温泉

湯めぐりを楽しく快適に

すべての温泉を制覇

湯めぐり帖
ゆめぐりちょう

日帰り温泉が楽しめる入浴券と、「湯めぐり号」への乗車特典が付いた「湯めぐり帖」を各宿が宿泊客に発行。1年間有効、1800円。

乳頭温泉郷内をバスが循環

湯めぐり号
ゆめぐりごう

1日5往復、各宿間を循環する乗り降り自由なバス。乗車には湯めぐり帖か湯めぐりマップ(1日乗車券)600円が必要。

🚌各宿泊施設
☎各宿に要問い合わせ
🕒不定休

P.94 蟹場温泉
乳頭蟹場温泉

乳頭温泉
P.95 大釜温泉

鶴の湯神社
鶴の湯温泉 P.93

妙乃湯温泉前 ➡ 妙乃湯 P.95
休暇村前 ➡ 休暇村乳頭温泉郷 P.94

先達川

鶴の湯温泉旧道口

黒湯温泉 P.94

鶴の湯別館 山の宿 P.93
乳頭キャンプ場

鶴の湯温泉入口
⬆アルパこまくさバス停

N

0 — 500m

仙北市田沢湖観光情報センター「フォレイク」 ☎0187-43-2111
🏠秋田県仙北市田沢湖生保内男坂68 🕒8:30〜17:15 🈳無休 🚉JR田沢湖駅構内

江戸時代に遡る歴史
乳頭温泉郷で最も古い宿

鶴の湯温泉
つるのゆおんせん

MAP 付録P.19 D-1

2代目秋田藩主・佐竹義隆が湯治に訪れたとされる歴史ある宿。警護の武士が詰めたという藁葺き屋根の本陣が今も残り、風情を醸している。温泉場には、宿を代表する白湯の混浴露天風呂をはじめ4つの源泉が湧き、1軒の宿にいながら異なる泉質のお湯が楽しめる。

☎0187-46-2139
㊟秋田県仙北市田沢湖田沢先達沢国有林50
🚌JR田沢湖駅から羽後交通バス・乳頭温泉行きで37分、鶴の湯温泉入口下車、徒歩30分（アルパこまくさバス停から送迎あり、要事前連絡）Ｐあり
in15:00 out10:00 室35室 予約1泊2食付1万600円〜（冬季暖房費1室1320円）

1.乳頭温泉郷を代表する宿。全国から客が訪れる
2.昔ながらの木造建築が、江戸時代を偲ばせる

日帰りプラン
●日帰り入浴 600円
10:00〜15:00
（露天風呂は月曜休）

タイムスリップしたかのようなひなびた風情が人気
（泉質は源泉ごとに異なる）

黒湯
くろゆ

別名ぬぐだまりの湯・子宝の湯と呼ばれ、湯冷めしにくい。泉質はナトリウム塩化物・炭酸水素泉

混浴露天風呂
こんよくろてんぶろ

白湯の源泉が湧く、鶴の湯温泉を象徴する露天風呂。濁り湯なので混浴でも入りやすい

白湯
しろゆ

美人の湯として人気。体がよく温まるとされ、別名冷えの湯。泉質は含硫黄ナトリウム・カルシウム塩化物・炭酸水素泉（硫化水素型）

先達川沿いの閑静な一軒宿で
白濁の温泉と炭火焼きを堪能

鶴の湯別館 山の宿
つるのゆべっかん やまのやど

MAP 付録P.19 D-2

鶴の湯本館から1.5kmほど手前に位置。客室は10室と少なめで、地元の雑木のみを使って建てられた曲り家の建物も落ち着ける。本館の白湯と同じ白濁した天然温泉が楽しめるほか、囲炉裏が並ぶ食事処では鶴の湯名物の山の芋鍋がいただける。

☎0187-46-2100
㊟秋田県仙北市田沢湖田沢湯ノ岱1-1
🚌JR田沢湖駅から羽後交通バス・乳頭温泉行きで34分、アルパこまくさ下車、送迎バスで5分（要事前連絡）Ｐあり
in15:00 out10:00 室10室 予約1泊2食付1万7750円〜（冬季暖房費1室1100円）

1.山の芋と山の幸を味噌仕立てで仕上げた名物、山の芋鍋
2.地元の木材を用い地元大工が造り上げた、重厚な建物
3.天然かけ流しの白濁温泉。風呂は貸切で楽しむことも
4.ブナの原生林に囲まれた、ゆったりと長湯できる露天風呂

2種類の異なる天然温泉と整った設備が客人を迎える

休暇村乳頭温泉郷
きゅうかむらにゅうとうおんせんきょう

MAP 付録P.19 F-1

体調や気分に合わせ、2つの温泉浴が楽しめる(泉質:ナトリウム炭酸水素塩泉・単純硫黄泉)

和室・洋室を備えた温泉旅館。2種類の異なる源泉かけ流し天然温泉があり、露天、内湯ともにリラックスできる。秘湯ならではの趣が味わえる新緑の露天風呂も好評だ。夕食は、旬の素材に心を込め"出来たて"にこだわった、秋田の郷土料理を中心に揃える和洋ビュッフェ。

☎0187-46-2244
所秋田県仙北市田沢湖駒ヶ岳2-1
交JR田沢湖駅から羽後交通バス・乳頭温泉行きで45分、休暇村前下車すぐ
Pあり in15:00 out10:00 室38室
予1泊2食付1万6500円～

日帰りプラン
●日帰り入浴 800円
11:00～17:00

1. 四季折々のブナの森が眺められる露天風呂。周辺の湯めぐりもおすすめ 2. 秋田の郷土料理と旬の素材にこだわった「秋田ふぅ～どビュッフェ」 3. 秋田駒ヶ岳と乳頭山の山麓にあり、キャンプやスキーも楽しめる 4. ゆったりくつろげる客室。窓の外にはブナの森が広がる

温泉郷随一の豊富な湯量最奥に位置する静寂の宿

黒湯温泉
くろゆおんせん

MAP 付録P.19 F-1

1. 旅館のほか、のんびりできる自炊棟もある
2. 山の恵みを贅沢に使った滋味あふれる料理
3. 伝統的な湯治場の雰囲気が残る露天風呂

薫葺き・杉皮葺きの宿舎と湯小屋が穏やかな先達川上流にたたずみ、昔ながらの湯治場の風情を伝える。源泉は敷地内にあり、露天風呂のほか打たせ湯も人気。山里の風景と古き良き雰囲気に心和む素朴な温泉宿だ。

☎0187-46-2214
所秋田県仙北市田沢湖生保内黒湯沢2-1
休11月中旬～4月中旬 交JR田沢湖駅から羽後交通バス・乳頭温泉行きで45分、休暇村前下車、徒歩20分(宿泊の場合は送迎あり、要事前連絡)
室14室 予1泊2食付1万9400円～

日帰りプラン
●日帰り入浴 800円
9:00～16:00(水曜は～11:00、11月中旬～4月中旬は冬季休業)
in14:00 out10:00

渓流のせせらぎを聞きながら浸かれる、風情ある温泉(泉質:単純硫黄泉)

透き通った湯の露天風呂で森林浴と入浴が楽しめる

蟹場温泉
がにばおんせん

MAP 付録P.19 F-1

名物の男女混浴露天風呂は、本館から50mほど先の森林の中にある。乳頭温泉郷のなかでは珍しく透き通ったお湯で、原生林の恵みを感じながらゆったりと湯浴みできる。宿名は、付近に沢ガニが多く棲むことに由来。

☎0187-46-2021
所秋田県仙北市田沢湖田沢先達沢国有林
交JR田沢湖駅から羽後交通バス・乳頭温泉行きで48分、乳頭蟹場温泉下車すぐ
Pあり in14:00 out10:00
室17室 予1泊2食付1万3200円～

日帰りプラン
●日帰り入浴 800円
10:00～16:00(最終受付15:30、不定休)

大自然に身を任せ湯に浸かれる、大きく開放的な露天風呂(泉質:重曹炭酸水素泉)

**懐かしい雰囲気が漂う
木造校舎を改装した宿**

大釜温泉
おおがまおんせん

MAP 付録P.19 F-1

小学校の建築資材を譲り受けて再建
された宿で、外部内部ともに木造校
舎ならではの郷愁を誘う雰囲気があ
る。白濁の露天風呂や内湯、さらに
温泉郷唯一の足湯(無料、夏季のみ)
もあり、旅の疲れを癒やしてくれる。

☎0187-46-2438
所秋田県仙北市田沢湖田沢先達沢国有林
交JR田沢湖駅から羽後交通バス・乳頭温泉
行きで47分、乳頭温泉下車すぐ Pあり
in14:00 out9:30 室15室 予鍋1泊2食付
1万1150円〜(冬季1万1550円〜)

日帰りプラン
●日帰り入浴 600円
9:00〜17:00(最終受付
16:30、不定休)

熱めとぬるめがあ
り、好みの温度を
選べる(泉質:酸性
含ヒ素ナトリウム
塩化物硫酸塩泉)

1.秋田県子吉小学校の資材を利用した建
物には、ノスタルジックな空気が流れる
2.落葉樹に囲まれた露天風呂。素朴な湯小
屋も乳頭温泉郷らしい風情

渓流を望む開放感
抜群の露天風呂
(泉質:マグネシウ
ム・カルシウム硫
酸塩泉、単純泉)

**きめ細かな心遣いと
洗練された美空間が人気**

妙乃湯
たえのゆ

MAP 付録P.19 F-1

新旧を融合させた和モダンの雰囲
気が女性に好評。濁り湯の金の湯
と無色透明な銀の湯、2種類の天然
温泉が楽しめる。料理はきりたん
ぽ鍋をはじめ、旬の地場食材を生
かしたもの。貸切露天風呂あり(宿
泊客は先着順・時間制、日帰り客は
1時間3000円)。

☎0187-46-2740
所秋田県仙北市田沢湖生保内駒ヶ岳2-1
交JR田沢湖駅から羽後交通バス・乳頭温
泉行きで46分、妙乃湯温泉前下車すぐ
Pあり in15:00 out10:00
室17室 予鍋1泊2食付1万8000円〜

日帰りプラン
●日帰り入浴 800円
10:30〜14:00最終受付(火曜休)

1.濁り湯は酸性の泉質で、デトックス作用
が期待できる 2.非日常が楽しめるくつろ
ぎの宿。繊細なもてなしも人気の理由だ
3.ブナの森が眺められる、桜館の和室。
ほかに椿館、紅葉館がある 4.旬の素材
を生かした、目も舌も喜ぶ料理が並ぶ

刻一刻と変わる湖の色に魅了される

田沢湖 <small>たざわこ</small>

辰子姫と八郎太郎の伝説を宿し、今も愛と美のパワースポットとして信仰を集める。透明度の高い水をたたえた深い湖の青は変化に富んで美しく、一見の価値あり。

田沢湖●歩く・観る

伝説の美女の足跡をたどる

ブルーに輝く
神秘の湖畔へ

永遠の若さと美しさを願い、龍と化して田沢湖の主となった辰子姫と、十和田湖の主・八郎太郎のロマンスが伝えられるミステリアスな湖を巡る。

⤴青のグラデーションが美しく、日本百景にも数えられる景勝の湖

田沢湖
<small>たざわこ</small>
MAP 付録P.19 E-3

国内で最も深い
日本のバイカル湖

最深部は423.4mと日本一、世界でも17番目の深さ。1〜2月の平均気温は氷点下になるが、その深さのため冬でも凍らず、浅瀬から中央部へとグラデーションをなす青の美しさは、瑠璃色と称される。金箔漆塗りで仕上げられた黄金のたつこ像はこの湖のシンボル的存在だ。

注目ポイント

田沢湖の象徴 たつこ像
辰子が沐浴するさまをモチーフにしたとされるたつこ像。岩手県出身の舟越保武氏により昭和43年(1968)に完成。
MAP 付録P.19 D-4

☎0187-43-2111(仙北市田沢湖観光情報センター「フォレイク」)
所秋田県仙北市田沢湖潟鋳潟
交潟尻(たつこ像最寄り)／田沢湖畔バス停からすぐ

鏡石
<small>かがみいし</small>
MAP 付録P.19 E-3

美を求める辰子が
自身を映した石

辰子姫がまだ人であった頃、この石に自分を映して髪を結ったり、化粧をしたりしたという。中央部の六角形が印象的。冬季にはこのあたりは通行止めになるので注意。

所秋田県仙北市西木町桧木内相内潟
開見学自由 交御座の石神社前バス停から徒歩15分 Pあり

仙北市田沢湖観光情報センター「フォレイク」 ☎0187-43-2111
所秋田県仙北市田沢湖生保内男坂68 開8:30〜17:15 休無休 交JR田沢湖駅構内

↑田沢湖周辺でも屈指のパワースポット

御座石神社
ござのいしじんじゃ

MAP 付録P.19 E-3

主祭神は龍子姫神(辰子姫)
ご利益は美貌と不老長寿

湖畔に立つ鮮やかな朱の鳥居は田沢湖のシンボル。秋田藩主・佐竹義隆公が湖畔の石に腰掛けたことに由来し、御座石神社の名がついた。

☎0187-48-2630(冬季は0187-53-2376)
⊕秋田県仙北市西木町桧木内相内潟1
營休料参拝自由 ⊗御座の石神社前バス停から徒歩1分 ⊕あり

街歩きのポイント

たつこ像などの観光スポットはJR田沢湖駅から離れたところにある。駅前から出る羽後交通バス・田沢湖一周線を利用しよう。
※主なバス停のみ抜粋

田沢湖一周線 路線図

田沢湖駅前 ← 田沢湖畔 ← 潟尻 ← 御座の石神社前

↑八郎太郎がここから湖に入ったとされる

浮木神社
うききじんじゃ

MAP 付録P.19 D-4

八郎太郎と辰子姫由来の場
恋愛成就のパワースポット

浮木神社の名は、漂着した大木を祀っていることに由来。別名、漢槎宮、潟尻明神とも呼ばれる。夫婦円満や良縁のご利益で知られる。

☎0187-43-2111(仙北市田沢湖観光情報センター「フォレイク」) ⊕秋田県仙北市田沢湖潟一の渡226
營休料参拝自由 ⊗潟尻バス停から徒歩3分 ⊕なし

湖上のさわやかクルーズ体験

ペルシャンブルーの湖面と辰子姫の伝説に彩られる、水深日本一の湖・田沢湖。船内でその辰子姫伝説を聞きながら周遊し、名勝・御座石神社やたつこ像が見られる。デッキでのたつこ像とのツーショット撮影がおすすめ。

田沢湖遊覧船
たざわこゆうらんせん

MAP 付録P.19 F-3

☎0187-43-0274 ⊕秋田県仙北市田沢湖田沢春山148 營4月26日〜11月5日 1日4便
休荒天時 料湖一周1400円 ⊗田沢湖畔バス停から徒歩1分 ⊕あり

立ち寄りスポット

湖畔の杜レストラン ORAE
こはんのもりレストラン オラエ

地元でとれた旬の野菜を生かした料理と自家製ビールが味わえる。シンボルツリーである樹齢約300年のナラの木が見守る、気配りに満ちた居心地のよいお店だ。

MAP 付録P.19 F-3

☎0187-58-0608 ⊕秋田県仙北市田沢湖田沢春山37-5 營11:00〜19:00(LO) ※季節や曜日により変動、要問い合わせ 休不定休 ⊗蓬莱の松バス停から徒歩1分／公園入口バス停から徒歩10分 ⊕あり

↑眼前に田沢湖。ナラ材の家具も素敵だ

↑季節のワンプレート

ブルーに輝く神秘の湖畔へ

田沢湖の美しい瑠璃色を
どこよりも近くに感じられる空間

田沢湖
ローズパークホテル

たざわこローズパークホテル

MAP 付録P.19 D-4

「たつこ像」のすぐ近くに立地し、客室やレストランから瑠璃色に輝く田沢湖を目の前に望むことができる。ホテルを拠点にSUPやカヤックなどアクティビティを楽しむことも（プラン詳細は要問い合わせ）。隣接する「ローズショップ」はおみやげ探しにぴったり。

☎0187-47-2211
所秋田県仙北市西木町西明寺潟尻78
交潟尻バス停から徒歩3分
P80台 in15:00 out12:00 室38室
料1泊2食付2万2000円〜

1. 客室は3タイプあり、どの部屋からも湖面の向こうに雄大な秋田駒ヶ岳を見渡せる。写真はレギュラーフロア
2. 隣接の「田沢湖バラ園」には世界中の品種から集めた350種1500本が植えられ、夏季・秋季にそれぞれ見頃を迎える
3. ディナーは秋田の食材を使用したフレンチコースで旬を楽しめる

レイクビューに憩う特別な時間

田沢湖畔で
絶景リゾートステイ

湖畔に建つホテルは観光に便利なのはもちろん、
露天風呂や食事などリゾート気分も満喫できるのが魅力。

大正ロマンの香る
天然温泉を満喫できる宿

湖畔浪漫の宿
かたくりの花

こはんろまんのやど かたくりのはな

MAP 付録P.19 F-3

どこか懐かしさを感じさせる大正ロマンあふれる空間と、田沢湖を望む絶好のロケーションが癒やしの時間を演出してくれる。各客室や、宿泊客は無料で利用できる貸切展望風呂からは田沢湖を一望。きりたんぽや山菜など、旬の味を堪能できる秋田の郷土料理も魅力。

☎0187-43-1200
所秋田県仙北市田沢湖田沢春山197
休1月〜4月上旬
交公園入口バス停から徒歩5分
P30台
in15時 out10時 室14室
料1泊2食付1万8680円〜

1. 秋田の伝統工芸品・曲げわっぱを器に使用した食事を用意
2. 湖畔のリゾートを感じさせるロビー
3. 石造りの風情ある露天風呂
4. 和モダンのテイストを取り入れた部屋は、和室・和洋室から選べる

日帰りプラン
●日帰り入浴 700円
10:00〜14:00（1月〜4月上旬は冬季休業）

盛岡・遠野

岩手山に見守られ、北上川が
ゆったりと流れる岩手の中心都市。
周辺には小岩井農場や
八幡平といった雄大な自然が残る。
宮沢賢治のふるさと花巻や
民話の里・遠野など、
時間を忘れてのどかな街を歩く。

多くの文人に
愛された
水と緑の都

エリアと観光のポイント
盛岡・遠野はこんなところです

日本近代文学を代表する作家が若き日を過ごした盛岡。
岩手の中心から足のばして、海山の景勝地や東北の文化が根付く街を目指す。

先人の足跡が残る、森と水に彩られた古都

盛岡
もりおか

➡ P.102

岩手県の県庁所在地として、また東北地方有数の中核都市として栄える盛岡市。岩手山を望む街には清らかな川が流れ、豊かな景観が広がっている。盛岡は石川啄木・宮沢賢治が青春期を過ごした地であり、ほかにも多くの偉人を輩出したことで知られ、各地で彼らの足跡にふれることができる。また戦災を免れたことから明治期の重要建築も残っており、閑静な街にノスタルジックな雰囲気を添えている。

観光のポイント 啄木・賢治を偲ぶ 数々のスポットを巡りたい

↑いーはとーぶアベニュー材木町には、宮沢賢治作品にちなんだ石像が並ぶ

◎東京駅で有名な辰野金吾が設計した岩手銀行赤レンガ館（写真提供：岩手銀行）

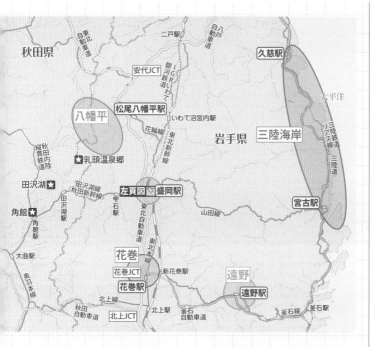

エリア間の移動手段

東京駅から盛岡駅までは新幹線で約2時間15分。盛岡駅から花巻駅までは東北本線で約40分、新花巻駅までは東北新幹線で約11分、快速はまゆりで約40分。花巻駅と新花巻駅は釜石線が結んでおり、10分程度。新花巻駅から遠野駅は約45分～1時間。

周辺エリアとのアクセス

鉄道

JR盛岡駅

JR東北本線で40分 / 快速で30分 → **JR花巻駅**

東北新幹線で35分 IGRいわて銀河鉄道で1時間50分 → **JR八戸駅**

JR釜石線で1時間～1時間20分 / 快速で50分 → **JR遠野駅**

JR八戸線で1時間40分～2時間 → **JR久慈駅**

三陸鉄道リアス線で1時間35分～1時間50分 → **JR宮古駅**

バス

JR盛岡駅

岩手県北バスで1時間55分 → **八幡平頂上**

岩手県北バスなどで1時間35分～2時間10分 → **JR宮古駅**

車

盛岡

東北自動車道経由で40分/40km → **花巻**

東北自動車道、県道45・23号経由で1時間10分/60km → **八幡平**

東北自動車道、釜石道経由で1時間20分/80km → **遠野**

釜石自動車道経由で50分/50km

国道106号経由で1時間40分/88km → **JR宮古駅**

国道340・106号経由で1時間25分/67km

東北自動車道、八戸道国道4・281経由で2時間/135km → **JR久慈駅**

国道4・281経由で2時間20分/115km

三陸道経由で1時間15分/77km

盛岡・遠野はこんなところです

山々が織りなす大自然のオアシス

八幡平
はちまんたい

➡ **P.144**

岩手・秋田県にまたがる台地状火山帯。アスピーテライン、樹海ラインからは壮大な景色を眺めることができ、ドライブに最適。温泉施設やスキー場など遊びのスポットも充実している。

観光のポイント トレッキング、スキーと楽しみ方は自在

宮沢賢治が愛した故郷

花巻
はなまき

➡ **P.140**

賢治の出身地で、宮沢賢治記念館、ポランの広場などゆかりの観光地が点在。また花巻まつり、早池峰神楽など伝統の祭りも多い。さらにバラエティに富んだ宿が並ぶ花巻温泉郷も人気。

観光のポイント 花巻駅と新花巻駅周辺に見どころが集中

息づく日本の原風景

遠野
とおの

➡ **P.134**

日本民俗学の父・柳田國男の『遠野物語』で有名。のどかな自然と古代から受け継ぐ伝承の数々が、今も息づいている。博物館や伝承園など、『遠野物語』や昔の暮らしを学べる施設も多い。

観光のポイント バスやレンタサイクルで、田園風景を楽しもう

東北を代表する名勝

三陸海岸
さんりくかいがん

➡ **P.150**

青森県から宮城県にまたがるリアス海岸。岩手県の陸中海岸エリアを代表するのが白い流紋岩でできた浄土ヶ浜で、海水浴や磯遊びが楽しめる。また島を巡る観光船も運航している。

観光のポイント 三陸鉄道の利用やドライブがおすすめ

問い合わせ先

観光案内
盛岡観光コンベンション協会 ☎019-604-3305
八幡平市観光協会 ☎0195-78-3500
遠野市観光協会(旅の蔵 遠野)
　　　　　　　　　☎0198-62-1333
花巻観光協会 ☎0198-29-4522
久慈市観光物産協会 ☎0194-66-9200
交通
岩手県交通 ☎019-654-2141
岩手県北バス ☎019-641-1212

盛岡
もりおか

雄大な岩手山が見守る盛岡は、かつて石川啄木と宮沢賢治が過ごした土地。2人の面影を探しつつ、ゆかりの地を巡りたい。

市中心部から岩手山を望む。森と清らかな水に恵まれた、自然豊かな街

歴史と自然、文化が融合
美しき景観が広がる中核都市

　岩手山の裾野に広がる盛岡は、森の恵みと海の恵みの交易拠点で栄えた地。南部氏により盛岡藩が誕生し城下町として発展を遂げた。

　岩手県の県庁所在地で、街には城下町の風情が残り穏やかな品格が漂う。岩手銀行赤レンガ館をはじめ、もりおか啄木・賢治青春館、旧盛岡高等農林学校本館など明治期の建築物が現存するのも特徴だ。また、この地は石川啄木、宮沢賢治といった数多くの偉人を育てたことでも有名。偉人たちの足跡をたどり、山々と澄んだ川を眺めながら自然に恵まれた街の散策を楽しみたい。

（ お役立ちinformation ）

盛岡エリア内の移動手段

●徒歩
じっくり街を楽しみたいなら徒歩がおすすめ。駅から中津川沿いのスポットまで歩いて30分程度。
●循環バス
効率よくまわりたいなら、観光スポットの近くにバス停がある循環バス「でんでんむし」が便利。
●レンタサイクル
FPホーム's自転車駐車場
☎019-622-0972　㊟岩手県盛岡市盛岡駅前通11-11　㊟6:00〜21:00(12月30日は16:00までに要返却)　㊟無休　㊟1日200円
㊟JR盛岡駅から徒歩5分　㊟なし

観光案内所

●いわて・盛岡広域観光センター
JR盛岡駅2階、南口改札そばにある。各種パンフレットを揃え、イベント情報なども提供する。
☎019-625-2090　㊟岩手県盛岡市盛岡駅前通1-48 JR盛岡駅2F　㊟9:00〜17:30
㊟12月30日〜1月3日　㊟JR盛岡駅構内

観光スポットを巡る便利なバス
盛岡中心市街地循環バス
でんでんむし

もりおかちゅうしんしがいちじゅんかんバス でんでんむし

盛岡駅を起終点に、主な観光スポット近くに停まる便利なバス。右回りと左回りがあり、運賃はどこから乗っても1乗車130円(子供70円)。

☎019-654-2141(岩手県交通)
㊟9:00〜16:05　㊟1回130円(子供70円)、1日フリー乗車券350円(子供180円)

散策のポイント

盛岡を代表する啄木や賢治にゆかりのあるスポットは外せない。2人の青春期を追ってみよう

趣ある街並みをのんびりと歩いて。心癒やされる盛岡城跡公園や数々の美術館などもおすすめ

盛岡で文才を開花させた2人の詩人
啄木・賢治が歩いた若き日の盛岡

年齢差10歳の啄木と賢治。明治から大正にかけ、それぞれ青年期を盛岡の街で過ごした。

⤷桜の名所として知られる、賢治の母校・岩手大学（旧盛岡高等農林学校）。旧校舎である農業教育資料館は、国の重要文化財に指定されている

故郷を愛したさすらいの歌人
短い生涯で盛岡を思う数多くの歌を残す

岩手県南岩手郡日戸村（現在の盛岡市日戸）で生まれた石川啄木。神童と呼ばれた秀才で、進学する者が少なかった時代にあって盛岡高等小学校、盛岡尋常中学校に進学、青春時代をこの地で過ごした。文学で身を立てる決意をし、16歳で上京するも体をこわし帰郷。19歳で堀合節子と結婚、しかし住職であった父が宗門から追われたことで一家は困窮を極める。生活のために北海道をさすらうも、文学を志し再び上京。24歳のとき歌集『一握の砂』を出版。「不来方のお城の草に寝ころびて 空に吸はれし 十五の心」や「ふるさとの山に向ひて 言ふことなし ふるさとの山はありがたきかな」など、多くの望郷の歌を残している。

⤷青年期の啄木（明治41年秋）

⤷処女歌集、『一握の砂』の初版本。啄木の歌を世に知らしめた一冊

（資料提供：石川啄木記念館）

自然の尊さと世界の平和を願う
賢治にとって岩手は永遠の理想郷

現・花巻市の商家に生まれた宮沢賢治は啄木の11年後輩として盛岡尋常中学校に進学。その後盛岡高等農林学校（現・岩手大学農学部）に首席で入学し、充実した学生時代を過ごした。当時から文学に親しみ、19歳で同人誌『アザリア』を発行。28歳のときには農林学校の後輩である及川四郎氏が興した出版社、東北農業薬剤研究所（現・光原社）から童話集『注文の多い料理店』を出版している。

⤷光原社にある、「注文の多い料理店出版の地」と彫られた碑

啄木・賢治を紹介するスポット

明治〜大正期の激動の時代を盛岡で生きた啄木と賢治。その生涯と功績を深く知るスポットへ。

もりおか啄木・賢治青春館

もりおかたくぼく・けんじせいしゅんかん
盛岡城跡周辺 **MAP** 付録P.23 E-3

この街で青春期を過ごした
偉人の人生を紹介

啄木と賢治の青春や文学、そして盛岡の街について、展示品や上映を交え紹介。建物は、明治43年（1910）竣工の旧第九十銀行で国指定重要文化財。「喫茶あこがれ」やミュージアムショップも併設している。

⤷ロマネスク様式の優雅な建物が古都に溶け込む

⤷ショップではオリジナルグッズも購入できる

☎019-604-8900
所岩手県盛岡市中ノ橋通1-1-25
開10:00〜18:00（入館は〜17:30）
休第2火曜 料無料 交盛岡バスセンターバス停から徒歩3分 Pなし

⤷啄木の詩集に由来する店名の、喫茶あこがれ

啄木新婚の家

たくぼくしんこんのいえ
材木町周辺 **MAP** 付録P.22 B-1

随筆『我が四畳半』の舞台であり
新妻と父母、妹と暮らした質素な家

啄木と妻の節子がわずか3週間の新婚生活を送った家。ほぼ当時のまま保存され、結婚式を挙げた部屋のほか、啄木直筆の書や節子愛用の琴などが残る。

☎019-624-2193
所岩手県盛岡市中央通3-17-18 開9:00〜17:00 12〜3月 10:00〜16:00
休火曜 12〜3月火〜木曜 料無料
交啄木新婚の家口バス停からすぐ Pなし

⤷かつては茅葺き屋根だったというつましい建物

偉人の足跡をたどる文学散歩

啄木・賢治の
思い出の場所へ

若き啄木と賢治が訪れた場所、その目に映った景色とは。
愛すべき文人に思いを馳せつつ、盛岡の街を歩く。

⬆材木町界隈。町名はかつてこの周辺に材木商が多かったことに由来

⬇4〜11月の土曜の夕方には、露店が立ち並ぶ賑やかな「よ市」も開催される

賢治の世界が感じられるモニュメントに出会う

いーはとーぶアベニュー材木町
いーはとーぶあべにゅーざいもくちょう

材木町周辺 MAP 付録P.22 A-1

宮沢賢治ゆかりの光原社(P.106)がある材木町のメインストリート。銀河系をイメージした「星座」や賢治作曲の歌が流れる「音座」など6つのモニュメントがあり、賢治の世界に浸ることができる。

⬆賢治が石に腰掛けている「石座」という彫刻も

啄木や賢治も歩いた
石垣の残る美しい公園

盛岡城跡公園
もりおかじょうあとこうえん

盛岡城跡周辺 MAP 付録P.23 D-3

盛岡藩の盛岡城跡を明治期に整備した公園。花崗岩の見事な石垣が当時の面影を残す。園内には「不来方の」で始まる啄木の歌を刻んだ歌碑や、賢治の詩碑がある。

☎019-681-0722
(NPO法人 緑の相談室)
🏠岩手県盛岡市内丸1-37
🕐見学料 見学自由
🚌盛岡城跡公園バス停からすぐ
Ⓟなし

⬆近くに旧制盛岡中学があり、啄木や賢治が学校帰りによくここに散歩に訪れていたという

歴史建築も訪れたい

岩手銀行赤レンガ館
いわてぎんこうあかレンガかん

明治44年(1911)竣工の歴史ある建物。一部を開館当時の内装に復元しており、貴重な歴史遺産にふれられる。

中ノ橋 MAP 付録P.23 E-3　　写真提供:岩手銀行

☎019-622-1236 🏠岩手県盛岡市中ノ橋通1-2-20
🕐10:00〜17:00(入館は〜16:30) 🚫火曜
💴300円、小・中学生100円(有料ゾーン)
🚌盛岡バスセンターバス停から徒歩1分 Ⓟなし

紺屋町番屋
こんやちょうばんや

大正2年(1913)建築の旧消防屯所。市の景観重要建造物で、現在はカフェ&雑貨販売を営業中。

紺屋町 MAP 付録P.23 E-2

☎019-625-6002 🏠岩手県盛岡市紺屋町4-34 🕐10:00〜17:00(カフェLO16:30) 🚫月曜(祝日の場合は翌日)
🚌県庁・市役所前バス停から徒歩4分 Ⓟなし

循環バスでんでんむし
右回りルート
左回りルート

盛岡天満宮 卍

中央局 ⊕
中央通2
中央通り
メディカルセンター前
中央通1

岩手医科大
医大内丸
⊕ 岩手医大附属病院
⊕ 地方裁判所
⊕ 岩手県庁
石割桜

上の橋
⊕ 上の橋
上の橋町

若園町

本町通1

大通商店街

県庁・市役所前
⊗ 岩手県
警察本部
東北厚生局
内丸緑地
内丸局 ⊗

県民会館
公会堂
盛岡市役所
与の字橋

★ 深沢紅子
野の花美術館 P.107
★ 紺屋町番屋 P.104

Ⓢ ござ九 森九商店
P.105

★ 岩手銀行
赤レンガ館
P.104

盛岡バスセンター
（神明町）

菜園川徳前
SCカワトク
Ⓢ かわとく壱番館
P.105

⊕ 桜山神社
P.132 もりおか
歴史文化館 ★
★ 盛岡城跡公園

盛岡バスセンター

中の橋

N
0   200m

★ もりおか啄木・賢治青春館
P.103

啄木の歌に出会える小径

啄木であい道
たくぼくであいみち

開運橋から旭橋まで、北上川の西岸に続く散歩道。「今日もまた胸に痛みあり死ぬならば ふるさとに行きて死なむと思ふ」といった啄木の歌をはじめ、妻の節子などゆかりのある人々の歌碑が立つ。

MAP 付録P.22 A-2
㊟ 岩手県盛岡市盛岡駅前通11-11　㊟ JR盛岡駅から徒歩5分　Ⓟなし

啄木・賢治の思い出の場所へ

↑ 菅原道真（すがわらのみちざね）公を祀る。緑に囲まれた、落ち着きある境内

啄木が散策に訪れた丘の上に鎮座する神社

盛岡天満宮
もりおかてんまんぐう

市街東部 **MAP** 付録P.21 E-2

盛岡市新庄の小高い丘にある。啄木がしばしば散策に訪れた地で、小説にも登場する狛犬の台座には、啄木の歌が刻まれている。

↑ 小説『葬列』に登場する狛犬のモデルとされる、どこか愛嬌のある顔
☎019-622-4023
㊟岩手県盛岡市新庄町5-43
㊟参拝自由　㊟JR盛岡駅から岩手交通バス・水道橋行きで、天満宮前下車、徒歩7分　Ⓟあり

散策途中のおすすめスポット

ござ九 森九商店
ござくもりくしょうてん

紺屋町 **MAP** 付録P.23 E-3

江戸末期から明治期の風情ある建物で、懐かしくてほっこりする生活用品などを販売。

↑レトロな針山から人気の竹細工の籠など多数並ぶ

☎019-622-7129　㊟岩手県盛岡市紺屋町1-31　㊟日曜　㊟盛岡バスセンターバス停から徒歩5分　Ⓟ8:30～17:30

福田パン 長田町本店
ふくだパンながたちょうほんてん

材木町周辺 **MAP** 付録P.22 B-1

盛岡のソウルフード。50種類以上の具材から選べる、ふかふかのコッペパンが人気。

↑不動の人気ナンバーワンを誇る、あんバター176円

☎019-622-5896　㊟岩手県盛岡市長田町12-11　㊟7:00～16:00　㊟火曜　㊟啄木新婚の家口バス停から徒歩5分　Ⓟあり

かわとく壱番館
かわとくいちばんかん

大通・菜園周辺 **MAP** 付録P.22 C-3

幅広い種類の民工芸品や地域名産を揃える。おみやげにも自分用にもぴったり。

☎019-651-1111　㊟岩手県盛岡市菜園1-10-1　㊟10:00～19:00　㊟不定休　㊟JR盛岡駅から徒歩14分／菜園川徳前バス停すぐ　Ⓟあり

↑南部鉄偶
2530円

童話の金字塔を世に送り出した出版社

『注文の多い料理店』は ここで生まれた

宮沢賢治が生前に唯一出版した童話集『注文の多い料理店』。
その出版元として知られる光原社を訪ねてみよう。

光原社

こうげんしゃ

材木町周辺 **MAP** 付録P.22 A-1

**かつての出版社は現在工芸品店
童話の世界のような中庭を散策**

白い壁に瓦屋根の風情ある外観。店内に入ると、全国から集められた手仕事の民芸品が美しく並ぶ。どれもすぐに手になじむ、温かみのあるものばかり。中庭には喫茶店や資料館、外国の民芸品を扱う店などが建ち、『注文の多い料理店』の出版記念碑もある。

☎019-622-2894 ㉠岩手県盛岡市材木町2-18
⏰10:00〜18:00(冬季は〜17:30)
㉁毎月15日(土・日曜、祝日の場合は翌日)
🚉JR盛岡駅から徒歩10分 Ｐなし

旧知の仲が生んだ、至極の名作 『注文の多い料理店』

宮沢賢治と光原社創業者の及川四郎氏は、盛岡高等農林学校の1年先輩・後輩という間柄。もとは農学校の教科書出版や肥料の製造を行う会社だったが、尊敬する賢治に原稿を預けられ童話の出版に至った。当時の社名「東北農業薬剤研究所」を賢治の命名により「光原社」に変えたという。

光原社のグルメ&ショッピングスポット

ゆっくりと時を刻む喫茶店と、素朴で味わい深い商品が並ぶ別館へ。

カフェ 豊かな香りのコーヒーとくるみクッキーがおすすめ

光原社 可否館

こうげんしゃこーひーかん

MAP 付録P.22 A-1

漆塗りのテーブルに民芸品の家具、振り子時計が印象的なカフェ。ハンドドリップで1杯ずつていねいに淹れるコーヒーが味わい深い。

㉠光原社敷地内
⏰10:00〜1700(LO16:30)
㉁光原社に準ずる

↑50年余の歴史を重ねた店内は、凛とした雰囲気

↑珈琲550円と、名物のくるみクッキー190円。器にも注目したい

ショップ 光原社の向かいに建つ別館

モーリオ

MAP 付録P.22 A-1

東北の職人による工芸品を中心に、ぬくもりある手仕事の品が揃う。やさしい味のクッキーやジャムなど、おみやげにぴったりの商品も人気。

☎019-624-0008
㉠岩手県盛岡市材木町3-11
⏰光原社に準ずる

↑職人の手による南部鉄器や手作りの籠が並ぶ

↑↑くるみクッキー10個入り2080円(上)、みそかりんとう450円(右)

盛岡が生んだ美と知にふれる

美術、芸術、政治、文化など、さまざまなジャンルで盛岡は偉大な人材を輩出している。
人々の功績にふれられる美術館や記念館では、彼らを育んだ盛岡の風土も感じることができる。

深沢紅子 野の花美術館

ふかざわこうこ ののはなびじゅつかん

紺屋町 **MAP** 付録P.23 E-2

川沿いに建つ小さな美術館
愛情に満ちた花の絵画を展示

盛岡市出身の洋画家・深沢紅子の水彩画や油絵を展示。大地に根付く花々を温かい目線で見つめ描いた作品には、女性ファンも多い。おみやげに最適なグッズも販売。

↑清楚な街並みになじむ、白い蔵のような美術館。川沿いの散策も楽しい

☎019-625-6541 ㊟岩手県盛岡市紺屋町4-8 ㊗10:00～17:00
㊡月曜(祝日の場合は翌日) ㊎500円
㊟県庁・市役所前バス停から徒歩4分 ㊟なし

↑季節ごとに展示品を入れ替え。中津川を眺めながら安らげる喫茶コーナーも併設している

岩手県立美術館

いわてけんりつびじゅつかん

市街南西部 **MAP** 付録P.20 B-3

郷土出身の美術家たちの
作品をコレクション

萬鐵五郎、松本竣介、舟越保武、堀江尚志など、岩手出身の美術家たちの作品を中心に収蔵・展示。また現在活躍中のゆかりの美術家の絵画や彫刻も展示している。

↑広々とした開放的な美術館でリラックスできる

☎019-658-1711 ㊟岩手県盛岡市本宮松幅12-3
㊗9:30～18:00(入館は～17:30) ㊡月曜(祝日の場合は開館、翌平日休) ㊎450円、学生340円 ㊟JR盛岡駅から岩手県交通バス・盛南ループ(左回り)で13分、県立美術館前下車すぐ ㊟あり

↑↑ゆとりのある展示スペースでじっくりと鑑賞できる。企画展やワークショップ、コンサートなども開催

盛岡市先人記念館

もりおかしせんじんきねんかん

市街南西部 **MAP** 付録P.20 C-3

優れた先人を偲ぶとともに
盛岡の豊かな精神文化を学ぶ

新渡戸稲造や米内光政、金田一京助など、明治時代以降に活躍した盛岡ゆかりの先人130人を紹介。偉人たちの生涯を深く知ることで、新たな一面を発見することができる。

☎019-659-3338
㊟岩手県盛岡市本宮蛇屋敷2-2 ㊗9:00～17:00(入館は～16:30) ㊡月曜(祝日の場合は翌日)、毎月最終火曜 ㊎300円、高校生200円、小・中学生100円 ㊟JR盛岡駅から岩手県交通バス・盛南ループ(左回り)で13分、県立美術館前下車、徒歩5分 ㊟あり

↑政治、学術、文芸まで、幅広いジャンルで活躍した人々を紹介

↑緑多き盛岡の自然と融合する、書院風の記念館

↑先人たちの偉大な功績や足跡を知ることができる

南昌荘

なんしょうそう

市街南部 **MAP** 付録P.23 D-4

趣のある庭園をゆるりと歩き
邸宅で抹茶を楽しむ贅沢時間

明治18年(1885)頃、盛岡出身の実業家・瀬川安五郎が建造した邸宅。とりわけ庭園は岩手でも数少ない歴史的名園といわれ、国の登録記念物に登録されている。

☎019-604-6633
㊟岩手県盛岡市清水町13-46 ㊗10:00～17:00(12～3月は～16:00) ㊡月・火曜(月曜が祝日の場合は開館) ㊎300円、小・中学生150円 ㊟JR盛岡駅から岩手県交通バス・水道橋行きで7分、下ノ橋町下車、徒歩5分 ㊟あり

↑約3600㎡の敷地内にある邸宅と庭園を散策しよう

↑庭にぐるりと面した縁側から手入れの行き届いた庭園を眺める

↑庭園内にある池に映り込む、四季折々の景色も見事

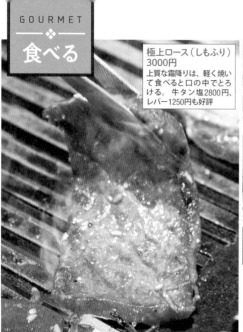

極上ロース（しもふり）
3000円
上質な霜降りは、軽く焼い
て食べると口の中でとろ
ける。牛タン塩2800円、
レバー1250円も好評

⬆焼き肉のお供にはぜひ、カク
テキやオイキムチ、マッコリを

⬆テーブル席や座敷広間のほか、
2〜6名用の個室もある

予約	可
予算	Ⓛ 1000円〜 Ⓓ 3000円〜

盛楼閣冷麺 1000円
スープ、麺、キムチが絶妙
なバランスで織りなす三位
一体のうまさが人気の秘密

盛岡駅から歩いてすぐ
最上級黒毛和牛をさらに厳選

盛楼閣
せいろうかく

盛岡駅周辺 **MAP** 付録P.22 A-2

「おいしい焼き肉」をとことん追求。
最上級の黒毛和牛からさらに肉質を
見極め、ていねいな仕込みを施した
うえで、注文を受けてから味付けし
ている。個室も備えた店内は広々と
開放的。盛岡駅の目の前という絶好
の立地も魅力だ。

☎019-654-8752
🏠岩手県盛岡市盛岡駅前通15-5 ワールドイ
ンGENプラザ2F　🕐11:00〜24:00
🈺無休　🚉JR盛岡駅から徒歩1分　🅿なし

盛岡●食べる

盛岡を代表する王道グルメに舌鼓

焼き肉×冷麺で乾杯!

盛岡に来たらまずいただきたいのが焼き肉と冷麺。
肉汁したたる和牛焼き肉を食したあとは、盛岡冷麺でさっぱりと。

「盛岡冷麺」のこと

食道園の初代店主が故郷・咸
興の冷麺をヒントに開発した
とされ、コシの強い麺と牛骨
だしのスープ、キムチのトッ
ピングが基本。わんこそば、
じゃじゃ麺と並び「盛岡の三
大麺」と称される。

コシのある手練り麺
名物メニューもチェック

大同苑 盛岡総本店
だいどうえん もりおかそうほんてん

大通・菜園周辺 **MAP** 付録P.22 C-3

前沢牛と仙台牛の店であり、厳選し
た和牛などを提供。ネギをタンで包
み小ネギで結んだネギタン塩のほか、
薄切り、厚切りの2種類を用意した幻
ロースがおすすめ。人気の冷麺は、
注文を受けてから手練りで麺を仕上
げるこだわりの一杯。

☎019-654-5588
🏠岩手県盛岡市菜園2-6-19
🕐11:00〜22:00(LO21:30)　🈺不定休
🚏柳新道バス停から徒歩1分　🅿あり

予約	可
予算	Ⓛ 1000円〜 Ⓓ 5000円〜

⬆高級感漂うが、平日限定のランチセットや、みやげ用の焼肉弁当も用意

幻ロース（手前）2904円
きめ細かなサシが美しい。冷
麺、坦坦冷麺各1089円も一食
の価値あり

ネギタン塩（左奥）
2700円
数量限定の名物メニュー。
ほおばったときにさわやか
に広がるネギの甘さとやわ
らかなタンの相性が絶妙

盛岡冷麺を広めた有名店
本格韓国料理も充実

ぴょんぴょん舎 盛岡駅前店
ぴょんぴょんしゃ もりおかえきまえてん

ハーフ&ハーフ スペシャルランチ
1540円(平日ランチ限定)
盛岡冷麺と、ビビンバや名物のチヂミなどの韓国めしが味わえるお得なメニュー

盛岡駅周辺 **MAP** 付録P.22 A-2

盛岡冷麺のオーソリティとして全国的な人気を誇る店。岩手県産和牛の焼き肉メニューのほか、じゅうじゅうと音を立てて登場する石焼きビビンバなどアツアツの韓国料理も揃う。自社製造の生マッコリはフレッシュなおいしさ。

↑座席数250席の店内は広々。車いす用トイレもある

☎019-606-1067
⌂岩手県盛岡市盛岡駅前通9-3
🕐11:00〜23:00(LO22:00) 休無休
🚉JR盛岡駅から徒歩2分 Pあり
(3000円以上の食事で1時間無料)

予約	可
予算	L 1000円〜 D 2000円〜

岩手三昧 4130円
岩手の野趣あふれる大地で育った前沢牛、いわて短角牛、雫石牛の3銘柄に舌鼓を打つ!
※2024年から価格変動予定

盛岡冷麺発祥の店
卵で食べる焼き肉も名物

食道園
しょくどうえん

予約	望ましい
予算	L 950円〜 D 2000円〜

↑テーブル席と小上がりがある

大通・菜園周辺 **MAP** 付録P.23 D-2

昭和29年(1954)創業。初代店主が故郷の朝鮮半島北部・咸興の味を再現した冷麺が、盛岡冷麺のルーツ。コシのある麺は口に入れた瞬間の弾力と喉を通るときのなめらかさが秀逸。発酵したキムチの酸味も魅惑的。

冷麺 1000円
牛の旨みが詰まった醤油ベースのスープと麺は相性抜群。キムチは「別辛」注文可

☎019-651-4590
⌂岩手県盛岡市大通1-8-2
🕐11:30〜15:00 17:00〜23:00
(LOは各10分前) 休第1・3火曜
🚉JR盛岡駅から徒歩15分／中央通一丁目バス停から徒歩2分
Pなし

タン塩(手前)1500円
すき焼のように溶き卵にくぐらせて味わう上ロース1950円とカルビ1300円も人気

肉屋ならではの質と値段
定食メニューも豊富

肉の米内
にくのよない

予約	可(土・日曜、 祝日は不可)
予算	L 1000円〜 D 2500円〜

カルビ定食 1400円
ライス、ワカメスープ、ナムル、キムチが付く。ランチタイムはなんと、1250円で味わえる

紺屋町 **MAP** 付録P.23 F-2

肉屋直営の前沢牛指定店で、夜遅くまで定食を提供しているのも人気の理由。秘伝のタレと生卵を絡めていただく「カルビ定食」がイチオシだ。焼き肉はとろりとやわらかく、霜降りの脂身もバターのようにコクがあって美味。

自家製冷麺 900円
麺、スープ、キムチ、味付け肉まですべて手作り。白ゴマもたっぷりで香ばしい

☎019-624-2967
⌂岩手県盛岡市紺屋町5-16 🕐11:30〜
14:30 17:00〜22:00(LO) 休第2・4木曜
🚉上の橋バス停から徒歩1分 Pあり

↑精肉店に併設。新鮮で上質な肉を堪能できる

焼き肉×冷麺で乾杯!

さあ、何杯食べられる？
わんこそば
南部地方の伝統行事、「そば振る舞い」が原形。岩手ならではのおもてなしの心を感じたい。

わんこそば 3900円〜
「はい、じゃんじゃん」という給仕のかけ声とともに一口分のそばが椀の中にテンポよく投入される

伝統の味とたたずまいも魅力

東家本店
あずまやほんてん
中ノ橋 **MAP** 付録P.23 F-3

明治40年（1907）創業。盛岡でも指折りの老舗そば店として知られる。わんこそばを100杯以上食べるともらえる記念の手形が人気。二重にのったトンカツにだしの風味が香る特製カツ丼も名物。

☎ 0120-733-130
🏠岩手県盛岡市中ノ橋通1-8-3
🕐11:00〜15:00 17:00〜19:00（LO）
🈺無休
🚌盛岡バスセンターバス停から徒歩2分
🅿あり

➜風情あるたたずまいに心も和む

麺大国・盛岡のご当地料理

地元に根付く名物麺に挑戦

冷麺と並び「盛岡の三大麺」と称される、わんこそばとじゃじゃ麺。市民に愛される伝統の味を食したい。

わんこそば 3294円〜
刺身、筋子、なめこおろし、山菜、フルーツなどが付く
※2023年12月現在、わんこそば休止中

そばもつゆも作りたて

直利庵
ちょりあん
中ノ橋 **MAP** 付録P.23 F-3

「そばもつゆも作りたてがうまい。カツオも削りたてがいちばん」が信条。厳しく管理された挽きたてのそば粉で、その日の分だけそばを打つ。カツオは土佐、昆布は北海道産。冷酒をさっとかけて食べる酒そばも名物。

➜創業は明治17年（1884）
☎019-624-0441
🏠岩手県盛岡市中ノ橋通1-12-13
🕐11:00〜21:00（LO19:30）
🈺水曜（祝日の場合は営業）
🚌盛岡バスセンターバス停から徒歩1分
🅿あり

そばとともに季節の味も

初駒本店
はつこまほんてん
市街東部 **MAP** 付録P.21 D-3

盛岡八幡宮の門前にあり、趣のあるたたずまい。「名物にうまいものあり」と評判のわんこそばは、薬味もマグロなどの海の幸からとろろ、ナメコなど山の幸まで季節の味を堪能できる。お膳メニューも人気。夜の予約は2日前までに。

➜八幡宮参拝後に気軽に立ち寄れる

☎019-651-7184
🏠岩手県盛岡市八幡町10-21
🕐11:00〜15:00（LO14:30）※夜は要予約
🈺不定休
🚌盛岡バスセンターバス停から徒歩10分
🅿あり

梅コース 3550円
わんこそばは、ふたをするまでそばの提供が続く

70年続く、じゃじゃ麺の元祖

盛岡じゃじゃ麺

肉味噌が後を引く

濃厚な肉味噌と
モチモチの平麺が特徴の
ソウルフード。
締めの「ちーたんたん」も
忘れずに。

白龍 本店

パイロン ほんてん

盛岡城跡周辺 **MAP** 付録P.23 E-2

創業70年。元祖じゃじゃ麺の店として不動の人気を誇る。挽肉などをじっくり炒めてねかせた特製の熟成味噌を平麺に絡めていただく。ラー油や酢、にんにくを自由に加え、自分好みの味を見つけよう。

☎019-624-2247

所岩手県盛岡市内丸5-15
営9:00〜21:00(日曜11:30〜21:00) 休日曜 交県庁・市役所前バス停から徒歩1分 Pなし

ちいたんたん 50円
食後の皿に生卵やゆで汁を加えて作る卵スープ、ちーたんたんは締めにぴったり

→桜山神社と岩手県庁の間の参道に建つ

じゃじゃ麺(中)700円
一般的な1人前サイズは「中」。麺と味噌をしっかりかき混ぜてから味わうのがポイント

地元に根付く名物麺に挑戦

じゃじゃ麺初心者にもおすすめ

じゃじゃ麺(中)715円
コシのある自家製手打ち麺と、地元岩手の味噌を使ったこだわりの肉味噌が相性抜群

↑イオンモール盛岡2Fフードコート内にある

HOTJaJa

ホットジャジャ

市街地西部 **MAP** 付録P.20 A-2

シンプルなのに奥深く、何度でも食べたくなる「じゃじゃ麺」は、盛岡三大麺の一つとしてお馴染み。麺好き盛岡人をとりこにしているスパイスを効かせつつも食べやすいオリジナルの味付けを堪能したい。

☎019-908-2036

所岩手県盛岡市前潟4-7-1 イオンモール盛岡2F フードコート内 営10:00〜21:00(LO20:30) 休無休 交JR盛岡駅からバスで15分、イオンモール盛岡下車すぐ Pあり

香醤

コウジャン

大通・菜園周辺 **MAP** 付録P.22 C-2

小麦の旨みあふれる平打ち麺には最高級の麺用粉を使用。特製肉味噌がよく絡むようにやわらかめに茹でてある。食後には生卵を皿に溶き、お店の人に声をかけて締めのちーたんたんをいただこう。

☎019-626-2336

所岩手県盛岡市大通2-4-18
営11:00〜翌1:30(金・土曜は〜翌2:00) 休日曜(祝日の場合は月曜) 交中央通一丁目バス停から徒歩3分 Pなし

素材にこだわった正統派

↑繁華街のなかにあり、夜遅くまで営業している

じゃじゃ麺(中)500円
風味豊かな麺と肉味噌、キュウリやネギが一体となり、虜になるおいしさ。飲んだあとの締めにも

↑料理人か熱い鉄板の上で奏でる音は、一瞬にして至福な時間へ導く魔法のよう。前沢牛、いわて短角牛、新鮮な魚介類を堪能できる（和かな 盛岡本店）

岩手の大自然が育んだ上質な和牛

極上和牛の宴

きめ細かな霜降りで知られる前沢牛や、肉本来の味を楽しめるいわて短角和牛など、岩手が誇る高級和牛を堪能したい。

和かな 盛岡本店
わかな もりおかほんてん

大通・菜園周辺 **MAP** 付録P.23 D-3

鉄板料理の醍醐味を五感でフルに堪能

「おいしさは五感に響く…音と香りを目の前で」がコンセプト。広々とした店内は全席が鉄板席で、食事のベースに合わせて、シェフが岩手の厳選された四季折々の食材を客席の前で焼き上げてくれる。北上市に姉妹店の北上店もある。

↑厳選食材が手際よく調理され、店内には香ばしい匂いがたちこめる

☎019-653-3333
🏠岩手県盛岡市大沢川原1-3-33 🕐11:30～14:00(LO) 17:00～20:30(LO) 🚫火曜(祝日の場合は営業) 🚃JR盛岡駅から徒歩15分／菜園川徳前バス停から徒歩3分 🅿あり

↑昭和35年(1960)創業。レンガ造りの外観が目印

↓ステーキなど、岩手の旬の食材にこだわったランチコース4100円～

予約	望ましい
予算	Ⓛ2200円～
	Ⓓ1万円～

銀河離宮
ぎんがりきゅう

大通・菜園周辺 **MAP** 付録P.23 D-3

肉以外も地元産がメイン岩手のおいしさを存分に

安心でおいしい岩手の牛肉や豚肉が食べられる「いわちく」直営店。地産地消にこだわり肉類以外の米、野菜、酒も岩手産が中心。昼は手ごろなランチを、夜は焼肉やしゃぶしゃぶのコースメニューを用意。「いわて牛食べ放題コース(土日祝限定)」も人気。

↑店内はすべて掘りごたつ席で、個室も完備

☎019-606-3739
🏠岩手県盛岡市菜園1-4-10 第2産業会館1F 🕐11:30～14:00(LO14:00) 17:00(日祝は16:00)～22:00(LO21:30) 🚫日曜、不定休 🚃盛岡城跡公園バス停から徒歩2分 🅿あり

↑産地食肉センター「いわちく」直営店ならではの肉質、鮮度、味わい

↓前沢牛のしゃぶしゃぶが味わえるコース9500円(2名から、要予約)

予約	望ましい
予算	Ⓛ990円～
	Ⓓ1490円～

↑高級感漂う空間で、ゆったり優雅に食事が楽しめる「フランス料理 モン・フレーブ」。個室も完備。大切な人との記念日などに訪れたい

フランス料理 モン・フレーブ
フランスりょうり モン・フレーブ

盛岡駅周辺 **MAP** 付録P.22 A-2

厳選食材を生かした
本格フレンチに舌鼓

↑盛岡でもトップクラスのシティホテル内にある

クラシカルモダンな空間が醸し出す落ち着いた雰囲気の店内。自然に育まれた県産素材をメインに、シェフが選び抜いた食材を駆使したフレンチが評判だ。昼はお得なランチ、夜はコース料理が人気。種類豊富なワインとともに上質な時間を過ごせる。

☎019-625-6262
📍岩手県盛岡市盛岡駅前北通2-27 ホテルメトロポリタン盛岡ニューウイング2F
🕐11:30～14:00(LO) 17:00～19:30(LO)
🈵無休 🚃JR盛岡駅から徒歩3分 🅿あり

↻季節の味わいを楽しめるPaysage saisonコース（9皿）1万2000円

予約	可	
予算	Ⓛ3000円～	
	Ⓓ5000円～	

レストラン
PIONEER FARM
レストラン パイオニア ファーム

本町通 **MAP** 付録P.23 D-1

盛岡生まれ盛岡育ちの短角牛
肉肉しいハンバーグ

↑店内はおしゃれで落ち着いたデザインの空間

パイオニアファーム名物のもりおか短角牛100％ハンバーグ。旨み成分のアミノ酸をたっぷりと含み、低脂肪でヘルシーな赤身肉が特徴。肉本来のおいしさを味わえる。ほかにヒレステーキも用意している。

☎019-656-6224
📍岩手県盛岡市本町2-1-34 🕐11:30～14:00 (LO13:30、水・土曜は12:00～) 17:30～21:00 (LO20:30)
🈵日・月曜（変更の場合あり）🚌本町通一丁目バス停からすぐ 🅿あり

↻もりおか短角牛100％ハンバーグステーキ（160g）1800円※値段は変更になる場合あり

予約	可	
予算	Ⓛ1500円～	
	Ⓓ3500円～	

↑花巻産白金豚のステーキや、盛岡や八幡平で採れる新鮮野菜を取り入れたランチコース2750円

地元の新鮮食材を彩り豊かに

城下町に美食あり!
地産地消グルメ

その土地ならではの旬の味覚をいただけるお店。
地場食材はもちろん、おいしい地酒も揃っています。

↑奥行きのある店内は岩手の木材を活用

岩手の"食財"ふんだんに
その名もイワテリアン

シャトン

盛岡城跡周辺 **MAP** 付録 P.23 E-2

予約	可
予算	ⓛ1430円〜
	ⓓ5500円〜

四季折々の豊富な岩手県産食材と地元の無農薬野菜、「盛岡短角牛」「一関門崎丑」等にいたるまで、地産地消に根ざした店づくり。その真髄が込められた「お任せディナーコース」は色彩豊かな季節の食材をふんだんに取り入れたシャトン人気メニュー。

↑一関門崎丑のステーキ2800円。付け合わせには地元野菜を

☎019-653-0234
🏠岩手県盛岡市内丸16-16 ⏰11:00〜14:00(LO) 17:30〜20:00(LO) 🈺火曜、第2・4月曜 🚌県庁・市役所前バス停から徒歩2分 🅿なし

↑猫の絵や置物が出迎えてくれる

↑スライスした肉のみを使用したツナギも野菜も一切入らないステーキハンバーグ。人気No.1の岩手県産短角牛のハンバーグ1550円

↑スープ付きの日替わり定食1100円。ご飯は玄米か雑穀を選べる

地場産野菜を生かした
体にやさしいマクロビ料理

おやさい食堂カラコマ

おやさいしょくどうカラコマ

紺屋町周辺 **MAP** 付録P.23 F-2

| 予約 | 可 |
| 予算 | Ｌ Ｄ 1100円〜 |

肉、魚、卵、白砂糖、乳製品を使わないマクロビレストラン。地場産の野菜のほか、ていねいに作られた調味料や、安心安全なオーガニック食材を生かした料理やスイーツは体にやさしい。繊細な味付けときれいな彩りに心も弾む。

☎019-613-2239
🏠岩手県盛岡市上ノ橋町1-44 🕐11:30〜14:30(L014:00) 17:00〜21:00(L020:30)
🗓月曜、土・日曜のディナーほか不定休
🚃上の橋バス停から徒歩2分 🅿あり

↑駐車場は店の前にあり、車でも気軽に立ち寄れる

↑木のぬくもりあふれる空間。食事を楽しみながらまったりできる

↑本日の惣菜盛り合わせ770円は夜メニュー。おかずをつまみに一献傾けるのもおすすめ

その日仕入れた食材を
地ワインに合うイタリアンに

サルーテ

大通・菜園周辺 **MAP** 付録P.22 C-2

定番のパスタ以外は、ほとんどが日替わりメニュー。オーナーシェフが産直で仕入れた旬の地場食材を、盛岡の湧き水などを使ってイタリアンに仕上げている。ジャズが流れる店内は落ち着いた雰囲気。岩手のワインやビールとともにくつろげる。

| 予約 | 可 |
| 予算 | Ｄ 3000円〜 |

↑メニューは店内の黒板でチェック。今夜もサルーテ(乾杯)!

☎019-651-1230
🏠岩手県盛岡市大通1-11-18 名店会館2F
🕐17:30〜24:00(LO23:00) 🗓日曜、祝日
🚃JR盛岡駅から徒歩15分／菜園川徳前バス停から徒歩2分 🅿なし

↑↑生クリーム不使用の南部生パスタのカルボナーラ1400円(上)、もりおか短角牛のボルペッタ南部生パスタ1480円(左)

↑イタリアン酒場と銘打つだけに酒類も豊富。エーデルワインやベアレン醸造所などの銘柄が揃う

オールドカフェのレトロ時間

1. オリジナルブレンド600円、カスタードプリン350円、セットで800円　2. 店内に入ると芳醇なコーヒーの香りがやさしく出迎えてくれる　3. 居心地のよい空間　4. 各種展示会を随時開催。絵画や写真などを眺めながらくつろげる

ネルドリップで淹れた奥深い味
機屋
はたや

本町通 **MAP** 付録P.22 C-1

世界各国のコーヒー豆を旬に合わせて自家焙煎。10年以上生豆のまま熟成させたオールドビーンズも揃える。1杯ずつていねいに淹れるネルドリップコーヒーは、隣の菓子店でも購入できる自家製のケーキや焼き菓子と相性抜群。

☎019-653-8833
🏠岩手県盛岡市本町通3-2-11　🕐11:00〜19:00　📅月曜(祝日の場合は翌日)、第1火曜　🚃JR盛岡駅から徒歩15分/中央通一丁目バス停から徒歩3分　🅿あり

1. 木のぬくもりを感じながら、ネルドリップで淹れたコーヒーでほっとひと息つける
2. ソフトブレンド700円、ベイクドチーズケーキ400円。コーヒーは香ばしくまろやか。ガトーショコラも人気。セットで50円引に
3. 華やかな気分を味わってもらおうと、カップにもこだわる
4. やわらかい布を使って旨みを引き出すネルドリップ方式
5. 豆は100g単位で量り売りもしている

豊かな香りの自家焙煎コーヒー
クラムボン

紺屋町 **MAP** 付録P.23 F-2

鮮度と香りにこだわった世界各国の生豆を自家焙煎。欠点のある豆を丹念に取り除く手作業も怠らない。人気のプリンは黒ごまやカボチャなどの変わり種もある。

☎019-651-7207
🏠岩手県盛岡市紺屋町5-33　🕐11:00〜16:00(豆の販売10:00〜17:00)　📅日・水曜、第1・3・5木曜　※第2・4木曜は豆の販売のみ　🚃上の橋バス停から徒歩3分　🅿あり

盛岡には昔ながらの風情が残る素敵なカフェがたくさん。
シックなインテリアと落ち着いたBGM、店主が淹れてくれる
こだわりの一杯が合わされば、心安らぐカフェタイムの始まり。

1.ケーキセット700円。ミルクレープのミニロールケーキのセットがおすすめ　2.サイフォンで淹れるおいしいコーヒー　3.おとぎ話の舞台のような外観。夏はテラス席が設けられる　4.5.こちんまりとした店内には年季の入ったピアノも

1.ふかしパンセット680円。戦前には当たり前にあったふかしパンだが、今では食べられるところは少なくなった　2.店内には歴史を感じる調度品が並ぶ　3.漆喰でできた建物。1階がギャラリー、2階がカフェになっている

1.シフォンケーキと2種のクリームでパフェ風に仕上げたトライフル600円と水出しダージリン710円　2.ダージリン750円　3.築100年以上の建物を改装したログハウス調の店内は落ち着いた雰囲気　4.石畳風の通りにたたずむ

四季を感じる川沿いの喫茶
ふかくさ

紺屋町 **MAP** 付録P.23 E-3

中津川の遊歩道に面した店。ぎんどろの木とツタに覆われた外観が目印だ。窓際の席からは川沿いの四季折々の景色が楽しめる。ピアノの置かれた店内は、レトロな雰囲気で居心地もよい。

☎019-622-2353
㊟岩手県盛岡市紺屋町1-2
🕐11:30〜21:00（LO20:00）日曜、祝日は〜17:00　㊡不定休　🚌県庁・市役所前バス停から徒歩5分　🅿なし

心が和む隠れ家的カフェ
一茶寮
いっさりょう

紺屋町周辺 **MAP** 付録P.23 F-2

約240年前に建てられた土蔵を改装したギャラリー＆カフェ。臼で作った椅子や背負いカゴなどをインテリアにしたアンティークな空間が広がる。ふかしパンやベーコントーストもおいしい。

☎019-653-4646
㊟岩手県盛岡市上ノ橋町1-48
🕐10:00〜19:00　㊡日曜
🚌上の橋バス停から徒歩3分
🅿あり

香り高い本場の紅茶を堪能
紅茶の店 しゅん
こうちゃのみせ しゅん

中ノ橋 **MAP** 付録P.23 F-3

昭和60年（1985）に開業した紅茶専門店。ダージリンはインドから買い付けた茶葉を使用したこだわりの一杯だ。店内にはお茶に関係する小物やアクセサリーが置かれ、販売も行っている。

☎019-623-3036
㊟岩手県盛岡市中ノ橋通1-3-15
🕐11:00〜19:00
㊡火・水曜　🚌盛岡バスセンターバス停から徒歩3分　🅿なし

117

岩手に生きる職人の
手仕事品に出会う

匠の技が光る
伝統工芸

さまざまな伝統工芸が息づく岩手。
熟練の職人による逸品は、造形美
はもちろん、機能美も備えている。

盛岡●買う

南部鉄器 なんぶてっき

藩政時代に京都から盛岡へ釜師が招か
れ、茶の湯釜が作られたのが始まりとさ
れる。仙台藩であった旧水沢市でも、日
用品鋳物を中心として発達した。以降、
伝統的な技法が受け継がれ、鋳型作り、
仕上げに漆を使った着色などが今日も手
作業で行われている。
昭和50年（1975）、国の伝
統的工芸品に指定された。

➔代表的な型である「南部型
アラレ」の鉄瓶（岩鋳鉄器館）

400年の歴史を紡ぐ
旧南部藩御用達の老舗

鈴木盛久工房
すずきもりひさこうぼう
中ノ橋周辺 **MAP** 付録P.23 E-4

かんえい
寛永2年（1625）創業。旧南部藩御用鋳物師
として約400年の歴史を刻む。16代当主鈴
木盛久（成朗）が手がける茶釜や鉄瓶は、長
い年月を経たような味わい深い錆色が特徴。
伝統を守りながらも、現代的な創造性を追
求した作品が目立つ。
☎019-622-3809
⌂岩手県盛岡市南大通
1-6-7 ⌚9:00〜17:00
❌日曜 🚌盛岡バスセン
ターバス停から徒歩2分
Ｐなし

➔歴史が息づく老舗工房。
13代盛久は人間国宝

鈴木盛久工房社長で現当主の鈴木成朗さん。東京藝大卒。
日本伝統工芸展などで入選多数

➔湯釜・吹雪60万5000円。薄茶
の入れ物である雪吹（ふぶき）が
モチーフ

➔天蓋香炉（大）1万9800円。中尊
寺金色堂の天蓋の形を模して作ら
れている

➔手毬鉄瓶（大）22
万円。手毬の線紋
様が施された15代
盛久の代表作

➔約50の工程がある南部鉄器づくり。一瞬たり
とも気が抜けない作業が続く

➔工房併設のギャラリーには、文鎮や箸置きなど、
手ごろな値段の小物も並ぶ

伝統の技に現代の息吹
シンプルモダンな造形美

釜定
かまさだ

紺屋町 **MAP** 付録P.23 E-3

創業は明治時代。取り外し可能な木製の取っ手が付いた洋鍋に代表されるように、北欧デザインに精通した3代目宮伸穂さんが生み出す作品の数々は、シンプルかつモダン。南部鉄器の新たな可能性を広げている。

☎019-622-3911
所岩手県盛岡市紺屋町2-5
営9:00～17:30 休日曜 交盛岡バスセンターバス停から徒歩3分 Pなし

●余韻のある澄んだ音色が魅力の南部風鈴も各種販売
●キーホルダー各1650円。値段も手ごろでみやげに最適

●多種多様な作品がずらり。ゆったりとくつろぎながら、じっくり選べる

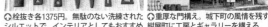

●洋鍋(大)1万8150円は著名な料理研究家も愛用している(左)。鍋敷き3850円は実用性と見た目の美しさを併せ持つ(右)

●栓抜き各1375円。無駄のない洗練されたシルエットで、インテリアとしてもおすすめ

●重厚な門構え。城下町の風情を残す紺屋町に工房とギャラリーを構える

●伝統工芸士の八重樫亮さん。古典的な鉄瓶から現代風のモダンな鉄瓶まで手がけ、「清茂」の号を有する

●欧米から人気が広まった岩鋳オリジナルのカラー鉄器。伝統とモダンな色使いのかけ合わせが絶妙だ

●世界が認める確かな品質は、職人の手によって支えられている

時代のニーズに素早く対応
世界に誇る職人技を間近に

岩鋳鉄器館
いわちゅうてっきかん

市街南部 **MAP** 付録P.21 D-4

1800種類にもおよぶ鉄器製品を生み出す、明治35年(1902)創業の岩鋳が手がけるテーマパーク型施設。高品質で多彩な鉄器の販売ほか、溶かした鉄を鋳型に流し込む制作の様子などを間近に見学できるコーナーも人気。

☎019-635-2505 所岩手県盛岡市南仙北2-23-9 営8:30～17:30 休火曜
交JR盛岡駅から車で15分／JR盛岡駅から岩手交通バス・茶畑バスA都南バスターミナル行きで21分、川久保下車、徒歩3分 Pあり

●大型駐車場を完備。海外からの客も多い

●四季の香炉「なみ」「ゆき」など計4種各3960円(右)、IH調理器に対応したごはん鍋3合炊1万5400円(左)

浄法寺塗
じょうぼうじぬり

神亀5年(728)、漆の産地として知られる浄法寺町(二戸市)の僧が、日常使いの漆器として作ったのが始まりとされる。丈夫さと色の美しさが特徴で、毎日使うことでツヤが増し、色の変化も楽しめる。

現代の名工が生み出す
堅牢かつ優美な日常漆器

うるみ工芸ショールーム
うるみこうげいショールーム
大通・菜園周辺 **MAP** 付録P.22 C-2

浄法寺塗の魅力を最大限に生かした、堅牢で優美な日常使いの漆器を販売。天然素材の漆器は手ざわり、口当たりも良く、使い込むほどに光沢が増す。会長の勝又吉治さんは、ただ「現代の名工」を受章している。

☎019-654-4615
🏠岩手県盛岡市中央通2-9-23
🕐10:00〜17:00　🈁不定休
🚌JR盛岡駅から徒歩15分／中央通二丁目バス停から徒歩1分　🅿なし

⤴素朴で温かみのある漆器類が豊富に並ぶ

⤴ショールームでは予約制で絵付け体験も可能

⤴端反椀各1万5400円。口当たりなめらかな大人気の汁椀。持ちやすい曲線形で、高台が高いため手の大きな人にもおすすめ

⤴屠蘇器16万5000円。雅趣に富む三ツ組盃と銚子、屠蘇盆がセット

⤴スープカップ各2万8600円。冷めにくく、口当たりもまろやか

⤴箸・下部石目各4180円。箸先にはすべり止め加工が施され、使いやすい

ホームスパン

HOME（＝家）、SPUN（＝紡いだ）という言葉のとおり、イギリスの羊毛農家が羊の毛を自家用に紡ぎ、織ったのが始まり。盛岡へは明治初期に宣教師によって伝えられ、現在も伝統的な工程で織りあげられている。

↷クッション・ナチュラル各2万5300円。ゆったりとした座り心地

↷マフラー・コチニール染め3万800円。首元が一気に華やぐ

中村工房
**末永くずっと愛用できる
ナチュラルな天然色が魅力**

なかむらこうぼう
市街北部 **MAP** 付録P.20 C-1

大正8年（1919）創業。マフラーやストール、帽子など、温かみのあるホームスパン製品を販売。染色系もあるが、メインは羊毛そのものの色合いを生かしたナチュラル系。流行に左右されないスタイリッシュさが魅力だ。
☎019-661-5277（工房見学の場合は要予約）
⊕岩手県盛岡市高松3-2-15 ⊗10:00〜16:00
⊗日曜 ⊗JR盛岡駅から岩手交通バス・上田線松園バスターミナル行きで15分、高松一丁目下車、徒歩10分 Ｐあり

↷ギャラリーには、コサージュや羊のオブジェなどの小物も揃う

↷羊毛を素材に染色から紡ぎ、織りまですべて手作業で行う。代表の中村和正さんは4代目

↷マフラー・ナチュラル各1万3200円〜。温かく、肌ざわりもよく、そして軽量

ホームスパンハウス 盛岡店
**デザイン性の高いアイテム
機能性も折り紙付き**

ホームスパンハウスもりおかてん
材木町周辺 **MAP** 付録P.22 A-1

花巻市のホームスパンメーカー「日本ホームスパン」の直営店。伝統技法を受け継ぎながらも時代のニーズに対応した製品はデザイン性が高く、品揃えも豊富。マフラーやストールのほか、ジャケット、各種小物が並ぶ。
☎019-654-1710 ⊕岩手県盛岡市材木町3-13あずばるB1 ⊗11:00〜17:00（土・日曜、祝日10:00〜18:00）⊗水・木曜 ⊗JR盛岡駅から徒歩10分／材木町南口バス停から徒歩3分 Ｐあり（2200円以上の買い物で1時間無料）

↷店内は落ち着いた雰囲気。じっくりと自分に合ったアイテムを探せる

↷店舗は地下1階。同社の生地は海外の有名ブランドにも使われている

↷大判ストール各3万6300円。多色展開で選ぶ楽しさもある

↷耐久性もばっちりなめがねケース4840円（左）、たっぷりと収納できる小銭入れ3190円（右）

↷紳士ジャケット14万8500円前後。軽量ながら丈夫で、型崩れしにくい。着込むほどに深みのある光沢が生まれる

「東北」が持っている熟成された地域性や個性を発信する場としての役割も担う

やさしさとぬくもりに満ちた北国のものづくり
暮らしに寄り添う東北の雑貨

集めたのは東北のエッセンスが凝縮された品々。
どれも温かみがあり、心をほっとさせてくれる。

KANEIRI STANDARD STORE
カネイリ スタンダード ストア
盛岡駅周辺 **MAP** 付録 P.22 A-2

**職人のこだわり製品が満載
東北6県の伝統文化を発信**

岩手を中心とした東北6県の伝統工芸品や職人こだわりのアイテム、国内から厳選した生活雑貨をセレクト。ライフスタイルを提案するアイテムを揃えるとともに、オリジナル製品の企画・開発・販売も行う。

☎019-613-3556
🏠岩手県盛岡市盛岡駅前通1-44 フェザン本館1F 🕙10:00～20:00 🈳無休 JR盛岡駅から徒歩1分 🅿あり(2000円以上の買い物で2時間無料)

↪岩鋳 カラー急須アラレ1個1万1550円。インテリアのカラーアクセントにもなる急須は日々使っていくうちに味わいが出てくるので変化も楽しみ

↪八幡平市の麹屋もとみやの麹1個495円～。栄養満点で料理に使いやすいしょうゆ麹や甘酒麹を用意

↪東北STANDARDオリジナルクリアブックマークスティッピー 528円(下)、サラサ3色ペン770円(上)。日常生活に東北を感じることができる

↪村田民芸 まゆ細工1個495円～。懐かしいまゆ細工人形はかわいいデザインで、インテリアとしてだけでなくSNSにアップしても楽しい

↪人気の南部鉄偶が小さくなってトリオで登場1個3300円

↪7 days cards 盛岡ポストカード1枚220円。セレクトショップなどで人気の7 days cards。盛岡限定デザインは旅の記念にぴったり

Holz
Furniture and interior
ホルツ ファニチャー アンド インテリア
大通・菜園周辺 **MAP** 付録P.23 D-3

**日々の生活をより楽しく
オリジナル商品も充実**

インテリア雑貨や家具など、国内外のさまざまな機能的かつデザイン性に優れた商品をセレクト。オリジナル商品の開発にも力を入れている。店名のHolzとはドイツ語で「木、木材」という意味。

☎019-623-8000
🏠岩手県盛岡市菜園1-3-10 🕐12:00～19:00 🈳水・木曜 🚃JR盛岡駅から徒歩15分／菜園川徳前バス停から徒歩2分 🅿なし

↑忍び駒各1650円～。稲藁を使った素朴な馬形

↗築80年の民家をリノベーションした店内

毎日の生活がより楽しくなるモノを取り揃えています。居心地がよい空間ですよ

↑horimoku・ひよこ4180円～。岩手在住の木地師が作る片口ボウル

↺SEKISOU FRONT 9900円。樺細工の技術を用いた家形オブジェ

---

kasi-friendly
カシ・フレンドリー
材木町周辺 **MAP** 付録P.22 A-1

**自然が生み出す心地よさ
作り手のぬくもりもお届け**

「からだと暮らしに心地いい」をキーワードに、自然と調和するオーガニックコットンなどの天然素材の服や雑貨を独自にセレクト。使い込むほどに愛着がわくアイテムが多彩に並ぶ。

☎019-606-3810
🏠岩手県盛岡市材木町3-8岩手ビル1F 🕐11:00～19:00（日曜は～18:00） 🈳無休 🚃JR盛岡駅から徒歩10分／材木町南口バス停から徒歩2分 🅿指定駐車場あり（3000円以上の買い物でサービス券贈呈）

↑店名はフィンランド語で「やさしい手」という意味

↗素材にこだわった着心地がよい女性ウエアが揃う

↘DANSKO・シューズ 2万8600円。快適な履き心地

↻Soie・シルクボディーウォーマー（ロング）各5390円

---

shop+space ひめくり
ショップ プラス スペース ひめくり
紺屋町 **MAP** 付録P.23 E-2

**こだわり作品と人が集まる場
一期一会の出会いを楽しんで**

盛岡市中心部を流れる中津川沿いに立地。岩手をはじめ東北とゆかりのある作り手の作品や、さまざまな紙もの、リトルプレスなどの展示・販売を行う。企画展やワークショップなども不定期で開催。

☎019-681-7475 🏠岩手県盛岡市紺屋町4-8 🕐10:30～18:30 🈳水・木曜 🚃県庁・市役所前バス停から徒歩5分 🅿なし

↺銅版画カード1320円。地元・紙町銅版画工房の作品

↑サフォーク靴下各1760円～。花巻在住の羊毛作家が企画

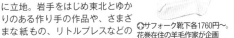

↑プラム工芸のカトラリー各1760円～。オノオレカンバの木を使用

↑陶磁器やガラス製品なども取り扱う

A 関口屋菓子舗

せきぐちやかしほ
神明町 **MAP** 付録P.23 F-2

素朴で懐かしい盛岡駄菓子の老舗
明治26年(1893)創業。保存料や添加物は
使わず、自然の素材で手作りした伝統の
盛岡駄菓子は素朴でやさしい味わい。
- ☎019-622-4509
- ⊕岩手県盛岡市神明町2-3
- ⏰8:30～17:00
- ㊡日曜 ⊗盛岡バスセンター(神明町)バス停から徒歩3分 ℗なし

B らら・いわて盛岡店

らら・いわてもりおかてん
盛岡城跡周辺 **MAP** 付録P.23 E-2

いわての「味」と「技」が満載
岩手県内各地の銘菓や地酒、農産・畜産・
水産加工品のほか、南部鉄器や岩谷堂箪
笥などの工芸品が豊富に揃う。
- ☎019-626-8178
- ⊕岩手県盛岡市内丸16-1 水産会館1F ⏰10:00～18:00 ㊡第2・4日曜(繁忙期除く) ⊗県庁・市役所前バス停から徒歩1分 ℗あり

C 黄精飴本舗 長澤屋

おうせいあめほんぽ ながさわや
紺屋町周辺 **MAP** 付録P.23 F-2

上品な甘さとやわらかな舌ざわり
嘉永6年(1853)創業。黄精飴は、アマドコ
ロの地下茎から取り出した煎汁に砂糖、飴、
餅粉を加えた求肥菓子の一種。
- ☎019-622-5887
- ⊕岩手県盛岡市神明町2-9
- ⏰9:30～18:30 ㊡日曜
- ⊗盛岡バスセンター(神明町)バス停から徒歩3分 ℗なし

D 白沢せんべい店

しらさわせんべいてん
紺屋町 **MAP** 付録P.23 E-2

手作業が生み出す多彩な味わい
南部せんべいの老舗。定番のごまから、
カボチャの種入りのクッキータイプまで
18種類。冬季限定のチョコも好評。
- ☎019-622-7224 ⊕岩手県盛岡市紺屋町2-16
- ⏰9:00～17:00 ㊡無休
- ⊗盛岡バスセンター(神明町)バス停から徒歩3分 ℗あり

盛岡 ● 買う

手みやげにしたいおいしいもの
愛されグルメ
お持ち帰り。

この街で長く愛されてきた、素朴なお菓子や食品。
全国区でないからこそ守られてきた特別な味を、
大切な人と分け合いたい。

菓子

伝統の味にこだわった
昔ながらのお菓子や街の
お菓子屋さんのスイーツ。
レトロなパッケージも素敵。

A 焼酎糖 筒
焼酎を薄い砂糖で包んだ大
人の味。和柄の筒も素敵で、
みやげに喜ばれる。1134円

A お楽しみ袋
豆たんきり、ごまねじり、
あん菱、はっか糖などの詰
め合わせ。562円

C 黄精飴
漢方薬にもなる野草を使い、
胃腸を強くし心肺を潤す効
果も。15個入り810円～

B ヤギミルククッキースイート
ヤギミルク使用の優しい味わ
いのクッキープレーン、ヘーゼ
ルナッツ、チョコの3種類入り
18枚入1150円

D 南部せんべい
職人が手作業で焼き上げるせ
んべいは、素朴で懐かしい味わ
い。極上ごま8枚入り691円

F **N.Y. キャラメルクリスピー**
ドーナッツパイ
ドーナツ形のパイ生地の上に
キャラメリゼしたクルミやナッ
ツをちりばめて焼き上げた。
1個300円 4個入り1200円

F **プランタンヌーボー**
カットするたびに
宝石のように輝く
フルーツが現れる
ロールケーキ。1本
2080円

E **クリームチーズケーキ**
昭和の喫茶店から生まれた、
スプーンで味わうチロルの
定番。470円

E **ブルーベリーチーズケーキ**
フレーバーは約20種類。季節
限定のイチゴ、紫いもなどがあ
る。ブルーベリーは夏限定。
520円

その他
食品
新鮮な魚介やハチミツなど、
土地の味覚を贅沢に使った
おいしいおみやげ。

G **スズメ蜂ウォーター**
スズメバチのハチ
ミツ漬けに天然プ
ロポリスとローヤ
ルゼリーをミック
ス。120ml 692円

B **中村家監修 雲丹らーめん**
岩手三陸釜石の名店、
中村家監修の味わい
深い磯の香が感じら
れる味噌らーめん
132g 378円

G **お好み**
ハチミツセット
種類豊富な国産のハ
チミツから選んで、好
みのセットにできる。
60g4本セット3544円

地ビール
盛岡市内のブルワリー、
ベアレン醸造所が造る
地ビールは地元でも評判。

G **藤原黄金蜂蜜 栃**
花の最盛期に絶妙なタイミン
グで採蜜した希少な国産純粋
ハチミツを使用。550g4623円

H **ベアレンビール**
コクと苦みのバランスが良
い、ドイツスタイルの「ク
ラシック」が定番。各400円

E **チロル 大通店**
チロル おおどおりてん
大通・菜園周辺 **MAP** 付録P.23 D-2

スプーンで食べるチーズケーキ
厳選フランス産チーズをベースに、ふわっ
とした食感と超濃厚な味わいが評判の
チーズケーキ専門店。地方発送可。
☎019-654-5090 **所**岩手
県盛岡市大通1-10-21
営11:30〜18:00 **休**12月
31日、1月1日 **交**JR盛岡
駅から徒歩15分／中央通
一丁目バス停から徒歩3
分 **P**なし

F **プランタンブラン**
by kagetsudo
プランタンブラン バイ カゲツドウ
市街南部 **MAP** 付録P.21 D-3

ロールケーキの人気は今や全国区
ロールケーキで有名な花月堂がプロデュー
スする、NYスタイルのスイーツ＆カフェ
の店。店内は明るくスタイリッシュ。
☎019-613-8220 **所**岩手
県盛岡市南大通2-9-2
営10:00〜19:00
休第1・3水曜
交盛岡バスセンターバス
停から徒歩10分 **P**あり

G **藤原養蜂場**
ふじわらようほうじょう
加賀野周辺 **MAP** 付録P.21 E-2

ハチミツの極意を老舗でチェック
明治34年(1901)創業で、東北養蜂の草分
け。こだわりのハチミツを常時40種類以
上取り揃え、ローヤルゼリーなども充実。
☎019-624-3001 **所**岩手
県盛岡市加賀野2-8-32
営10:00〜18:30 **休**月曜
交附属中学校前バス停か
ら徒歩1分 **P**あり

H **ベアレン醸造所**
ベアレンじょうぞうじょ
市街北部 **MAP** 付録P.21 D-2

100年前の製法で造る本格地ビール
赤レンガ造りのブルワリー。100年前の設
備を使い、ヨーロッパの伝統的な製法で
本格ビールを造る。施設見学も可。
☎019-606-0766
所岩手県盛岡市北山1-3-
31 **営**9:30〜17:30
休無休 **交**JR上盛岡駅か
ら徒歩8分／JR盛岡駅か
ら車で10分 **P**あり

宮沢賢治も愛した緑の農場
楽しく遊んでグルメも満喫

小岩井農場 こいわいのうじょう

アクティビティや手作り体験など、子どもから
大人まで楽しめる観光エリアの「まきば園」。
乳製品をはじめスイーツやフード類も充実!

農場ならではの恵みを満喫

楽しい施設&体験 ……→

約110mのコースを
まわる人気の
乗馬体験
は800円
(冬季は
休業)

ミルク館

1階は製乳工場の一部を壁越しに見学できるスペースになっている。まきば園で販売している低温殺菌牛乳や農場限定チーズが作られている。
㊟店舗により異なる

↑ミルク館で作られた
チーズは、まきば園限定
で販売されている

まきばの天文館

大型天体望遠鏡のある天文ドーム。羊の放牧地を望む展示スペースとなっている。11月上旬〜4月中旬は冬季休業。㊟店舗により異なる

↑放牧地に暮らす羊に関する展示を行っている

撮影地:小岩井農場 2

撮影地:小岩井農場 3

4

撮影地:小岩井農場 1
撮影地:小岩井農場 5

小岩井農場
こいわいのうじょう

美しい景色に包まれるレジャー、創業100年以上の歴史も見逃せない

　創業は明治24年(1891)、共同創業者である小野義眞(日本鉄道副社長)、岩崎彌之助(三菱社社長)、井上勝(鉄道庁長官)の頭文字から「小岩井」と名付けられた。荒れた原野の植林からスタートし、今では国内最大級の総合農場に発展。宮沢賢治もヨーロッパ風の美しい牧場風景を愛し、何度も訪れている。四季ごとにさまざまなイベントも開催している。

雫石 **MAP** 付録P.4 C-2
☎019-692-4321　⚐岩手県岩手郡雫石町丸谷地36-1
🕘9:00～17:30(季節により変動あり)
🚫冬季施設点検日　💴800円、子供300円(季節により変動あり)　🚌JR盛岡駅から岩手県交通バス・小岩井農場まきば園行きで30分、終点下車すぐ　🅿あり

1. 岩手山の麓に広がる農場は、面積約3000haと広大な敷地を持つ　2.「上丸牛舎」と呼ばれるエリアには、重要文化財に指定されている歴史ある建築群が多い　3. 重文の一号牛舎は昭和9年(1934)建設。今も現役で搾乳牛用の牛舎として使われている　4. 春から秋の間は約100頭近くの羊が緑の牧草地に放牧される。子羊の姿もある　5. 樹齢100年を超える一本桜。ゴールデンウィーク期間中に開花～満開～散り始めを迎える

注目ポイント

ファームトラクターライド

トラクターがけん引する客車に乗り、非公開森林エリアを巡るツアー。頬に受ける風や森の香りを感じながら、小岩井農場の雄大な自然を体験できる。インフォメーションセンターにて受付。

🕘1日4回
💴大人1000円、子供500円

➡農場を知り尽くした職員がガイドを務める

体験

ペダルカートに乗って小さな牧場を駆けめぐるファームパトロール。農場産の素材を使用したクラフト体験も人気。

🕘体験により異なる(冬季休業)
💴トロ馬車:500円

⬆まきばのクラフト体験(上)とトロ馬車(下)

レストラン&ショップ

ジンギスカンが食べられる山麓館レストランをはじめ、炭火焼BBQガーデン、人気の小岩井ファームキッチンなど充実。山麓館には売店も併設。

🕘店舗により異なる

⬆農場産牛肉を使った名物のジンギスカン

⬆じっくりと焼き上げた純良醗酵バターケーキ

⬆のむヨーグルトやフレッシュチーズなど農場だけの限定商品も

平穏な日々を願い、度重なる戦いに巻き込まれた北東北

朝廷支配に抗う蝦夷魂

化外に住む蝦夷と蔑まれ、朝廷軍など中央権力と時代に翻弄され滅亡したアテルイ、安倍、清原、藤原氏。九戸政実の気骨も秀吉に抹殺された。何度も戦いに敗れながら地域の誇りを守り、その誇りに殉じた人々の魂は、今も屈せず被災地復興に立ち上がる人々の中にも連綿と息づいている。

古墳時代 独自の文化を保った

陸奥の居住者たち

政府勢力外の異民族視された蝦夷は北東北の地で独自の文化を育んでいた

「東の辺境に日高見国がある。土地が肥えて広い。攻撃して奪い取るべきである」と、東国を視察した武内宿禰が『日本書紀』養老4年(720)の中で景行天皇に述べている。日高見国とは、岩手県から宮城県にかけての北上川流域のことを指す。全国各地に、大型の前方後円墳が造られた古墳時代。東北北部は、北の続縄文文化と南の古墳文化の接点となる社会だった。盛岡付近では、北海道が主流の葬られ方をしたお墓に、古墳文化の土器が供えられた例が見つかっている。この北と南、両方の文化を吸収し、独自の文化を育んだ人々が、のちに都の人々から「蝦夷」と呼ばれた北東北の民だ。都の人々と交流を持ちつつ、広域のまとまりはなく、地域ごとにリーダーに率いられる社会だった。

奈良時代 自らの誇りを守るために

蝦夷が反旗を翻す

黄金がとれる宝の国へ勢力を伸ばす朝廷律令制における城柵造営に拍車がかかる

「大化の改新」後、朝廷は律令国家として中央集権と勢力拡大政策のため、神亀元年(724)に多賀城を築く。城柵とは、都の役人と兵を常駐させ、もてなしの儀式で蝦夷を懐柔したり、監視したりする拠点施設として造営したもので、国家の威容を見せることが目的であった。しかし、天平勝宝元年(749)、多賀城にほど近い涌谷で黄金が産出したことにより、折しも東大寺の大仏を造営していた朝廷にとって、陸奥は宝の国となる。桃生城、伊治城など次々と支配拠点を造営。宝亀11年(780)、俘囚で朝廷に仕えていた伊治公呰麻呂が、俘囚を蝦夷出身と侮辱する上司の按察使・紀広純を殺害し、朝廷と蝦夷の抗争が本格化していく。

角塚古墳

つのづかこふん
奥州市 **MAP** 付録P.5 D-4

日本最北端に位置する5世紀後半頃の前方後円墳。全長約45mで人物・動物埴輪が出土している。大蛇に化身した掃部長者の妻を小夜姫の読経で折伏し、折れた大蛇の角を埋めたという伝説が残る。

⬆国指定史跡になっている

☎0197-35-2111(奥州市教育委員会歴史遺産課) 住岩手県奥州市胆沢南都田塚田 交JR水沢駅から車で15分 Pあり

蝦夷と俘囚 ◀ 古代東北に住む人々の総称

古くは「毛人(えみし)」と記され、強くて勇敢という語感であったが、大和朝廷が支配に従わない東北の民に対する蔑称として「蝦夷」と呼んだ。独自の文化を持っていたが、朝廷側に服属した蝦夷は「俘囚」と呼ばれ、朝廷や俘囚の長たちが蝦夷の部族紛争に関与するなど徐々に大和化が進行。蝦夷の呼び名は「俘囚上頭」と自称した奥州藤原氏の時代まで続いた。

8〜9世紀頃の城柵

▲11世紀頃の城
▲中世の城
▲藩政時代の城

⬆ 朝廷の蝦夷征討の絵。蝦夷の猛攻撃のなかで坂上田村麻呂は信仰する清水観音に祈り続けた。すると忽然と戦場の田村麻呂の前に立った僧侶が矢を防ぎ、老翁が敵に矢を射かけたという。地蔵菩薩と毘沙門天が姿を変えて現れたとされ、甲冑の武士に対して、敗走する蝦夷は裸足で異形の姿に描かれている《『清水寺縁起絵巻』東京国立博物館蔵》

奈良時代〜平安時代

歴史に埋もれた名将・アテルイ
胆沢蝦夷を率いて戦う
いさわえみし

10万の軍勢にも一歩も退かず
朝廷軍を翻弄し続けた胆沢蝦夷の首長・アテルイ

アテルイ（阿弖流為）は、朝廷の侵攻を十数年にわたって抗戦した胆沢の首長である。延暦8年（789）、桓武天皇は胆沢地方一点に絞り、紀古佐美を征東将軍とする5万2800人の軍を派兵するが、アテルイは2000人弱の胆沢地方の蝦夷を率いて、神出鬼没のゲリラ戦を展開。朝廷に大打撃を与えたこの「巣伏の戦い」ののち、延暦13年（794）に坂上田村麻呂を副将軍とする10万の大軍を率いた第2次征討軍、延暦21年（802）には征夷大将軍となった田村麻呂の4万の第3次征討軍を迎え撃つ。しかし、アテルイは田村麻呂の説得を聞き入れ、腹心のモレ（母礼）と兵士500人で投降する。田村麻呂は、アテルイの統率力を信じ、他の反抗する地方の蝦夷を説得するために、都の群臣たちに助命を進言するが、2人は京に連行され、河内国で処刑された。

⬆「延暦八年の会」が作成したアテルイのイメージ肖像（写真提供：アテルイを顕彰する会）

⬆ アテルイとモレの碑が、坂上田村麻呂が復興した京都の清水寺境内にある

平安時代

伝説に彩られる「征夷大将軍」
坂上田村麻呂の施策

東北に多くの伝説を残す
政治の巧者・坂上田村麻呂

兵力で蝦夷は討伐できないと考えた田村麻呂は、蝦夷の文化と自立性を認める懐柔工作を行った。造営中の胆沢城に投降したアルテイとモレの2人には、蝦夷経営の協力を得たいとも考えていた。胆沢城完成後の延暦22年（803）には、さらに北へ志波城を築き、鎮守府の改革・整備に着手する。大同3年（808）、「天下の民が苦しむ元凶は軍事と造作」と蝦夷討伐と平安京造営の中止を桓武天皇に進言した藤原緒嗣が志波城の統括官となり、弘仁2年（811）、陸奥出羽按察使・文室綿麻呂の遠征により、胆沢三郡に続いて志波三郡が立郡される。以後、蝦夷征討遠征はなくなり、朝廷は在地豪族を郡司として任命し、その支配力に依存する政策に変化していった。

津軽vs南部　今も残る文化の違い

南部と津軽の抗争は戦国時代まで遡る。もともと南部氏が領有していた津軽地方を南部の家臣だった大浦氏が謀反で押さえ、豊臣秀吉から所領の許可を得て津軽氏と名を改めて弘前藩の祖となった。下克上された南部氏としては遺恨の念が残り、盛岡藩士による津軽藩主暗殺事件なども発生。戊辰戦争でも対立し、今日においても津軽と南部では文化、風習、方言、気質などにおいて異なる部分が多いという。

志波城跡
しわじょうあと

盛岡市 MAP 付録P.20 A-3

北上川と雫石川合流付近に造営された陸奥国の最北端・最大級の古代城柵。高さ11mの外郭南門、全長252mの築地塀や櫓、政庁、官衙建物、兵士が駐屯していた兵舎の竪穴建物などが復元整備されている。

⬆ 1200年前の遺構が眠る「志波城古代公園」

☎ 019-658-1710（志波城古代公園案内所）住 岩手県盛岡市上鹿妻五兵エ新田47-11 時 案内所9:00〜17:00（最終入館16:30）※散策は自由 休 月曜 料 無料 交 JR盛岡駅から車で12分 P あり

11世紀 （平安後期）

陸奥俘囚の長、安倍氏の滅亡

「前九年の役」の結末

源頼義の奥州進出の野望を知りつつ
俘囚の誇りを貫く「北方の王者」の交代劇

　11世紀、陸奥国に俘囚長の安倍氏、出羽国に俘囚主の清原氏という二大豪族が存在した。国衙の在庁官人との姻戚関係などによって勢力を拡大した安倍頼良（のちに頼時と改名）が、納税を拒否し衣川の南へ進出したため、永承6年（1051）、陸奥守・藤原登任が安倍氏懲罰へ向かうも敗退したのが前九年の役の始まりである。奥州で勢力拡大を狙う源頼義が後任の陸奥守となり、頼時も娘婿の藤原経清も頼義方に恭順した。しかし、天喜4年（1056）、頼時の嫡男・貞任が頼義の従者・藤原説貞の娘への求婚を家柄を理由に断られ、その恥辱のために頼義側に夜襲をかけたとの嫌疑に怒り、合戦が再開。安倍軍に走った経清や貞任が一族を率いた激戦ののち、出羽国の清原氏が朝廷側に加勢するにいたって、安倍氏は滅亡した。

○安倍一族の陣。安倍頼時の死後、棟梁となった貞任は、弟の宗任、重任ら一族を率いて抗戦した。「前九年合戦絵詞」《『前九年絵巻物』国立国会図書館蔵》

11世紀

安倍氏の末裔、藤原清衡

黄金文化の楽土を達成

複雑な血縁が絡み合う清原一族で生き残り
安倍氏ゆかりの清衡が奥羽の覇者となる

　前九年の役から約20年後、永保3年（1083）に勃発した後三年の役は、安倍氏を滅ぼした清原武則の孫の真衡が養子・成衡の婚礼の席で、遠戚の吉彦秀武に対し不遜な態度をとったことに始まる。秀武討伐に向かう清原氏直系の兄・真衡に抗したのは、前九年の役で斬首された藤原経清と安倍頼時の娘の間に生まれ、清原武貞の養子となっていた清衡と異父弟の家衡であった。父頼義の後を継いで陸奥守となった源義家が一族の内紛に介入し、真衡の病死により清衡と家衡で奥六郡を分け合うが、配分に不満を持った家衡が清衡を急襲。妻子を殺された清衡は義家に助けを求め、寛治元年（1087）に家衡を滅ぼす。安倍・清原の遺領を継承した清衡は、実父の藤原姓に復して平泉に居を構え、黄金文化に彩られた仏国土の都市を築く。

○栄華を極めた平泉の繁栄はおよそ100年続く

奥六郡
胆沢郡、江刺郡、和賀郡、紫波郡、稗貫郡、岩手郡からなる

青森
岩手
秋田
奥六郡
山北三郡
出羽
岩手郡
陸奥
山本郡
紫波郡
平鹿郡
稗貫郡
北上川
雄勝郡
和賀郡
江刺郡
胆沢郡
凸胆沢城（鎮守府）
■平泉（平泉館）
山形
宮城

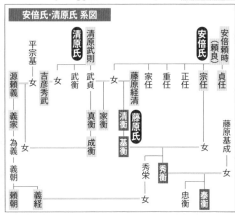

安倍氏・清原氏 系図

清原氏

清原武則
武貞
武衡

安倍氏
安倍頼時（頼良）
貞任
宗任
正任
重任
家任

平宗基
女
吉彦秀武
女
真衡
家衡
藤原経清
清原氏
清衡
藤原氏
基衡

源頼義
義家
為義
義朝
頼朝
女
成衡
女
秀栄
秀衡
女
忠衡
泰衡

藤原基成
女
義経

<table>
<tr><td>16世紀
(安土桃山時代)</td><td>天下人に抗う、九戸政実</td></tr>
</table>

奥州武士の反骨精神

奥州南部氏一族の骨肉の争いの果て
秀吉を敵にまわした反骨の戦国武将

　豊臣秀吉が天下統一に向けて、最後に戦った相手が九戸城の城主・九戸政実だった。古くは源氏が祖という政実の来歴は定かではないが、秀吉と同じ天文5年(1536)生まれとされ、同族で宗家の三戸南部氏に並ぶ勢力を誇っていた。九戸政実の戦いは一族の宗家争いに端を発している。南部24代当主・晴政が没し、25代晴継が13歳で謎の死を遂げる。晴政の娘婿の田子信直が、もう一人の娘婿で政実の弟の九戸実親を退け半ば強引に南部氏惣領になったことで、九戸家と南部家の関係に亀裂が入った。天正18年(1590)の秀吉の奥州仕置により豊臣政権の傘下で大名と認知された信直に、政実は家臣としての服従を拒否。天正19年(1591)、謀反人とそしられることを承知で政実は九戸城に挙兵した。

<table>
<tr><td>16世紀
(安土桃山時代)</td><td>籠城策で挑んだ九戸軍</td></tr>
</table>

天下統一最後の合戦

「鉄砲と刀の戦」となった
南部vs九戸の中世最後の戦い

　九戸政実に苦戦する南部信直は自力では鎮め得ないとして豊臣秀吉に援軍を求めた。秀吉の名代・豊臣秀次に、蒲生氏郷、浅野長政、井伊直政、堀尾吉晴といった錚々たる武将らが駆けつけ、総勢6万の兵が九戸城を包囲する。九戸籠城軍はわずか5000人で攻防し、熾烈な戦いが繰り広げられた。難攻不落の城を前に苦戦を強いられた秀次軍は、九戸一族の菩提寺の薩天和尚を使者に立て、政実の武勇を讃え女子どもの助命を条件に開城を説得させた。薩天和尚も政実もそれが秀次軍の謀略とは知らず、一族郎党を救うために政実は降服する。しかし約束は反故にされ、城内には火が放たれ女子どもまで撫で斬りにされたと伝わる。政実やその重臣たちも斬首された。

九戸城の発掘調査 ◀ 殺戮の激しさを物語る

　九戸政実が戦った九戸城跡と、落城後南部氏の本城となった福岡城跡が併存する。九戸城の二ノ丸跡からは斬首された女の人骨や、無数の殺傷痕や刺突痕がある首のない人骨十数体分が発見され、焼土や木炭、火を受けた生活遺物や火縄銃弾丸など戦禍の痕跡が出土。

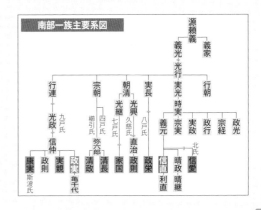

南部一族主要系図

九戸城の包囲軍

九戸城跡
くのへじょうあと

二戸市 **MAP** 付録P.3 D-4

馬淵川、猫淵川、白鳥川に三方を囲まれた天然の要害であった九戸城に、石垣造りで直線的に改修された近世城郭の福岡城の部分が残る。

☎0195-23-8020
(二戸市教育委員会文化財課)
⊕岩手県二戸市福岡城ノ内・松ノ丸
⊗JR二戸駅からバスで3分、呑香稲荷神社前下車、徒歩5分
Ｐあり

⬆九戸城跡は昭和10年(1935)に史跡として国の指定を受けた(写真提供:二戸市教育委員会)

現在の盛岡市街の原形

南部氏が築いた城下町

豊臣秀吉の配下に収まった南部信直
江戸時代の盛岡藩20万石の礎を築いた

盛岡藩の初代藩主・南部信直は「南部家中興の祖」と称された。豊臣秀吉の小田原征伐に参加したことで、天正18年（1590）、秀吉から南部七郡の領有を認められ、九戸城を改修して福岡城と名を改め南部の本拠地とした。その後、不来方に居城を移転し、信直の嫡男・利直は、信直の指示を受け築城に着手したが、慶長3年（1598）に秀吉、翌年には信直が相次いで死去。徳川家康に与することを決断した利直は、慶長5年（1600）、関ヶ原合戦で東軍に属して出羽に出陣する。この戦いの軍功で利直は南部10万石の所領を安堵される。

利直は南部領にある鉱山の開発によって財政を安定させるとともに、不来方を「盛り上がり栄える岡」になるようにと盛岡と改称し城下町を形成していく。町割りは五の字型に建設され、城を中心に上級武士、商人や職人、平侍の居住エリアを定め、街道の外れに足軽を住まわせた。さらに山麓には寺院を配置し、その後、4代藩主・南部重信の時代には北上川の改修も行った。盛岡城の完成は、寛永10年（1633）、3代藩主・重直の時代だが、慶安4年（1651）には、「盛岡二十三町」と呼ばれる商業区画も整備され、城下町として発展。文化5年（1808）、11代藩主・利敬の時代に20万石となり、明治維新まで16代にわたって存続した。

⬆盛岡城を中心に町割りが整備され、川は西から雫石川、北上川、中津川が流れ、左上に岩手山、右手遠方にとんがった姫神山が見える〈川井鶴亭筆『盛岡城下鳥瞰図』岩手県立博物館蔵〉

もりおか歴史文化館
もりおかれきしぶんかかん

盛岡市 MAP 付録P.23 E-3

1階では盛岡の祭りや町歩き情報を紹介し、2階では盛岡藩の歴史や藩主・南部家に関する資料を展示。

⬆盛岡城の再現模型や大迫力の城下町絵巻シアターも見どころ

☎019-681-2100 🏠岩手県盛岡市内丸1-50 🕘9:00〜19:00（11〜3月は〜18:00）入館は各30分前まで 🚫第3火曜（祝日の場合は翌日）💴300円 🚌県庁・市役所前バス停から徒歩4分 🅿なし

南部鉄器には、奥州市と盛岡市、2つの流れがある

南部鉄器

風雅なフォルムにあられ文様や絵柄を施した繊細な鋳肌と、重厚な味わいが特徴の南部鉄器。
今や国内外から高い評価を受ける岩手の代表的な伝統工芸品として知られる。

盛岡藩主・南部重直が考案、
古雅な南部藩の特産品

南部鉄器とは、盛岡市で生産されてきた「鋳造の鉄器」。その発展の背景には、盛岡藩3代藩主・南部重直の手腕があったという。盛岡は古くから良質の砂鉄や漆などの原材料が産出することから、茶の湯に造詣の深かった重直が、京都の釜師（初代小泉仁左衛門）を召抱えて茶の湯釜を作らせたのが南部釜の起源という。南部鉄器の代表ともいえる鉄瓶は、茶釜を小ぶりにして、取っ手や口をつけて作り替えたもので、茶釜と並び南部藩主の献上品としても用いられた。

現代の暮らしに合わせた
鋳物モダンクラフトの開発

一方、仙台藩が支配していた旧水沢市（奥州市）の南部鉄器は、平安時代末期、藤原清衡が近江国から鋳物職人を招き、武具や仏具を作らせたのが始まりといわれている。鉄瓶をはじめ、鉄鍋やフライパンなどの調理器具、風鈴、インテリアなどの現代様式に合った日用品の鋳物の生産が発展している。最近ではカラフルに色付けされた鉄瓶が登場し、内部は錆びないようホウロウ仕上げであるが、この海外への輸出仕様が国内でも新しい南部鉄器として注目されている。

岩手歴史年表

時代	西暦	元号	事項
奈良時代	646	大化 2	大化の改新
	720	養老 4	蝦夷が陸奥国按察使、上毛野広人を殺害
	724	神亀元	陸奥鎮守将軍、多賀城を設置
	749	天平勝宝元	陸奥国涌谷から黄金産出
	760	天平宝字 4	涌谷の北側に桃生柵(城)を設置
	767	神護景雲元	伊治柵(城)を設置
	770	宝亀元	宇漢迷公宇屈波宇の反乱
	774	5	蝦夷による桃生城攻略事件
	780	11	呰麻呂の反乱(伊治城で呰麻呂が按察使・紀広純を殺害)
			大伴家持が陸奥按察使兼鎮守将軍に
	789	延暦 8	蝦夷征伐開始。巣伏の戦い
	794	13	平安京遷都
	796	15	坂上田村麻呂、陸奥按察使、陸奥守、鎮将軍を兼任
	797	16	坂上田村麻呂、征夷大将軍を兼任
	802	21	アテルイとモレが降伏
			坂上田村麻呂、胆沢城を造営
	803	22	志波城を造営 **志波城跡** ⊃P.129
	804	23	胆沢三郡(磐井・江刺・胆沢)を平定
	811	弘仁 2	鎮守府の支配領域、律令制の6郡が成立
	812	3	徳丹城、造営
平安時代	1051	永承 6	鬼切部の戦い
			安倍頼良追討のため、源頼義、陸奥守に(前九年の役始まる)
	1052	7	安倍頼良、大赦により追討を免れる。頼時に改名
	1053	天喜元	陸奥守・源頼義が鎮守将軍を兼務
	1056	4	阿久利川事件
	1057	5	安倍頼時、討死
			黄海の戦い(源頼義、安倍貞任に惨敗)
	1062	康平 5	安倍軍敗北し、前九年の役終わる
	1063	6	源頼義が伊予守、義家が出羽守、清原武則が鎮守将軍に
	1083	永保 3	後三年の役、始まる
	1087	寛治元	藤原清衡、源義家が勝利
	1105	長治 2	藤原清衡、中尊寺を建立
	1189	文治 5	奥州平泉攻撃
鎌倉時代	1215	建保 3	南部光行、鎌倉で死去
	1322	元亨 2	安藤氏の乱
	1324	正中元	正中の変
	1334	建武元	建武の新政
			南部師行、糠部郡の郡奉行と郡検断を兼ねる国代として任じられる
			大光寺合戦
室町時代	1335	2	北条時行が兵を挙げ、鎌倉に入る
			足利尊氏が鎌倉で反旗を翻す
	1336	3	足利尊氏の御教書を受けた安藤家季が合戦奉行となる
	1339	暦応 2	後醍醐天皇、吉野において崩御
	1340	3	南部政長、根城南部氏第5代当主となる

時代	西暦	元号	事項
室町時代	1341	4	栗谷川の合戦、宮方勢、岩手・斯波両郡を制圧
			津軽の曾我氏と糠部郡の南部氏の間で抗戦が始まる
	1352	文和元	南部信長、多賀府中合戦に出陣中に北朝方に転じる
	1392	明徳 3	南北朝合一
	1418	応永25	南部氏、上洛。馬100疋、金1000両を将軍に献上
	1428	正長元	十三湊、南部勢に掌握される
	1435	永享 7	和賀・稗貫の動
	1437	9	永享・嘉吉の乱
	1440	12	結城合戦
	1451	宝徳 3	蝦崎蔵人信純、錦帯城を築く
	1453	享徳 2	津軽安東列第9代義季が、再び南部軍と戦い討死
	1456	康正 2	秋田高寺合戦
	1467	応仁元	応仁の乱
	1483	文明15	南部彦四郎の乱(『南部史要』)
	1539	天文 8	南部晴政、上洛し将軍足利義晴より偏諱を拝領
安土桃山時代	1568	永禄11	安東愛季、鹿角郡に侵攻。長牛館を攻める
	1569	12	南部晴政、鹿角を奪回
	1571	元亀 2	大浦為信、石川城攻略。石川高信、自害
			八戸政栄、櫛引領に侵入。櫛引方は大敗
	1578	天正 6	大浦為信、浪岡城攻略
	1582	10	南部晴政・晴継父子、相次いで死去
			九戸実政、和賀郡侵攻
	1586	14	南部信直、加賀の前田利家に使者を遣わす
	1587	15	南部信直、北信愛を加賀の前田利家に派遣
	1590	18	南部信直、小田原参陣、豊臣秀吉に謁見
			宇都宮で秀吉より南部領の内7郡を安堵される。奥州仕置により、葛西・大崎領没収
	1591	19	九戸政実の乱(九戸一揆)
			九戸政実の乱鎮圧のため奥州再仕置軍下向。九戸城落城、九戸政実斬首
江戸時代	1599	慶長 4	南部信直、二戸郡福岡城で死去
	1633	寛永10	南部重直、盛岡城を居城と定める
	1795	寛政 7	和賀・稗貫地方で大百姓一揆おこる
			久慈で百姓一揆おこる
	1821	文政 4	相馬大作事件
			幕府、蝦夷地を東北諸藩に分与、警備・開拓を行わせる
明治時代	1868	明治元	戊辰戦争が鳥羽・伏見で勃発
			奥羽越列藩同盟成立
			秋田戦争
			箱館戦争
			盛岡藩降伏
	1869	2	五稜郭の旧幕府軍降伏、箱館戦争終結
	1870	3	盛岡藩を廃し、盛岡県を置く(廃藩置県)

朝廷支配に抗う蝦夷魂

民話に彩られた美しき里山

遠野
とおの

県中央部に位置し、江戸時代には遠野南部氏1万石の城下町として栄えた。茅葺き古民家などを活用した観光スポットも多い。

遠野 ● 歩く・観る

昔話のスピリッツを感じて

語り継がれる日本の辺境
『遠野物語』の 舞台へ

座敷童子やカッパ、山女…。『遠野物語』に出てくる不思議な昔話は、今もこの地にひっそりと息づいている。美しき民話のふるさとを旅しよう。

⬆日本の農村の原風景といわれる遠野には、昔話の世界が今も生きている

カッパ淵
カッパぶち
土淵町 **MAP** 付録P.27 E-2

『遠野物語』にも登場する
乳神を祀る伝承の地

常堅寺の裏手を流れる小川で、かつてカッパが多く住み、いたずらをしたという。『遠野物語』には、ここに水を飲みに来た馬をカッパが川に引きずり込もうとした話がある。乳神の祠も立ち、乳児の母が願をかけると乳の出がよくなるとも。

☎0198-62-1333（遠野市観光協会）／0198-62-8655（伝承園）⑰岩手県遠野市土淵町土淵 ✉JR遠野駅から岩手県交通バス・土淵線で25分、伝承園下車、徒歩5分 Ⓟ伝承園駐車場利用

幅2〜3mの小川の淵で、今にもカッパが現れそうな幽玄な雰囲気

遠野市観光協会 ☎0198-62-1333 ⑰岩手県遠野市新穀町5-8 ⑲8:30〜17:30 ⑭無休 ✉JR遠野駅から徒歩1分

街歩きのポイント

JR遠野駅を拠点に散策をスタート。観光スポットは離れているので、路線バスと徒歩、もしくはレンタサイクルなどでまわるのが一般的。レンタサイクルは観光案内所でもある旅の蔵 遠野（P.137）で扱っている（4〜11月のみ）。

注目ポイント

市内のあちらこちらでカッパに出会える

遠野駅前の池に4体のカッパ像があるほか、郵便ポストの上にも木彫りのカッパが載り、駅前交番もカッパの形。ほかにも街のいたるところでユニークなカッパたちに出会える。

↑伝承園（P.138）前にある木彫りのカッパ

↑JR遠野駅前の池にあるカッパ像

↑常堅寺は延徳2年（1490）開山の古刹。境内にはカッパ狛犬も

↑カッパ淵の祠の前にいるのは乳の神様である

語り部から昔話を聞く

笑いとほの悲しさを感じる語り部から聞く遠野の昔話

「むがし、あったずもな」で始まる遠野の昔話は、温かな語り口調が聞く人を癒やす。遠野には、語り部による昔話の実演が行われているところが数カ所あるので、ぜひ体験してみたい。同じ話でも語り部によって雰囲気も異なる。

↑全国から語り部の昔話を聞きにくる

『遠野物語』の世界を体感する

とおの物語の館

とおのものがたりのやかた

語り部による昔話が聞ける「遠野座」のほか、遠野の昔話を映像や立体展示などで体感できる「昔話蔵」、柳田國男（やなぎたくにお）が滞在した宿や東京の居宅を移築した「柳田國男展示館」などがある。

→『遠野物語』についてはP.139へ

遠野駅周辺 MAP 付録P.26 A-2

☎0198-62-7887
所岩手県遠野市中央通り2-11 時9:00〜17:00（入館は〜16:30）休無休（6〜10月第1火曜、11〜3月火曜）料510円、高校生以下210円（とおの物語の館）交JR遠野駅から徒歩8分 Pあり（有料）

↑かつての造り酒屋の蔵を改築。食事処も入っている

↑「昔話蔵」では映像のほか触れることのできる展示も

↑苔むした岩の間にひっそりとたたずむ五百羅漢

五百羅漢

ごひゃくらかん

綾織町 **MAP** 付録P.26 C-4

苔むした山道に250年前の微笑みが息づく

江戸中期に起きた天明の大飢饉の犠牲者を供養するため、大慈寺の義山和尚が大小の花崗岩石に羅漢像を線彫りしたもの。ひとつひとつ表情が異なり、250年経った今もやさしい笑みを浮かべている。

☎0198-62-1333（遠野市観光協会）
⑰岩手県遠野市綾織町新里 ⊗JR遠野駅から岩手県交通バス・バスセンター行きで6分、遠野営業所下車、徒歩20分 ⓟあり

卯子酉様

うねどりさま

下組町 **MAP** 付録P.26 C-4

赤い布で縁を結ぶ、恋愛成就の神様

『遠野物語拾遺』第35話には、昔ここにあった淵の主に願をかけると不思議に男女の縁が結ばれたとある。境内で売られている赤い布を、社前にある木に左手だけで結ぶことができれば願いが叶うと信じられている。

☎0198-62-1333（遠野市観光協会）
⑰岩手県遠野市下組町 ⊗JR遠野駅から岩手県交通バス・バスセンター行きで6分、遠野営業所下車、徒歩3分 ⓟあり

続石

つづきいし

綾織町 **MAP** 付録P.26 A-3

弁慶が持ち上げた？ 諸説残る伝説の奇石

幅7m、奥行き5m、厚さ2mもの巨石が台石の上に微妙なバランスで載っている。古代人の墓であるとか、武蔵坊弁慶が持ち上げて載せた、といった伝説が残っている。

↑岩の下をくぐり抜けることもできる

☎0198-62-1333（遠野市観光協会）
⑰岩手県遠野市綾織町上綾織
⊗JR遠野駅から岩手県交通バス・綾織・達曽部線で29分、続石下車、徒歩15分 ⓟあり

↑すでに結ばれた夫婦やカップルも訪れているというパワースポット

山口の水車小屋

やまぐちのすいしゃごや

土淵町 **MAP** 付録P.27 F-2

ゴトゴトと水車が回る田園のシンボル

畑の真ん中にぽつんと立つ昔ながらの水車小屋。改修されて2016年に完成、新しくなった。屋根は遠野産の茅で葺かれており、遠野市が認定する「遠野遺産」のひとつとなっている。

↑水車小屋の近くには、『遠野物語』の話者・佐々木喜善の生家がある

☎0198-62-1333(遠野市観光協会) 🏠岩手県遠野市土淵町山口 🚌JR遠野駅から岩手県交通バス・土淵線恩徳・西内方面行きで34分、山口下車、徒歩15分 **P**あり

↓かつて農産物の脱穀などに使われていた地域の共同水車小屋。農村を象徴する風景だ

山崎のコンセイサマ

やまざきのコンセイサマ

土淵町 **MAP** 付録P.27 E-1

古くから人々に親しまれる
子宝や豊作を祈願する神様

高さ1.5m、男根をかたどった自然石で、子宝や腰痛治療、豊作の神として祀られている。長い間、存在が伝説となっていたが、昭和47年(1972)の災害復旧の際に発見された。

↑「金精様」または「金勢様」と書く

☎0198-62-1333(遠野市観光協会) 🏠岩手県遠野市土淵町栃内 🚌JR遠野駅から岩手県交通バス・土淵線恩徳・西内方面行きで40分、山崎下車、徒歩20分 **P**あり

デンデラ野

デンデラの

土淵町 **MAP** 付録P.27 F-2

『遠野物語』にも登場する
悲しき姥捨伝説の丘陵地

今はのどかな緑の田園地帯だが、かつては60歳を過ぎた老人たちは家を出て、この地で自給自足の共同生活を送ったという。「デンデラ野」とは墓地を意味する「蓮台野」が訛った言葉だ。

↑萱で造られた小さな小屋が残る

☎0198-62-1333(遠野市観光協会) 🏠岩手県遠野市土淵町山口 🚌JR遠野駅から岩手県交通バス・土淵線恩徳・西内方面行きで34分、山口下車、徒歩10分 **P**あり

旅の蔵 遠野

たびのくらとおの

JR遠野駅前にある遠野市観光交流センター。観光案内所のほか、遠野の名産品を揃えた売店、ボードゲームカフェ、休憩スペースなどや、レンタサイクルもある。

遠野駅周辺 **MAP** 付録P.26 B-1

☎0198-62-1333(遠野市観光協会) 🏠岩手県遠野市新穀町5-8 🕐8:30〜17:30、ボードゲームカフェ11:30〜22:00 🈡無休(ボードゲームカフェは月・火曜休) 🚉JR遠野駅から徒歩1分 **P**あり

←→遠野観光の拠点として便利な施設。みやげ物も揃う

じんぎすかんあんべ

戦後、初代店主が遠野で初めてジンギスカンを始めた。厳選した羊肉を南部鉄器の鍋で焼き、特製タレでいただく。余分な脂肪は焼くと落ちるので意外とヘルシー。

遠野駅周辺 **MAP** 付録P.26 A-1

☎0198-62-4077 🏠岩手県遠野市早瀬町2-4-12 🕐10:00〜19:00(レストラン11:00〜17:30(LO)) 🈡木曜 🚉JR遠野駅から徒歩12分 **P**あり

←→精肉店に併設されたレストラン。サシの入ったジューシーなラムカタロースが人気

謎とロマンに満ちた民話の里を五感で知る
伝承文化を体感する

伝承館や古民家を活用した遠野の観光スポットへ。『遠野物語』をもっと詳しく知るきっかけに。

遠野●歩く・観る

遠野の風習を身近に体験
1000体のオシラサマは圧巻
伝承園
でんしょうえん

土淵町 **MAP** 付録P.27 E-2

遠野地方の昔の農家の生活様式を再現。農業や蚕の神とされるオシラサマを祀るオシラ堂や、国の重要文化財に指定されている旧菊池家住宅、『遠野物語』の話者・佐々木喜善の記念館などがある。民芸品の制作体験や昔話の実演(要予約)も行われる。

☎0198-62-8655 ㊞岩手県遠野市土淵町土淵6-5-1 ㊞9:00〜17:00(12〜2月は〜16:00、入館は30分前) ㊡年末年始、1・2月は火曜 ㊞330円、小・中学・高校生220円 ㊟JR遠野駅から岩手県交通バス・土淵線で25分、伝承園下車すぐ ㋟あり ※食事処は2024年3月末まで改装工事のため休業

◐入口すぐの「乗込長屋」は農家の納屋を移築したもの

◐『遠野物語』の話者・佐々木喜善に関する資料を展示した記念館

◐薫細工など民芸品の制作実演が行われている工芸館

◐食事処では郷土料理のひっつみなどがいただける

◐1000体ものオシラサマが祀られている

迫力ある動画やアニメで
遠野の自然や民話を体感
遠野市立博物館
とおのしりつはくぶつかん

遠野駅周辺 **MAP** 付録P.26 A-2

☎0198-62-2340 ㊞岩手県遠野市東舘町3-9 ㊞9:00〜17:00(入館は〜16:30) ㊡5〜10月は月末日、11〜3月は月曜・月末日(月曜が祝日または月末日が日曜・祝日の場合は開館)、11月24〜30日、1月28〜31日 ㊞310円、高校生以下160円 ㊟JR遠野駅から徒歩9分 ㋟10台

遠野の歴史や風土などを紹介する民俗博物館。大画面のマルチスクリーンシアターでは、民話を題材にした映像や、アニメーション『水木しげるの遠野物語』などが鑑賞できる。遠野の創生神話などが浮かぶジオラマも必見。

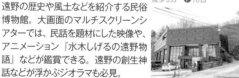
◐昭和55年(1980)開館の日本初の民俗博物館

◐遠野の昔話から歴史を読み解く「遠野のなりたち」ゾーン

タイムスリップしたような
昔の里山暮らしを体感
遠野ふるさと村
とおのふるさとむら

附馬牛町 **MAP** 付録P.27 D-1

「南部曲り家」と呼ばれる江戸中期から明治の古民家などを移築した里山体験施設。「守り人(まぶりっと)」と呼ばれるインストラクターによる体験プログラム(要予約)や、昔ながらの伝承行事が楽しめる。

☎0198-64-2300 ㊞岩手県遠野市附馬牛町上附馬牛5-89-1 ㊞9:00〜17:00(11〜2月は〜16:00) 入村は各1時間前まで ㊡無休 ㊞550円、小・中学・高校生330円 ㊟JR遠野駅から岩手県交通バス・附馬牛線で25分、ふるさと村下車すぐ ㋟あり

◐守り人に教えてもらいながら昔ながらの里山体験

◐時代劇のロケにも使われている

↑『遠野物語』にも登場するオシラサマは馬と村娘の悲恋から生じた神。桑の木で御神体を作り、布をかぶせて祀る

遠野に魅せられた民俗学の祖

柳田國男と『遠野物語』

『遠野物語』の著者・柳田國男。
民俗学に情熱を注いだその生涯に光を当てる。

講演旅行や視察の際に見聞きした、日本各地に伝わる風習や伝承を学問として確立

　柳田國男は明治8年（1875）、医者の松岡操の六男として兵庫県で生まれた。16歳で上京し、第一高等中学校などを経て東京帝国大学法科大学（現・東大法学部）に進学。学生時代に森鷗外や田山花袋らと親交をもち、歌人としても活動した。卒業後は農商務省に入り、官僚として日本各地で講演や視察を行う。明治34年（1901）、旧飯田藩士の柳田家の養子となり柳田姓となる。その後「郷土会」を発足、庶民の伝承や歴史を調査し、『遠野物語』や方言について書いた『蝸牛考』などを発表した。

遠野出身の文学青年・佐々木喜善の不思議な話が『遠野物語』を生み、日本の民俗学の幕開きに

　日本の民俗学の古典とされ、柳田國男の代表作としても名高い『遠野物語』。それは農政官僚であり在野の民俗学者であった國男と、当時早稲田大学に通う文学青年・佐々木喜善との出会いから生まれた。喜善が祖父から聞いたという遠野地方の話に柳田は強く惹きつけられ、それらの話を編纂して出版することを決意。「一字一句をも加減せず感じたるままを書きたり」と、語り継がれるままに綴った。出版の前年の明治42年（1909）に柳田は遠野を初めて訪れている。
　「遠野の城下はすなわち煙花の街なり。（中略）猿ヶ石の渓谷は土肥えてよく拓けたり。路傍に石塔の多きこと諸国その比を知らず」（柳田國男著『遠野物語』序文より）
　遠野は内陸部の盆地ながら、江戸時代には城下町として栄え、交易の中継地でもあった。明治に入ってもその雰囲気が残っていたことがうかがえる。また、外部の人からもたらされた奇譚なども伝承として加わったようだ。『遠野物語』に収められている119話は「里の神」「家の神」「天狗」「河童」「山男」「山女」など34の題目からなっている。家に宿ると幸福になるとされる座敷童子は「家の神」に2話収められ、「河童」は4話が収められている。なかには明治29年（1896）の明治三陸大津波の話もある。いずれも昔の日本人の自然観や死生観が反映されている。

此話はすべて遠野の人佐々木鏡石君より聞きたり
昨明治四十二年の二月項より始めて夜分をりをり訪ね来り
此話をせられしを筆記せしなり
鏡石君は話上手には非ざれども誠実なる人なり
自分も亦一字一句をも加減せず感じたるままを書きたり
　　　　　　　　　—柳田國男著『遠野物語』序文より

↑各地の民間伝承を調べることで、欧米とは異なる日本独自の民俗学を確立した柳田國男。常に「日本人とは何か」を追究した（写真提供：成城大学民俗学研究所）

◆佐々木喜善は明治19年（1886）に遠野の土淵村に生まれた。のちに村長を務めながら民俗資料の収集に専念、「日本のグリム」と称された（写真提供：伝承園）

◆佐々木喜善の墓がある「山口のダンノハナ」の現在の風景。近くには喜善の生家も残されている

花巻 はなまき

宮沢賢治の故郷である花巻には賢治ゆかりの地が集まっている。緑に包まれた各所を巡れば、賢治の世界観にふれることができるだろう。

天才詩人が最後にたどり着いた理想の地

賢治の描いたイーハトーブを探して

宮沢賢治の故郷、花巻市。彼が書いたお気に入りの一冊を手に、その心象風景を探求できるスポットや、作品に登場する場所を歩いてみたい。

↑ログハウス風の建物5棟からなる「賢治の教室」は賢治の作品に登場する植物や動物を紹介している

宮沢賢治童話村
みやざわけんじどうわむら
新花巻駅周辺 MAP 付録P.25 E-4

自然と調和したのどかな村で賢治の童話世界を体感

賢治童話の登場人物やモチーフを配した施設。中心となる「賢治の学校」は巨大な万華鏡空間の「宇宙の部屋」や、風になったような感覚を覚える「天空の部屋」など5つのゾーンからなる。賢治作品のグッズが買えるショップも。

⌂0198-31-2211 ㊟岩手県花巻市高松26-19 ㋺8:30～16:30 ㋬無休 ㋱350円、高校・大学生250円、小・中学生150円 ㊂JR新花巻駅から岩手県交通バス・花巻駅・イトーヨーカドー行きで4分、賢治記念館口下車、徒歩3分 Ｐあり

↑賢治の童話に出てくる生き物を紹介した「動物の教室」

↑「賢治の学校」の「宇宙の部屋」にある光のトンネル

↑不思議な感覚を体験できる「賢治の学校」のゲート

↑「賢治の学校」の「ファンタジックホール」では映像や音響で賢治の世界を体感できる

花巻観光協会 ☎0198-29-4522 ㊟岩手県花巻市葛3-183-1 ㋺9:00～17:30 ㋬無休 いわて花巻空港から車で5分

宮沢賢治記念館

みやざわけんじきねんかん

新花巻駅周辺 **MAP** 付録P.25 D-4

**映像や展示を通して
賢治の心象世界にふれよう**

愛用のチェロなどの遺品や、作品を
ていねいに解説したパネルを展示。
詩や童話をはじめ、教育、農業、
科学など多彩な分野で活動した賢治
の世界に浸れる。大型スクリーンに
よる映像も放映。

☎0198-31-2319 ㊟岩手県花巻市矢沢1-1-36
㋐8:30〜17:00(入館は〜16:30) ㊡無休
㊌350円、高校・大学生250円、小・中学生150
円 ㊋JR新花巻駅から岩手県交通バス・花巻
駅・イトーヨーカドー行きで4分、賢治記念館
口下車、徒歩10分 ㋟あり

↑宮沢賢治のイメージの世界を表した常設展示室

↑2015年にリニューアルした
→賢治が愛用したチェロと
妹トシのヴァイオリン

ポランの広場

ポランのひろば

新花巻駅周辺 **MAP** 付録P.25 D-4

**四季の花々に彩られた
賢治が思い描いた幻の花壇**

賢治が教鞭を執った稗貫農学校の
教え子の依頼で設計したが、経済
的・技術的理由などから実現しなかっ
た南斜花壇と日時計花壇を再現した
もの。宮沢賢治記念館の南の林の
中にある。

☎0198-31-2319(宮沢賢治記念館)
㊟岩手県花巻市矢沢 ㊋JR新花巻駅から岩手
県交通バス・花巻駅・イトーヨーカドー行きで4
分、賢治記念館口下車、徒歩5分 ㋟あり

↑色とりどりの花が植えられている日時計花壇

↑賢治作品によく登場す
るミミズクのオブジェも

↑賢治の童話をモチーフ
にしたモザイク画もある

街歩きのポイント

見どころは主にJR新花巻駅側と花巻駅
側に分かれ、バスや徒歩で散策ができ
る。新花巻駅の宮沢賢治にちなんだス
ポットは集まっているので、徒歩でまわ
ることができる。

宮沢賢治
イーハトーブ館

みやざわけんじイーハトーブかん

新花巻駅周辺 **MAP** 付録P.25 E-4

**アートや書物、映像を通して
多彩な角度から賢治を知ろう**

賢治に関するさまざまな芸術作品や
図書、研究論文、映像などを収集し
て公開、誰でも自由に閲覧できる。
売店や喫茶コーナーもある。

☎0198-31-2116 ㊟岩手県花巻市高松1-1-1
㋐8:30〜17:00(入館は〜16:30) ㊡無休
㊌無料 ㊋JR新花巻駅から岩手県交通バス・花巻
駅・イトーヨーカドー行きで4分、賢治記念館口下
車、徒歩5分 ㋟あり

→モダンな建物の
脇には階段状の水
辺がある

立ち寄りスポット

山猫軒本店

やまねこけんほんてん

童話『注文の多い料理店』に
ちなんで名付けられた、県産
食材を使った郷土料理が味わ
えるレストラン。賢治グッズが
多数揃う売店を併設する。新
花巻駅前に支店もある。

新花巻駅周辺 **MAP** 付録P.25 E-4

☎0198-31-2231 ㊟岩手県花巻
市矢沢3-161-33 ㋐9:00〜17:00、
食事10:00〜16:00(LO)
㊡無休 ㊋新花巻駅から岩手県交
通バス・花巻駅・イトーヨーカドー
行きで4分、賢治記念館口下車、徒
歩10分 ㋟あり

→もちもちした食感の
すいとんと、香ばしい味
噌焼きおにぎりが楽し
める人気のセット

↑童話に登場するレスト
ランをイメージした洋館

（賢治作品に登場するあの場所へ）

言葉と巡る賢治の世界

詩や童話に登場する場所を巡り、より深く賢治の心の世界を味わおう

ごとごとごとごと、その小さなきれいな汽車が、そらのすすきの風にひるがえる中を、天の川の水や、三角点の青じろい微光の中を、どこまでもどこまでもと、走って行くのでした。

──『銀河鉄道の夜』

めがね橋

めがねばし
宮守駅周辺 **MAP** 付録P.5 D-3

アーチが連なる絵になる橋 幻想的なライトアップも

半円が連なるアーチ橋で、正式名は「宮守川橋梁」。JR釜石線の橋梁だが、前身の岩手軽便鉄道は賢治作品『銀河鉄道の夜』のモチーフになったとも。夜間はライトアップされる。

☎0198-67-2111（遠野市宮守総合支所）
🏠岩手県遠野市宮守町下宮守
🚉JR宮守駅から徒歩10分
🅿道の駅みやもりの駐車場利用

⬅「恋人の聖地」「日本夜景遺産」にも認定された

イギリス海岸

イギリスかいがん
花巻駅周辺
MAP 付録P.24 B-3

遠い異国への憧れを抱き、賢治が命名した白亜の川

渇水時に見られる白い泥岩層がイギリスのドーバー海峡を連想させるとして賢治が名付けた。賢治の命日にダムの放水量を調整して白い泥岩を見せる取り組みも。

☎0198-29-4522（花巻観光協会）
🏠岩手県花巻市上小舟渡
🚉JR花巻駅から岩手県交通バス・大迫・花巻線で6分、イギリス海岸下車、徒歩3分
🅿あり

日が強く照らるときは岩は乾いてまっ白に見え、たて横に走ったひゞ割れもあり、（中略）全くもうイギリスあたりの白堊の海岸を歩いてゐるやうな気がするのでした。

『イギリス海岸』

⬆実際は海ではなく、北上川の西岸にあたる

いま来た角に二本の白楊が立ってゐる雄花の紐をひっそり垂れて青い氷雲にうかんでゐる

『春と修羅』第二集

⬆賢治がモデルとされる、『休息する人』の像

ぎんどろ公園

ぎんどろこうえん
花巻駅周辺
MAP 付録P.25 D-2

賢治が愛したギンドロに風が吹き渡る緑の公園

賢治が教鞭を執った旧花巻農学校の跡地にある。賢治が愛したギンドロの木々が植えられ、賢治にまつわるモニュメントが点在する。

☎0198-24-2111（花巻市公園緑地課）
🏠岩手県花巻市若葉町3-16-22
🚉JR花巻駅から岩手県交通バス・新鉛温泉行きで6分、文化会館前下車すぐ
🅿あり

立ち寄りスポット

林風舎

りんぷうしゃ

宮沢賢治の弟・清六の孫である宮沢和樹氏が店主を務めるお店。賢治のオリジナルグッズや童話をモチーフにしたスイーツなどで評判。賢治にちなんだ雑貨を扱う1階と、童話『注文の多い料理店』をイメージした喫茶コーナーの2階がある。

花巻駅周辺 **MAP** 付録P.25 E-1
☎0198-22-7010 🏠岩手県花巻市大通1-3-4 🕙10:00〜17:00（LO16:20）🈺不定休 🚉JR花巻駅から徒歩6分 🅿あり

⬆店名は賢治の短編小説に登場する「リンプー医師」に由来

⬆ミミズクの看板が目印

⬆クラシカルな雰囲気の喫茶室。林風舎オリジナルコーヒーがおすすめ

⬆無彩色で素朴な風合いのデクノボーこけし2100円〜

⬅賢治の描いた絵の絵はがきは1枚110円

花巻●歩く・観る

生涯にわたり自身の理想を追い求めた詩人

賢治が生きた花巻

故郷の風土に触発され、ほとばしる感性を創作や理想郷の実現に向けて燃焼させせた、その短い生涯を追ってみよう。

➲稗貫農学校(花巻農学校)の教師に就任した頃の宮沢賢治。洋服を愛用した賢治は当時としてはハイカラで、外出時にはよく帽子をかぶった
(資料提供：林風舎)

詩人、童話作家から農民の道へ。逆境に立ち向かい、理想を貫いた人生

宮沢賢治は現在の花巻市内にある裕福な商家の長男として生まれた。花巻の豊かな自然のなかで育ち、幼少の頃は鉱物や昆虫採集に熱中した。その後、盛岡中学校に進学、同校の11年先輩だった石川啄木に憧れて短歌の創作を始める。大正4年(1915)、盛岡高等農林学校(現・岩手大学農学部)に首席で入学、地質学などを学ぶと同時に本格的に文学活動を開始、友人らと同人誌『アザリア』を発行している。卒業後、一時は家業を手伝うものの25歳で突然上京、印刷所で働きながら多くの童話を執筆した。だが妹トシの病気の知らせを受けて1年足らずで花巻に帰り、稗貫農学校(のちの花巻農学校)の教師となる。翌大正11年(1922)、トシの病死を悼んで『永訣の朝』を書いた。大正13年(1924)4月、賢治28歳のときに詩集『春と修羅』を出版し、同年12月に『注文の多い料理店』を出す。ともに部数1000部の自費出版だったがほとんど売れず、古本屋で特価本として売られることもあった。『注文の多い料理店』は生前に刊行された唯一の童話集となった。30歳を目前に花巻農学校を辞め、「本統の百姓になる」と私塾「羅須地人協会」を設立。自給自足の一人暮らしをし、昼は畑を耕し、夜は若者や農民に農業技術や芸術を説いた。世間の理解は得られなかったものの無料で肥料相談するなど奔走、疲労のため急性肺炎を患う。昭和6年(1931)、東北砕石工場の技師となり営業のため上京するも病に倒れ、帰郷して『雨ニモマケズ』を記す。2年後、急性肺炎で世を去る。享年37歳だった。

花巻、盛岡、遠野・・・心の中にはいつも「イーハトーブ岩手」があった

生涯の大半を岩手で過ごした賢治。上京しても彼の心象風景には、故郷の自然や伝統文化が常に住み続けていた。たとえば短編童話『気のいい火山弾』は、岩手山の麓にある火山弾が主人公であり、詩集『春と修羅』に収められている『くらかけの雪』は岩手山南麓にある鞍掛山のことを詠んでいる。盛岡中学校に進学後も、好んで岩手山や周辺の山々を登山し、その雄大な景色や自然をこよなく愛した。小岩井農場へもしばしば訪れ、同名の詩のほか、いくつもの作品に描いている。また、随筆の題名『イギリス海岸』とは花巻市内を流れる北上川の西岸である。今では「イーハトーブ風景地」のひとつとして国指定名勝になっている。

⇧賢治が農民に化学・土壌等の講義をした「羅須地人協会」跡地に立つ「雨ニモマケズ詩碑」。碑の文字は高村光太郎の書によるもの

賢治と交流のあった高村光太郎の作品を展示

高村山荘・高村光太郎記念館

たかむらさんそう・たかむらこうたろうきねんかん

戦時中、光太郎が賢治の弟・清六宅に疎開。その後晩年を過ごした山荘が市内にある。現在は記念館が併設され、孤高の精神が生んだ晩年の作品などが展示されている。

花巻市郊外 MAP 付録P.4 C-3

☎0198-28-3012(高村光太郎記念館) 所岩手県花巻市太田3-85-1(高村光太郎記念館)

開8:30～16:30 休無休

料山荘350円、記念館350円

交JR花巻駅から車で25分

Pあり

➲記念館(上)と山荘(下)。記念館には「乙女の像」の中型試作像も展示されている

八幡平
はちまんたい

岩手県北西部から秋田県にかけて広がる八幡平は標高約1600mのなだらかな高原地帯。
自然美を堪能し、数ある秘湯で癒やされよう。

八幡平 ● 歩く・観る

広大なパノラマを走り抜ける

アスピーテライン
絶景ドライブ

雲上の岩手山を仰ぎながら、春は高さ8mもの「雪の回廊」と並走し、秋は燃えるような紅葉を眼下におさめる爽快ロード。

八幡平アスピーテライン
MAP 付録P.16 B-4

岩手県と秋田県を結び、名山八幡平を横断する全長約27kmのドライブロード。雲海に浮かぶ岩手山などダイナミックな眺望を楽しめる。また4月中旬には、最大で高さ8m近くの雪が積もった壮大な「雪の回廊」を見ることができる。

1 源太岩展望所
げんたいわてんぼうじょ
MAP 付録P.17 D-3

岩手山や樹海を見渡せる

標高1259m地点にある眺望スポット。正面には岩手山がそびえ、撮影には格好の場所。
㋐岩手県八幡平市
㋟松尾八幡平ICから約19km
㋹あり

↪カーブを曲がりきったところに源太岩がそそり立つ

八幡平市観光協会
☎0195-78-3500
㋐岩手県八幡平市柏台1-28(松尾八幡平ビジターセンター)
㊕9:00〜17:00 ㋺無休
㋟松尾八幡平ICから車で10分

② 夜沼
よぬま

MAP 付録P.17 D-2

樹海に囲まれた神秘の湖

八幡平周辺湿地群のひとつで、茶臼岳の麓にある火口湖。湖畔には下りられないので車窓から眺めよう。

所岩手県八幡平市
交松尾八幡平ICから約20km **P**なし

↑秋は周囲の樹海が一面黄金に色づく

立ち寄りスポット

八幡平山頂レストハウス
はちまんたいさんちょうレストハウス

MAP 付録P.16 A-4

地上1階には見晴らしのいい休憩コーナーがあり、地下1階には軽食コーナーが、地下2階に売店がある。

→源太カレー
稲庭うどん
900円

☎0195-78-3500（八幡平市観光協会）　所秋田県仙北市
営9:00〜17:00（夜間通行止期間は〜16:30）　休11月上旬〜4月中旬　交松尾八幡平ICから車で40分　**P**あり

↑八幡平展望駐車場に隣接

---

③ 八幡平山頂遊歩道
はちまんたいさんちょうゆうほどう

MAP 付録P.16 A-4　→P.146

絵のような風景と出会える

見返峠と八幡平山頂を結ぶ遊歩道で、八幡沼展望台やメガネ沼などを周遊する。最短コースで所要約1時間。

所岩手県八幡平市八幡平
交松尾八幡平ICから約26km **P**あり

↑木道が整備されているので初心者でも安心

---

④ 後生掛自然研究路
ごしょうがけしぜんけんきゅうろ

MAP 付録P.16 B-2　→P.147

驚きの火山活動を間近で観察

所秋田県鹿角市八幡平熊沢国有林内　交松尾八幡平ICから約36km　**P**あり

↑噴気が上がる独特の風景

---

⑤ 大沼自然研究路
おおぬましぜんけんきゅうろ

MAP 付録P.16 B-2　→P.147

可憐な高山植物や紅葉の名所

所秋田県鹿角市八幡平熊沢国有林内　交松尾八幡平ICから約38km　**P**あり

↑気軽に歩ける木道トレイル

移動時間◆約2時間

おすすめドライブルート

まずは源太岩展望所で眺望を堪能。八幡平山頂遊歩道へは見返峠駐車場を起点にしよう。大沼遊歩道へは八幡平ビジターセンター（P.147）で車を降りて向かおう。

松尾八幡平IC
まつおはちまんたいインターチェンジ

↓県道45号、八幡平アスピーテライン
19km／30分

① 源太岩展望所
げんたいわてんぼうじょ

↓八幡平アスピーテライン
1km／3分

② 夜沼
よぬま

↓八幡平アスピーテライン
6km／12分

③ 八幡平山頂遊歩道
はちまんたいさんちょうゆうほどう

↓八幡平アスピーテライン
10km／22分

④ 後生掛自然研究路
ごしょうがけしぜんけんきゅうろ

↓八幡平アスピーテライン
1.5km／7分

⑤ 大沼自然研究路
おおぬましぜんけんきゅうろ

↓八幡平アスピーテライン、国道341・282号　27km／45分

鹿角八幡平IC
かづのはちまんたいインターチェンジ

アスピーテライン　絶景ドライブ

青空を映す八幡沼を
一周するお手軽コース
八幡平トレッキング

八幡平のシンボル・八幡沼。
可憐な高山植物が咲き誇る、
爽やかなトレイルを歩こう。

エメラルド色に輝く八幡沼は周囲
約1.5km、八幡平で最大の湖沼だ

整備された遊歩道を進む
歩きやすい初心者向けコース

県境に位置する八幡平頂上バス停がス
タート地点。見返峠から、多様な高山植
物を眺めつつ木道を進んでいくと、分岐
点である源太分れに到着する。左に進め
ばいちばんのビューポイント、八幡沼展
望台へ。絶景を堪能したあとは、山頂の
展望台へと進もう。所要1時間40分。

八幡平山頂遊歩道
はちまんたいさんちょうゆうほどう
MAP 付録P.16A-4
☎0195-78-3500(八幡平市観光協会)
所岩手県八幡平市 時4月中旬〜11月上旬
交JR盛岡駅から岩手県北バス・八幡平自然散策バ
スで1時間50分 Pあり

1 見返峠
みかえりとうげ
MAP 付録P.16A-3

雄大な眺望が楽しめる

急勾配を登っていくと見返峠
に到着。岩手山とアスピーテ
ラインを一望できる。

↑見返峠から次の分岐点である
源太分れまでは木道が続く。源
太分れに着いたら左に進む

↑岩手山や裏岩手連峰を望望できる絶景ポイント

2 八幡沼展望台
はちまんぬまてんぼうだい
MAP 付録P.16A-3

紺碧の火口湖を一望

アオモリトドマツの樹海に囲まれた八幡沼全景を見渡せる展
望台。岩手山なども眺望できる。

↑展望台の近くには無人の
避難小屋、陵雲荘があり、ト
イレが利用できる

3 八幡平頂上展望台

2 八幡沼展望台

源太分れ

▲源太森

八幡沼

高層湿原

メガネ沼 ガマ沼

鏡沼

1 見返峠

松尾八幡平IC

秋田県

START&GOAL

八幡平頂上バス停
(秋田県側バス停)

S R 八幡平山頂
レストハウス P.145

八幡平
アスピーテライン

岩手県

23

N

0 300m

146

遊歩道の途中では八幡沼のほかにも鏡沼やメガネ沼、ガマ沼など複数の火口湖に出会える

↑2つの火口に水が溜まってできたメガネ沼。めがねのような形が特徴

↑鏡沼。名前どおり、周辺の樹海や空を水面に映し出す美しい沼

↑ガマ沼はお釜のような形が名前の由来。サンショウウオが生息する

注目ポイント

湿原に咲く可憐な高山植物

八幡平は高山植物の宝庫。春から夏にかけてさまざまな花が咲き誇る。

ワタスゲ

ニッコウキスゲ

コバイケイソウ

クルマユリ

歩く時間 ◆ 約1時間35分

トレッキングルート

比較的平坦なコースだが、動きやすい格好を。ハイキング前の食事は八幡平山頂レストハウス（P.145）で。トイレは2カ所、陵雲荘、見返峠に備わる。

八幡平頂上バス停
↓ 0.8km／15分
⒈ 見返峠
↓ 1.3km／25分
源太分れ
↓ 1km／20分
⒉ 八幡沼展望台
↓ 0.3km／5分
⒊ 八幡平頂上展望台
↓ 1.5km／30分
八幡平頂上バス停

⒊ 八幡平頂上展望台
はちまんたいちょうじょうてんぼうだい

MAP 付録P.16 A-3

八幡平の最高地点へ

標高1613m地点にあり、展望台に上がれる。周囲には樹木が生い茂るが、晴れた日は岩木山（いわきさん）や八甲田山（はっこうださん）を望める。

アスピーテライン そのほかの散策路

比較的なだらかな地勢の八幡平アスピーテライン周辺には、初心者でも気軽に歩ける散策路が整っている。自然観察に最適だ。

↓初夏の大沼は高山植物の花盛り

後生掛自然研究路
ごしょうがけしぜんけんきゅうろ

MAP 付録P.16 B-2

生きた火山現象を見よう

日本一の大泥火山をはじめ、いたるところで噴煙が上がり、火山活動を間近に見られる珍しい火山観察路。期間は5月中旬～11月上旬、所要約40分。

☎0186-23-2019（十和田八幡平観光物産協会）㊛秋田県鹿角市八幡平熊沢国有林内 ㊝東北自動車道鹿角八幡平ICから40分 ㋵あり

大沼自然研究路
おおぬまas しぜんけんきゅうろ

MAP 付録P.16 B-2

高山植物を愛でながら歩こう

標高944mの大沼を一周する散策路で、ほぼ平坦な地勢に木道が整備されている。高山植物や紅葉の名所。期間は5月上旬～11月上旬、所要約40分。

☎0186-23-2019（十和田八幡平観光物産協会）㊛秋田県鹿角市八幡平熊沢国有林内 ㊝東北自動車道鹿角八幡平ICから50分 ㋵八幡平ビジターセンター利用

散策路の情報収集はこちらで

八幡平ビジターセンター
はちまんたいビジターセンター

MAP 付録P.16 B-2

八幡平の映像や模型などを展示。近くの泥火山への無料ガイドのほか、木工クラフト体験なども行う。冬季は閉館。

☎0186-31-2714 ㊛秋田県鹿角市八幡平大沼2 ㋐9:00～17:00 ㊡11月上旬～4月上旬 ㊝東北自動車道鹿角八幡平ICから40分 ㋵あり

世界でも珍しい塩酸を主成分とした強酸性の泉質で、ラジウムを含有（新玉川温泉）

山深くに湧き出る効能あふれる名湯を堪能

素朴な湯治宿へ

八幡平周辺には良質な温泉が点在している。自然を間近に感じられる環境と優れた効能の湯を求め、湯客が絶えない。

源泉湧出量日本一の効能の湯
地産食材のバイキング料理も

新玉川温泉
しんたまがわおんせん

新玉川温泉 **MAP** 付録P.16 A-2

療養や静養目的の温泉として名高い玉川温泉と同じ源泉から引く。バラエティに富んだ浴槽が人気の大浴場のほか、箱蒸し湯やゴザの上で横になる屋内岩盤浴もある。看護師が常駐し、無料で湯治相談にのってくれる。

☎0187-58-3000
㊟秋田県仙北市田沢湖玉川渋黒沢2
🚌盛岡ICから車で1時間50分（冬季は田沢湖駅前から路線バスを利用。所要1時間10分）
🅿あり in15:00 out10:00 室195室
予約1泊2食付1万1700円〜 ※立ち寄り湯10：00〜15：00（14：30最終受付）／800円

1.大浴場には源泉100％の湯をはじめ14種類ほどの浴槽がある　2.朝食と夕食は地元の食材をふんだんに使用したバイキングが中心　3.客室の一部を2018年4月にリニューアル。長期の滞在でも快適に過ごせる　4.首から下のサウナである箱蒸し湯は、新陳代謝を活性化させるといわれる

豊かな源泉は火山の恵み
山の一軒宿で湯めぐりを

後生掛温泉旅館
ごしょうがけおんせんりょかん

後生掛温泉 **MAP** 付録P.16 B-2

300年の歴史を誇り、「馬で来て足駄で帰る」と謳われるほど効能ある湯が自慢。気泡が吹き出す火山風呂や、美肌効果の高い泥風呂など、7種の温泉浴が楽しめる。

1.地元食材を使った体にやさしい料理も人気（写真はイメージ）
2.名物の箱蒸し風呂は蒸気が直接顔に当たらず気持ちよく汗をかける
3.総木造りの大浴場。風呂はすべてかけ流しだ

☎0186-31-2221
㊟秋田県鹿角市八幡平熊沢国有林内
🚌鹿角八幡平ICから車で40分　※冬季は宿に事前に問い合わせ　🅿あり in15:00 out10:00 室23室
予約1泊2食付1万5550円〜
※立ち寄り湯10：30〜14：00受付終了／800円、小学生400円／無休（メンテナンス休業あり）
※2024年1月8日〜3月上旬頃まで一部改修工事予定のため休館
※料金は2024年以降変更の可能性あり

もうもうと湯けむりが上がる一軒宿。湯治場としても人気がある（泉質：単純硫黄泉）

露天風呂の眺望は最高。湯床から泡が湧き出す乳白色のかけ流し温泉（泉質：単純硫黄泉）

東北一の高所にたたずむ宿 露天風呂からは岩手山を望む

藤七温泉 彩雲荘
とうしちおんせん さいうんそう

藤七温泉 **MAP** 付録P.16A-4

海抜1400mと東北最高地にある一軒宿。源泉かけ流しのお湯は乳白色で、湯床からブクブクと湧いてくる。野趣あふれる露天風呂は複数の混浴のほか女性専用もあり、眺望は抜群。

1.露天風呂からは朝焼けや雲海、星空などの眺望を満喫できる
2.樹海や高山植物に囲まれた素朴な一軒宿。湯治や登山の拠点としても

☎090-1495-0950
所岩手県八幡平市松尾寄木北の又　休10月下旬～4月下旬　交松尾八幡平ICから車で1時間／JR盛岡駅から岩手県北バス・八幡平頂上行きで1時間50分、終点で八幡平蓬莱境行きに乗り換え5分、藤七温泉下車すぐ
Pあり　in15:00　out10:00　室26室　予約1泊2食付1万3750円～
※立ち寄り湯 8:00～18:00／650円、小学生350円

標高1100mの岩場から 樹海を見渡す野天風呂

源泉 秘湯の宿 ふけの湯
げんせん ひとうのやど ふけのゆ

蒸ノ湯温泉 **MAP** 付録P.16C-2

創業400年以上の八幡平最古の温泉宿。子宝の湯として知られ、大浴場のほか野天風呂、樽風呂、岩風呂などがあり、ヒバ材で造られた浴槽が情緒を感じさせる。

1.「蒸ノ湯」（ふけのゆ）の名前の由来は地熱を利用した「蒸しの湯」として知られていたため
2.本館から少し離れた場所にある野天風呂

☎0186-31-2131
所秋田県鹿角市八幡平ふけの湯温泉　休11月上旬～4月下旬　交鹿角八幡平ICから車で50分／JR盛岡駅から岩手県北バス・八幡平頂上行きで1時間50分、八幡平頂上バス停から送迎あり（要予約）　Pあり
in15:00　out10:00　室22室　予約1泊2食付1万6650円～（暖房代別途800円）　※立ち寄り湯10:00～15:00／700円、子供400円／不定休

敷地内に泉質の異なる3つの源泉を有するかけ流し温泉（泉質：単純泉、単純硫黄温泉）

和モダンな雰囲気の森の宿 風情ある風呂に自慢の料理も

松川温泉 峡雲荘
まつかわおんせん きょううんそう

松川温泉 **MAP** 付録P.17D-4

松川温泉の最奥部にあり、和モダンな雰囲気で快適に過ごせる。露天風呂は混浴と女性用とがあり、源泉かけ流しの乳白色の湯はかすかに緑がかっている。ホロホロ鳥鍋など料理も評判。

☎0195-78-2256
所岩手県八幡平市松尾寄木松川温泉　交松尾八幡平ICから車で25分／JR盛岡駅から岩手県北バス・松川温泉行きで1時間50分、終点下車すぐ　Pあり
in15:00　out10:00　室24室
予約1泊2食付1万3000円～（税別）
※立ち寄り湯8:30～19:00／600円／無休（メンテナンス休館あり）

1.原生林に囲まれた混浴露天風呂。巨大な岩が四季の風景を引き立てる
2.木のぬくもりを感じさせる囲炉裏のあるロビー
3.森の中に建つ古民家風のたたずまい

無色透明の源泉は空気に触れると緑がかった乳白色に変化する（泉質：硫化水素泉）

三陸海岸
さんりくかいがん

太平洋の荒波が削り出したリアス海岸や神秘的な奇岩群。大自然が生み出した圧倒的な造形美にふれられるのが三陸の魅力だ。

街歩きのポイント

エリア北部は久慈が、南部は大船渡や釜石が拠点になるが、三陸海岸のほぼ中央にあたる宮古はどちらへも移動しやすい。エリア内は車移動が便利。

三陸海岸 ● 歩く・観る

↑岩手県東部の海岸線をすっぽり含む三陸海岸は、大自然が織りなす絶景の宝庫

三陸ジオパークとは？

青森県八戸市から宮城県気仙沼市にまでおよぶ約300kmの海岸線で、日本一広大なジオパーク。およそ5億年におよぶ地球の生命活動を目のあたりにし、地域の歴史や文化を体感できる。東北地方太平洋沖地震の記憶を後世に伝える目的も。

久慈市観光物産協会 ☎0194-66-9200　釜石観光総合案内所 ☎0193-22-5835
宮古観光文化交流協会 ☎0193-62-3534　大船渡市観光物産協会 ☎0192-21-1922

久慈
くじ

→P.154

北三陸の観光の拠点。久慈～盛間は三陸鉄道リアス線が走る。

●アクセス
八戸から：JR八戸線で約1時間40分～2時間。車の場合、八戸市内から三陸道などを経由して約1時間。
盛岡から：JRバス東北「白樺号」で約2時間45分。車の場合、九戸IC経由で約2時間。

人気スポット 小袖海岸(P.154)、小袖海女センター(P.154)

田野畑
たのはた

三陸きっての景勝地、北山崎(P.152)や鵜の巣断崖(P.153)がある。

●アクセス
盛岡から：鉄道やバスの場合JR久慈駅またはJR宮古駅を経由して3～4時間。車の場合、国道455号経由で約2時間20分。北山崎までは田野畑駅から車で約15分。

宮古
みやこ

三陸海岸のほぼ中心に位置し、多くの人気スポットの起点となる。

●アクセス
盛岡から：岩手県北バス「106急行」で約2時間10分。車の場合、国道106号経由で約1時間40分。龍泉洞まではJR盛岡駅からJRバス東北岩泉(龍泉洞)行きが出ており、所要約2時間15分。

人気スポット 浄土ヶ浜(P.152)、龍泉洞(P.153)など

釜石
かまいし

南三陸の拠点。久慈～盛間は三陸鉄道リアス線が走る。

●アクセス
盛岡から：JR快速はまゆりで約2時間10分～2時間25分。JR東北本線＋釜石線の場合は約3～4時間。車の場合、東北自動車と釜石自動車道を経由して約1時間40分。

大船渡
おおふなと

南三陸の拠点。大船渡線・気仙沼～盛間は、JRのBRT(バス)を使う。

●アクセス
盛岡から：岩手県交通バス大船渡・盛線で約3時間。車の場合は、釜石自動車道と国道107号を経由して1時間45分。

人気スポット 碁石海岸(P.153)など

三陸海岸

ジオパークに認定された壮大な景色に出会う

自然がつくる三陸の絶景

大自然の息吹を感じる岩壁や奇岩、洞窟など、日本が誇る自然遺産が点在する三陸海岸。訪れるべき美景スポットを紹介する。

浄土ヶ浜

じょうどがはま

宮古 **MAP** 付録P.9 F-4

☎0193-68-9091
（宮古市産業振興部観光課）
🏠岩手県宮古市日立浜町
🚃JR宮古駅から車で10分 **P**あり

まるで極楽浄土の景観美
夏は海水浴場としても人気

連なる奇岩や白い小石からなる入り江など、変化に富んだ景観は約4400万年前のマグマ活動や浸食によるもの。

⬇遊歩道を歩いたり、遊覧船に乗って島巡りも

北山崎

きたやまざき

田野畑 **MAP** 付録P.9 F-2

⬆海にせり出した展望台からの眺望は、息をのむ素晴らしさ

紺碧の海に続く奇岩の断崖
ダイナミックな風景は圧巻

落差約200mの断崖が8kmにもわたって連なるダイナミックな景勝地で、「海のアルプス」とも称される。絶景を堪能できる3つの展望台のほか、ビジターセンターもある。

☎0194-33-3248（田野畑村総合観光案内所）
🏠岩手県下閉伊郡田野畑村北山 🚃三陸鉄道・田野畑駅から車で15分 **P**あり

三王岩

さんのういわ

宮古
MAP 付録P.9 F-4

1億年前の記憶が
残る地球の芸術

高さ37mの男岩を中心に、太鼓の形をした太鼓岩、高さ21mの女岩が並び立つ。男岩にある直径2mの海蝕洞をくぐると幸運が訪れるという。

⬅真下に立つと、その迫力に圧倒される

☎0193-68-9091（宮古市産業振興部観光課） 🏠岩手県宮古市田老青砂里 🚃JR新田老駅から徒歩25分 **P**あり

鵜の巣断崖

うのすだんがい

田野畑 **MAP** 付録P.9 F-3

**屏風のように並ぶ断崖
穴場の絶景スポット**

弓状にえぐられた高さ200mの断崖がまるで屏風のように連なる。崖の中腹にウミウの巣があることからその名がついた。秋には鮮やかな紅葉が見られる。

☎0194-33-3248(田野畑村総合観光案内所) 岩手県下閉伊郡田野畑村真木沢 三陸鉄道・田野畑駅から車で20分 Pあり

➡エメラルド色もたたえるマリンブルーと白い波打ち際が旅人を魅了する

サッパ船アドベンチャーズ

さっぱせんアドベンチャーズ

田野畑 **MAP** 付録P.9 F-2

スリルと迫力満点の遊覧クルーズ

サッパ船とは小型の磯舟で、遊覧船では入れない浅い岩礁地帯や海蝕洞も、ベテラン漁師の操縦ですいすい進み、迫力満点。

☎0194-37-1211(体験村 たのはたネットワーク) 岩手県下閉伊郡田野畑村机142-3 9:00〜17:00(季節により異なる) 無休(高波の場合は欠航) 3800円(2名〜)、小学生3000円、要予約(当日相談可) 三陸鉄道・田野畑駅から車で5分 Pあり

➡真下から仰ぎ見る高さ200mの断崖の迫力に圧倒される

北山崎断崖クルーズ

きたやまざきだんがいクルーズ

田野畑 **MAP** 付録P.9 F-3

圧巻の絶景にウミネコ餌付け体験も

断崖の景勝地・北山崎を洋上から眺めるクルーズ。島越港発着で一周約50分。船上でウミネコパンを購入して餌付け体験も。

☎0194-33-2113(北山崎断崖クルーズ 観光船発着所) 岩手県下閉伊郡田野畑村島越104-2 4月中旬〜11月上旬8:40〜15:30発 期間中は無休(高波の場合は欠航) 1500円、子供750円 ※改定の場合あり 三陸鉄道・島越駅から徒歩15分 Pあり

➡コイコロベ白亜紀地層など陸地からは見られない名所も

➡3つの洞門を持つ穴通磯(あなとおしいそ)など「碁石八景」とよばれる景勝地がある

碁石海岸

ごいしかいがん

大船渡 **MAP** 付録P.5 E-4

**風光明媚なコバルトの海と
個性あふれる自然の造形美**

リアス海岸特有の断崖、奇岩が続く海岸美は必見。海岸線沿いに遊歩道があり、雄大な太平洋を望むことができる。船上から海岸線の観賞体験も。

☎0192-29-2359(碁石海岸インフォメーションセンター) 岩手県大船渡市末崎町大浜221-68 JR碁石海岸口駅から車で6分 Pあり

青の洞窟(さっぱ船遊覧)

あおのどうくつ(さっぱせんゆうらん)

宮古 **MAP** 付録P.9 F-4

奥行き8mの神秘のパワースポットへ

天候によってエメラルドグリーンに染まる八戸穴を、少人数のサッパ船で遊覧。もし潮吹きが見られたら幸運になれるとも。

☎0193-63-1327(浄土ヶ浜マリンハウス) 岩手県宮古市日立浜町32-4 3〜11月の8:30〜17:00(浄土ヶ浜マリンハウス) 運航状況は要問い合わせ 1500円(事前予約不可、事務所にて受付) JR宮古駅から岩手県北バス・奥浄土ヶ浜行きで13分、浄土ヶ浜ビジターセンター下車、徒歩8分 P浄土ヶ浜駐車場利用

➡八戸穴は、青森県の八戸まで続いているという伝説から名づけられた

龍泉洞

りゅうせんどう

岩泉 **MAP** 付録P.9 E-3

摩天楼のような鍾乳石とドラゴンブルーの地底湖

日本三大鍾乳洞のひとつ。洞内には8つの地底湖が確認されており、そのうちの3つを公開。第3地底湖は水深98mで世界有数の透明度を誇る。洞内にはコウモリも棲む。

☎0194-22-2566 岩手県下閉伊郡岩泉町岩泉神成1-1 8:30〜18:00(10月〜4月は〜17:00) 無休(増水などにより休業する場合あり) 1100円、小・中学生550円 JR盛岡駅からJRバス・岩泉(龍泉洞)行きで2時間10分、終点下車すぐ

➡現在も調査が継続中で、総延長は5km以上ではないかと言われている

北限の海女と琥珀の街

久慈を巡る

ドラマ『あまちゃん』ゆかりのスポットが目白押し！
神秘的な琥珀の世界や鮮度抜群の海鮮グルメも。

琥珀が眠る北三陸観光の拠点
北限の海女でも知られる港町

2013年放送のNHK連続テレビ小説『あまちゃん』のロケ地として脚光を浴びた久慈市は、岩礁が点在する風光明媚な小袖海岸や「北限の海女」の素潜り実演など、ゆかりの地が多い。日本最大の琥珀産出地であることから国内唯一の琥珀専門博物館があり、発掘体験も人気。海鮮グルメも堪能したい。

↑ドラマで有名になった小袖海岸では海女の素潜り実演も。また、久慈市は琥珀の世界三大産地のひとつ

小袖海岸
こそでかいがん
MAP 付録P.9 F-1

ドラマの聖地として人気の
奇岩の連なる美しい海岸

岩礁が続く海岸線で、ドラマ『あまちゃん』のロケ地として人気の観光地に。白い灯台や監視小屋も残されている。周辺の道路は狭いので注意が必要。

↓「じぇじぇじぇ」の碑も立っている

↑海岸にある夫婦岩は三陸ジオパークのジオサイト
☎0194-52-2123（久慈市商工観光課）
所岩手県久慈市宇部町 交JR久慈駅から市民バス・久慈海岸行きで30分、小袖海岸下車すぐ Pあり

つりがね洞
つりがねどう
MAP 付録P.9 F-1

まるで絵画のような
小袖海岸を代表する景勝地

明治三陸大津波で崩壊したが、かつて洞穴の天井に釣鐘形の岩がぶら下がっていたのが名の由来。

↑夏至の前後は洞穴に朝日が差す
☎0194-52-2123（久慈市商工観光課）
所岩手県久慈市長内町 交JR久慈駅から車で20分 Pなし

小袖海女センター
こそであまセンター
MAP 付録P.9 F-1

北限の海女に会えるスポット
新鮮なウニを販売

1階は観光案内所と産直店、2階は展示室、3階は食堂で屋上が展望所になっている。夏季には海女さんの素潜り実演も見ることができる。

☎0194-54-2261
所岩手県久慈市宇部町24-110-2 交JR久慈駅から市民バス・久慈海岸行きで30分、小袖海岸下車、徒歩5分 Pあり

↑海女さんの素潜り実演。採れたてのウニも食べることができる

↓名物のいちご煮はウニとアワビの磯汁

↑素潜り実演は7～9月の土・日曜、祝日に開催される（見学料600円、平日の実演は要予約）

久慈市観光物産協会 ☎0194-66-9200 所岩手県久慈市中町2-5-6（道の駅 くじ）
時9:00～19:00（11～3月は～18:00） 休無休 交JR久慈駅から徒歩7分

もぐらんぴあ

MAP 付録P.9 E-1

久慈の海を体感

東日本大震災で全壊するも2016年に再オープンした地下水族館。トンネル水槽には、震災を生き抜いたアオウミガメの「かめ吉」も泳ぐ。

↑迫力のトンネル水槽

☎0194-75-3551 所岩手県久慈市侍浜町麦生1-43-7 営9:00～18:00 11～3月は10:00～16:00(入館は各30分前まで) 休月曜(祝日の場合は翌日) 料700円、高校・大学生500円、小・中学生300円 交JR久慈駅から車で15分 Pあり

↑久慈湾を見渡す展望台もある。館内には応援団長「さかなクン」の展示コーナーも

↑土・日曜、祝日には海女の素潜りが行われる。水中での姿を見ることができる貴重な機会

久慈市情報交流センターYOMUNOSU

くじしじょうほうこうりゅうセンターヨムノス

MAP 付録P.9 E-1

『あまちゃん』展示も充実 久慈市の観光交流拠点

観光案内所と図書館がひとつになった複合施設。ドラマ『あまちゃん』の撮影で使われた衣装の実物などを展示するコーナーも人気。

↑「北三陸市ジオラマ」は精巧な作り

☎0194-52-7777 所岩手県久慈市中央3-58 営休施設により異なる 料無料 交JR久慈駅から徒歩1分 P44台

北限の海女とは？

明治初頭、男たちが遠洋漁業で家を留守にしている間、小袖近辺の女たちが畑仕事の合間に海に出て、アワビやウニを採ることで家計を支えた。昭和34年(1959)放送のラジオドラマ『北限の海女』でその名が知られるようになった。

↑小袖海岸には北限の海女をデザインしたマンホールもある

久慈琥珀博物館

くじこはくぶつかん

☎0194-59-3831 所岩手県久慈市小久慈町19-156-133 営9:00～17:00(入館は～16:30) 休2月末日 料500円、小・中学生200円 交JR久慈駅からJRバス・二戸方面行きで8分、森前下車、車で5分(森前バス停から無料送迎あり、要予約) Pあり

MAP 付録P.9 D-1

国内で唯一の 琥珀専門の博物館

琥珀の原石をはじめ珍品、虫入り琥珀、工芸品などを数多く展示。琥珀の成り立ちや文化について深く学ぶことができる。琥珀採掘体験や琥珀玉手作り体験も楽しい。

↑緑に囲まれた施設

↑太古の森のジオラマ(左)や琥珀ポスト(右)など、変化に富んだ展示がおもしろい

↑ギリシャ神話に沿って琥珀の誕生を学べる「太陽の石」

久慈の文化や味覚を知る

道の駅 くじ やませ土風館

みちのえき くじ やませ どうふうかん

物産施設の「土の館」、観光交流センターの「風の館」ほか、懐かしいグッズの博物館「レトロ館」、海鮮料理やまめぶ汁を食べられるレストランが入る。

MAP 付録P.9 E-1

↑観光交流センター「風の館」(左)、久慈の名産品がずらりと並ぶ「土の館」(右)

☎0194-52-2289 所岩手県久慈市中町2-5-1 営9:00～19:00(10～3月は～18:00)、レストラン11:00～17:00(10～3月は～18:00、LOは各30分前) 休無休 交JR久慈駅から徒歩7分 Pあり

↑久慈の郷土料理まめぶ汁580円(上)、三陸ひまつぶし2800円(右)

お菓子の沢菊

おかしのさわぎく

創業90年超の老舗和菓子店。ナチュラルな酸味の山ぶどうソースと、ふんわりととろけるチーズケーキがひとつになった「山ぶどうチーズケーキ」1458円が人気。

MAP 付録P.9 E-1

☎0194-52-3555 所岩手県久慈市十八日町2-1 営9:00～19:00 休無休 交JR久慈駅から徒歩5分 Pあり

↑新しい風味と食感が楽しめる「山ぶどうチーズケーキ」

青森・岩手・角館 主要都市へのアクセス

鉄道でのアクセスは、北海道・東北・秋田新幹線を中心にして、必要に応じてローカル線を利用する。
関西以西からは飛行機を使うのがメインで、高速バスや鉄道もあるが時間はかかる。

鉄道でのアクセス

本州から東北へのゲートウェイは東京駅

首都圏からは東北・秋田新幹線が主要ツールに、東北エリアからのアクセスも鉄道メインになる。関西や東海地方からは東京駅を経由することになり、長時間の移動となる。

青森へ

東京駅 — 新幹線はやぶさ 3時間10分／1万7470円 → 新青森駅

新大阪駅 — 新幹線のぞみ — 東京駅 — 新幹線はやぶさ 6時間30分／2万7680円 → 新青森駅

札幌駅 — 特急北斗 — 新函館北斗駅 — 新幹線はやぶさ 5時間／1万4160円 → 新青森駅

東京駅 — 新幹線はやぶさ 2時間50分／1万6390円 → 八戸駅

東京駅 — 新幹線はやぶさ — 新青森駅 — 奥羽本線 4時間／1万7800円 → 弘前駅

岩手へ

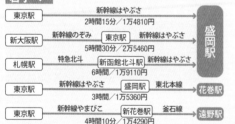

東京駅 — 新幹線はやぶさ 2時間15分／1万4810円 → 盛岡駅

新大阪駅 — 新幹線のぞみ — 東京駅 — 新幹線はやぶさ 5時間30分／2万5460円 → 盛岡駅

札幌駅 — 特急北斗 — 新函館北斗駅 — 新幹線はやぶさ 6時間／1万9110円 → 盛岡駅

東京駅 — 新幹線はやぶさ — 盛岡駅 — 東北本線 3時間／1万5360円 → 花巻駅

東京駅 — 新幹線やまびこ — 新花巻駅 — 釜石線 4時間10分／1万4290円 → 遠野駅

角館へ

東京駅 — 新幹線こまち 3時間／1万6820円 → 角館駅

新大阪駅 — 新幹線のぞみ — 東京駅 — 新幹線こまち 6時間10分／2万6920円 → 角館駅

●問い合わせ先
JR東日本 ☎050-2016-1600 ｜ JR北海道 ☎011-222-7111
JR東海 ☎050-3772-3910

※所要時間はおおよその目安です

飛行機でのアクセス

就航路線が少ないので大都市を経由しよう

東京、大阪、名古屋、福岡、札幌から直行便があるが本数は多くない。そのほかの地域からは、直行便のある空港まで向かうか、仙台行きの航空便を利用して仙台駅まで向かい、新幹線に乗り換える。空港からはリムジンバスやレンタカーで市街地へ向かう。青森県には青森市寄りと八戸市寄りの2つの空港があるので注意。

青森空港へ

出発地	便名	便数	所要時間	料金
新千歳空港	ANA／JAL	5便／日	50分	2万4640円～
羽田空港	JAL	6便／日	1時間15分	3万4980円～
伊丹空港	ANA／JAL	7便／日	1時間40分	4万2900円～
名古屋飛行場	FDA	4便／日	1時間20分	3万6000円～

三沢空港へ

出発地	便名	便数	所要時間	料金
札幌丘珠空港	JAL	1便／日	1時間	2万4860円～
羽田空港	JAL	4便／日	1時間15分	3万4210円～
伊丹空港	JAL	1便／日	1時間35分	4万4000円～

いわて花巻空港へ

出発地	便名	便数	所要時間	料金
新千歳空港	JAL	3便／日	55分	2万9370円～
伊丹空港	JAL	4便／日	1時間20分	4万920円～
名古屋飛行場	FDA	4便／日	1時間10分	3万5000円～
福岡空港	JAL	1便／日	1時間55分	5万2470円～

秋田空港へ

出発地	便名	便数	所要時間	料金
新千歳空港	ANA／JAL	4便／日	1時間	2万8490円～
羽田空港	ANA／JAL	9便／日	1時間5分	2万8380円～
伊丹空港	ANA／JAL	6便／日	1時間30分	3万8610円～
中部国際空港	ANA	2便／日	1時間20分	3万3300円～

※ 2023年11月現在の情報です
※ ANA…全日本空輸、JAL…日本航空、FDA…フジドリームエアラインズ

●問い合わせ先
ANA（全日空）☎0570-029-222
JAL（日本航空）☎0570-025-071
FDA（フジドリームエアラインズ）☎0570-55-0489

アクセスと交通

高速バスでのアクセス

関東、仙台発は便数が多く、料金も安い

主に夜発、朝到着の高速バスが東北各地に運行しており、目的地までダイレクトにアクセスできる。朝到着なら丸一日、観光に使えるのがうれしい。料金は飛行機や鉄道よりも安い。

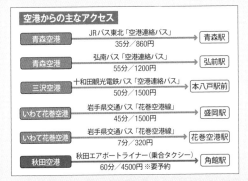

空港からの主なアクセス		
青森空港	JRバス東北「空港連絡バス」 35分／860円	青森駅
青森空港	弘南バス「空港連絡バス」 55分／1200円	弘前駅
三沢空港	十和田観光電鉄バス「空港連絡バス」 50分／1500円	本八戸駅前
いわて花巻空港	岩手県交通バス「花巻空港線」 45分／1500円	盛岡駅
いわて花巻空港	岩手県交通バス「花巻空港線」 7分／320円	花巻空港駅
秋田空港	秋田エアポートライナー（乗合タクシー） 60分／4500円 ※要予約	角館駅

車でのアクセス

東北自動車道がメインの使用道路

主要な高速道路は埼玉から仙台・盛岡を通って青森までを縦につなぐ東北自動車道と、秋田市を中心に北と東に延びる秋田自動車道。青森、盛岡などへ南から訪れる際は東北自動車道を利用し、青森ICや盛岡IC、花巻ICなどの最寄りICを利用する。八戸へは安代JCTで八戸自動車道に接続する。秋田方面からは、東北自動車道から国道7号を通り、小坂JCTで東北自動車道に入って青森へ出る北ルートと、国道13・46号を東に進み盛岡に出る南ルートがある。角館へは東北自動車道から北上JCTで秋田自動車道に乗り換え、大曲ICで下りて国道105号を北上する。

●問い合わせ先
日本道路交通情報センター（東北地方高速情報） ☎050-3369-6761
日本道路交通情報センター（東北地方・宮城情報） ☎050-3369-6604
NEXCO東日本お客さまセンター ☎0570-024-024

中距離フェリーでのアクセス

旅情を楽しむなら北海道からの船旅で

北海道と青森を結ぶ航路で、ほかの交通機関を利用するより少々時間はかかるが、津軽海峡を船で渡る体験は得難いものがある。スケジュールに余裕があれば利用してみるのもいい。

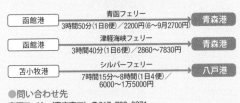

函館港	青函フェリー 3時間50分（1日8便）／2200円（6〜9月2700円）	青森港
函館港	津軽海峡フェリー 3時間40分（1日6便）／2860〜7830円	青森港
苫小牧港	シルバーフェリー 7時間15分〜8時間（1日4便）／6000〜1万5000円	八戸港

●問い合わせ先
青函フェリー（青森窓口） ☎017-782-3671
津軽海峡フェリー（青森支店） ☎017-766-4733
シルバーフェリー（予約センター） ☎0120-539-468

東京駅八重洲南口	JRバス東北「ドリーム青森／盛岡・東京号」 約10時間30分／6400円〜1万700円	青森駅前
東京駅八重洲南口	弘南バス「ノクターン・ネオ号」 約10時間40分／6500円〜	青森駅前
上野駅前	弘南バス「パンダ号スカイ線」★ 約10時間50分／4500〜9000円	青森駅前
バスタ新宿	岩手県北自動車バス「MEX®青森」 約10時間50分／4800〜1万2800円	青森駅前
仙台駅前	弘南バス・宮城交通バス・十和田観光電鉄バス「ブルーシティ号」★ 約5時間5分／5800〜7500円	青森駅前
バスタ新宿	弘南バス「パンダ号 東京新宿線」 約9時間40分／4500〜9000円	弘前BT
横浜駅東口	弘南バス「ニューノクターン号」 約9時間50分／6500円〜	弘前BT
東京駅八重洲南口	JRバス東北 「ドリーム青森／盛岡・東京号」 約7時間40分／5800〜1万円	盛岡駅東口
バスタ新宿	岩手県北自動車バス「MEX®三沢」「MEX®八戸」 約7時間25分／4500〜1万2500円	盛岡駅西口
横浜駅東口	岩手県北自動車バス「MEX®宮古・盛岡」 約8時間40分／6900〜1万2300円	盛岡駅西口
仙台駅前	JRバス東北・宮城交通バス・東日本急行バス★・岩手県交通バス・岩手県北バス「アーバン号」 約2時間27分／3300円	盛岡駅西口
池袋駅西口	岩手県交通バス「遠野・釜石号」（運休中） 約7時間35分／8000〜1万500円	花巻駅前
仙台駅東口	岩手県交通バス「けんじライナー」★ 約2時間38分／2700円	花巻駅前
東京駅八重洲南口	羽後交通バス「レイク＆ポート号」 約9時間／8600〜1万600円	角館営業所

※★印のものは昼運行のバスです

●問い合わせ先
JRバス東北 青森支店 ☎017-773-5722
弘南バス予約センター ☎0172-37-0022
岩手県北自動車MEXコールセンター ☎0570-000-737
十和田観光電鉄バス予約センター ☎017-787-1558
宮交仙台高速バスセンター ☎022-261-5333

国際興業 高速バス予約センター ☎0570-048-985
東日本急行バス ☎022-218-3131
岩手県北バス本社インフォメーション ☎019-641-1212
岩手県交通バス ☎019-654-2141
秋田エアポートライナー ☎018-867-7444
羽後交通高速バス予約センター ☎0182-32-9500

※飛行機は2023年11月現在の料金、鉄道は通常期に指定席を利用した場合の料金です。

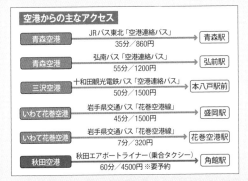

青森・岩手・角館 主要都市へのアクセス

INDEX